轨道交通职业教育"一带一路"系列教材

复兴号动车组司机操作及整备

谢小宁　蓝正新　覃海军　主编

西南交通大学出版社
·成都·

图书在版编目（CIP）数据

复兴号动车组司机操作及整备 / 谢小宁，蓝正新，覃海军主编. —成都：西南交通大学出版社，2019.9（2023.8 重印）
轨道交通职业教育"一带一路"系列教材
ISBN 978-7-5643-7165-4

Ⅰ. ①复… Ⅱ. ①谢… ②蓝… ③覃… Ⅲ. ①高速动车 – 驾驶员 – 高等职业教育 – 教材 Ⅳ. ①U268.48

中国版本图书馆 CIP 数据核字（2019）第 210352 号

轨道交通职业教育"一带一路"系列教材
Fuxinghao Dongchezu Siji Caozuo ji Zhengbei

复兴号动车组司机操作及整备

谢小宁　　蓝正新　　覃海军　主编

责任编辑	周　杨	
特邀编辑	何　桥	
封面设计	吴　兵	

出版发行	西南交通大学出版社 （四川省成都市金牛区二环路北一段 111 号 西南交通大学创新大厦 21 楼）
邮政编码	610031
发行部电话	028-87600564　028-87600533
网址	http://www.xnjdcbs.com
印刷	四川森林印务有限责任公司
成品尺寸	185 mm × 260 mm
印张	12.5
字数	314 千
版次	2019 年 9 月第 1 版
印次	2023 年 8 月第 2 次
定价	35.00 元
书号	ISBN 978-7-5643-7165-4

课件咨询电话：028-81435775
图书如有印装质量问题　本社负责退换
版权所有　盗版必究　举报电话：028-87600562

前言

复兴号动车组,是中国标准动车组的中文命名,英文代号为CR,高于CRH系列。最突出的特点是:大量采用中国国家标准、行业标准、中国铁路总公司企业标准等技术标准,在采用的254项重要标准中,中国标准占84%。"复兴号"整体设计以及车体、转向架、牵引、制动、网络等关键技术都是中国自主研发,具有完全自主知识产权。最具特色的亮点是实现互联互通——把两个不同生产厂家、按不同技术规范和图纸生产的动车组进行重联运行,能够进行完全一致的控制操作(如:同时开关门、控制空调),还统一了零部件标准,实现了零部件互换,在国际上属首创。

2017年6月26日,复兴号动车组在京沪高铁正式双向首发,标志着中国铁路技术装备达到了领跑世界的先进水平。2018年7月1日起,全国铁路实行新的列车运行图,16辆长编组"复兴号"动车组首次投入运营。2018年8月1日,京津城际铁路上运行的动车组列车已全部更换为"复兴号"。

复兴号动车组三个级别为CR400/300/200,数字表示最高时速,而持续时速分别对应350、250和160,适应于高速铁路(高铁)、快速铁路(快铁)、城际铁路(城铁)。

复兴号动车组的问世,对司机提出了新的要求;东盟国家(如:泰国)将使用复兴号动车组,因此泰国师资班强烈要求学习复兴号动车组的知识,渴望掌握复兴号动车组的驾驶技能。本书就是在这样的背景下酝酿成稿的。

本书集构造、原理、应用于一体,侧重于满足培养复兴号动车组司机熟练掌握设备操作方法、规范作业过程的需求,兼顾复兴号动车组构造的学习。本书依据《复兴号动车组技术手册》及《CR400AF型动车组司机手册》等资料编写而成。

本书主要内容包含复兴号动车组司机室设备操作(CR400AF),整备作业,CR400AF动车组重联及解编、救援,动车组回送作业,CR400AF、CR400BF动车组简介。适用于动车组司机岗前培训、岗后适应性培训或职工自学,也可以满足动车组专业的学生、国际师资班的学生学习复兴号动车组的需要。

本书由柳州铁道职业技术学院谢小宁、蓝正新和南宁局集团公司柳州机务段覃海军主编,第一、六章由覃海军、谢小宁编写,第二章由覃海军编写,第三章由蓝正新、谢小宁编写,第四章由蓝正新编写,第五章由覃海军、蓝正新编写,第七、八章由谢小宁编写。

随着复兴号动车组技术的不断完善及现场实际运用需求的不断变化,相关技术参数、系统软件及部件操作要求等会发生更新和升级,可能会与本书表述不一致,在实际培训中,建议以中国铁路集团有限公司相关文件及厂家技术升级文件和最新操作手册说明为准。

编 者

2019 年 5 月

目 录

第一章　CR400AF 动车组司机室 1
第一节　司机室操纵台 1
第二节　驾驶室配电盘及转换开关盘功能开关 7
第三节　座椅 11

第二章　CR400AF 动车组司机室设备操作 12
第一节　蓄电池投入及断电操作 12
第二节　应急灯切换操作 13
第三节　司机室占用操作 13
第四节　升、降弓操作 14
第五节　真空断路器操作 15
第六节　停放制动施加与缓解操作 16
第七节　主控手柄的操作 17
第八节　制动施加及缓解 20
第九节　清洁制动的操作 24
第十节　保持制动的操作 25
第十一节　全部制动试验操作 26
第十二节　短制动试验（SBT）操作 31
第十三节　简略试验 31
第十四节　过分相操作 31
第十五节　远程设备切除操作 32
第十六节　HMI 显示器操作 35
第十七节　车门操作 95
第十八节　刮雨器、风笛操作 97
第十九节　司机警惕装置操作 99
第二十节　紧急牵引操作 101
第二十一节　复位及紧急复位操作 102
第二十二节　司机室空调操作 106
第二十三节　司机座椅 107
第二十四节　司机室照明操作 108
第二十五节　前照灯及标志灯操作 109
第二十六节　换端操作 111

第二十七节　辅助空压机操作 …………………………………… 112
　　第二十八节　远程设备切除操作 ………………………………… 112
　　第二十九节　分相区闭合 VCB 操作 …………………………… 113

第三章　CR400BF 动车组司机室 …………………………………… 114
　　第一节　司机操纵台 ……………………………………………… 114
　　第二节　第二操作区 ……………………………………………… 117
　　第三节　转换开关面板 …………………………………………… 117

第四章　整备作业 ……………………………………………………… 119
　　第一节　上车准备 ………………………………………………… 119
　　第二节　段（所）内检查作业 …………………………………… 123
　　第三节　整备模式 ………………………………………………… 134
　　第四节　发车准备与发车 ………………………………………… 135

第五章　CR400AF 动车组重联及解编、救援 ……………………… 137
　　第一节　联挂操作 ………………………………………………… 137
　　第二节　自动解编操作 …………………………………………… 141
　　第三节　CR400AF 解编手动操作程序 ………………………… 144
　　第四节　动车组相互救援 ………………………………………… 144

第六章　动车组回送作业 ……………………………………………… 146

第七章　CR400AF 动车组简介 ……………………………………… 148
　　第一节　车辆配置 ………………………………………………… 148
　　第二节　技术参数 ………………………………………………… 149
　　第三节　设备布置 ………………………………………………… 150
　　第四节　车体定位 ………………………………………………… 155
　　第五节　转向架 …………………………………………………… 155
　　第六节　高压及牵引系统 ………………………………………… 163
　　第七节　供风及制动系统 ………………………………………… 166

第八章　CR400BF 动车组简介 ……………………………………… 177
　　第一节　列车概况 ………………………………………………… 177
　　第二节　设备布置 ………………………………………………… 179
　　第三节　转向架及其辅助 ………………………………………… 181
　　第四节　主供电 …………………………………………………… 185
　　第五节　辅助电气 ………………………………………………… 191
　　第六节　蓄电池组及充电机 ……………………………………… 191

第一章 CR400AF 动车组司机室

司机室划分为 3 个区域：设备舱区、操控区、电气柜区。操控区位于司机室的中间，司机室电气柜区位于司机的左右两侧。驾驶室配电盘、转换开关盘安装在电气柜内。

第一节 司机室操纵台

一、组 成

CR400 AF 动车组司机室操纵台主要由操纵设备和驾驶配套设备组成。操纵设备主要包括 HMI 显示器、仪表、故障指示灯、开关按钮、通信电话、司机控制器等。

二、操纵台设备类型

操纵台设备按主要功能和动车组控制通信原理分类如下：
（1）显示控制类：ATP 显示器（2 个）、TCMS 显示器（2 个）、CIR 显示器。
（2）仪表指示类：电压表、双针压力表、BP 压力表等。
（3）主控操作类：司控器、紧急制动开关、VCB 扳键开关、受电弓扳键开关、复位按钮、紧急复位按钮、风笛扳键开关、撒砂扳键开关、操纵模式选择按钮。
（4）联络类：无线打印机、无线话筒、广播话筒等。
（5）辅助类：刮雨器开关、遮阳帘开关、开关左右门类按钮、司机室灯开关、前照灯开关等。
（6）其他：司机室空调控制类开关、暖风机开关等。
司机室布局如图 1-1 所示。

图 1-1 司机室布局

司机操纵台位于司机正前方，设置有通常需要或行驶期间需要使用的控制和指示元件。采用单司机操作模式，司机座椅居中设置，左右对称布置矮边柜，在右柜设置第二操作区。

操纵台仪表盘功能区主要布置显示器、电话、仪表及指示灯等设备。为了防止误操作，将紧急制动开关、主控钥匙和方向选择开关布置在仪表盘区立面上。从左往右依次布置 CIR 设备、EOAS 拾音器、烟火报警器、HMI 显示器 2、ATP 显示器 1、紧急制动开关、HMI 显示器 1、ATP 显示器 2 及风压、电压仪表。其中，ATP 显示器 1 作为行车主显示器。

三、操纵台开关及按钮

1. 左侧操作区

左侧操作区设置有 CIR 设备、左侧 HMI 显示器、司机室灯、前照灯、手动过分相、遮阳帘、刮雨器、前玻璃窗加热、开左门、释放左门、关右门等开关按钮（扳钮），如图 1-2 所示，主要用于对司机室灯的亮、暗度，开关及头灯的亮度、开关进行控制。当自动过分相故障时，在接近断电标处按下手动过分相按钮可断开 VCB，列车过分相后检测到网压稳定后，自动闭合 VCB。进行开门作业时，先按压释放左门按钮，确认车门释放灯亮后即可通过操作"开左门"按钮进行集控开左门，通过车门界面或运行界面查看左车门打开情况。

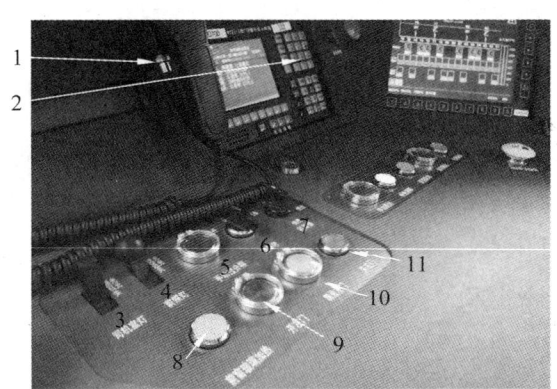

图 1-2　左侧操作区

1—CIR 设备；2—左侧 HMI 显示器；3—司机室灯；4—前照灯；5—手动过分相；6—遮阳帘；
7—刮雨器；8—前玻璃窗加热；9—开左门；10—释放左门；11—关右门

前组合灯通过操纵台左侧前照灯拨键开关控制，当司机室激活且方向开关置于【前向】时，若前照灯开关处于"远光"，远光灯亮，若前照灯开关处于"近光"，近光灯亮。头车司机室激活时，头车白色标志灯点亮，尾车红色标识灯点亮。

在司机室前窗玻璃内侧设置电动遮阳帘。遮阳帘由遮阳系统、滑轨导向系统、电动驱动系统三大部分组成。遮阳帘通过设在操作台上的开关控制，分别设有"升""降""停"3 个挡位，将开关置于相应挡位即可对遮阳帘进行控制。

司机室照明由安装在司机室顶部的 3 盏 LED 筒灯完成，这 3 盏灯同时也作应急灯使用。夜间上车时，在操作车辆前，应先将应急灯打开，再操作车辆。司机室操纵台中间位置设有阅读灯。

左侧面板设置有紧急断电开关、左侧 HMI 显示器、CIR 设备等。紧急断电开关按下断开、降弓，不输出紧急制动。

2. 左侧操作区中部

左侧操作区中部设置有停放制动施加按钮、停放制动缓解按钮、清洁制动按钮、保持制动按钮、比例制动按钮、DSD 手动按钮，如图 1-3 所示。

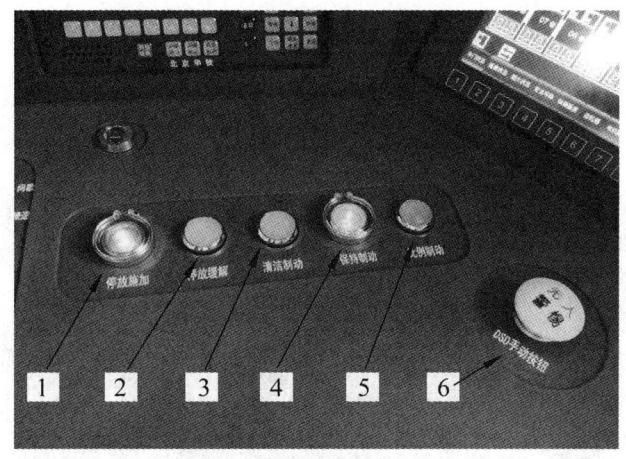

图 1-3　左侧操作区中部
1—停放制动施加按钮；2—停放制动缓解按钮；3—清洁制动按钮；
4—保持制动按钮；5—比例制动按钮；6—DSD 手动按钮

（1）按下停放制动施加按钮，其灯亮表示停放制动施加，停放缓解按钮灯灭；按下停放缓解按钮，其灯亮，表示停放制动缓解，停放施加按钮灯灭。

在停车时，操作操纵台上停放制动施加按钮，停放制动缸中的空气排出，停放制动施加；当需缓解停放制动时，操作停放制动缓解按钮，停放制动缸充气到预定压力，停放制动缓解。

停放制动满足动车组在定员载荷下停放在 20‰ 的坡道上不溜车，并具有不小于 1.2 倍的安全系数。

TC01、TC08 车的 3、4 轴以及 TP03、TP06 的各轴安装 1 个带停放制动缸的基础制动装置，整车设置 12 套停放制动缸。制动系统具有停放制动状态检测及诊断功能，停放制动的施加、缓解由贯穿列车的硬线控制。每个停放夹钳单元设有两个手动缓解装置，可通过手动缓解装置缓解该夹钳单元的停放制动。

当列车运行速度在 5 km/h 以上，意外施加停放制动时，动车组自动实施紧急制动（EB）停车。

（2）为了改善冰雪、潮湿天气下制动盘和闸片的摩擦系数，司机操纵台设置有清洁制动按钮，通过按下清洁制动按钮可手动施加清洁制动。此时每辆车均施加（70±20）kPa 的空气制动力。

（3）动车组设置保持制动按钮。动车组具有保持制动功能，在动车组静止时自动施加，动车组起动后自动缓解。保持制动力满足动车组在定员载荷在 20‰ 坡道上静止或起动时不溜车的要求，保持制动力相当于常用 4 级制动力。停车状态按下此按钮保持制动缓解，其按钮上的灯灭，松开按钮时保持制动又施加。

(4)在司机台上设置有比例制动施加按钮,用于司机设置比例制动模式。动车组具有比例制动功能,在轮轨黏着不利的条件下(如雨天、冬天、早上第 1 趟车),能充分利用轮轨黏着力。按压比例制动按钮开关或动车组在特定条件下自动进入比例制动模式,动车组各车辆采用等减速度控制模式,各车施加与车重成比例的制动力。在拖车中应该施加空气制动;在动车中,优先施加电制动,不足部分由空气制动力补充。

(5)DSD 手动按钮用于解除 DSD 报警。

3. 中部操作区

中部操作区设置有 VCB 扳钮、受电弓扳钮、撒砂扳钮、风笛扳钮、复位按钮、紧急复位按钮等,如图 1-4 所示。

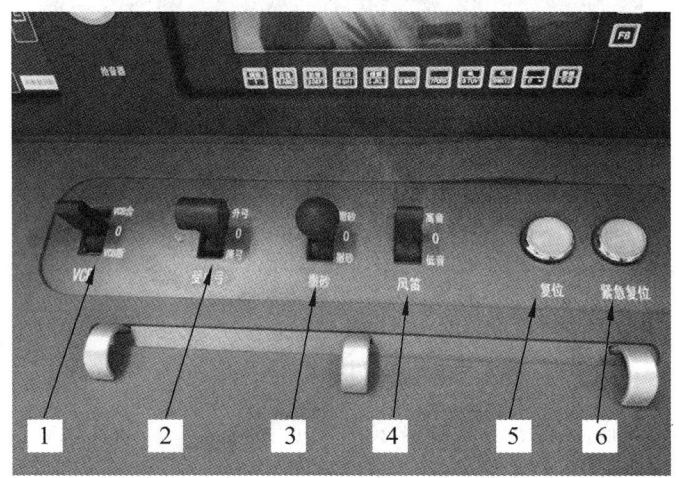

图 1-4　中部操作区
1—VCB 扳钮;2—受电弓扳钮;3—撒砂扳钮;4—风笛扳钮;
5—复位按钮;6—紧急复位按钮

(1)撒砂开关为黑色球型拨键开关(自复位3挡),置于"前"位时(运行的方向),开始前轮对的撒砂;置于"后"位时,开始整车前进方向撒砂。

(2)风笛分为高音风笛和低音风笛,操纵台面板上设有"风笛扳键开关",操纵该开关来实现高、低音的选择。也可通过设置在操纵台搁脚台上的风笛脚踏开关,实现对鸣笛的控制。风笛开关为黑色扳键开关(自复位3档),置于"前"位时(运行的方向),风笛发出高音;置于"后"位时,风笛发出低音。

(3)紧急复位按钮在紧急制动(EB 或 UB)施加后,紧急制动(EB 和 UB 安全环路)复位时用。

(4)复位按钮用于牵引辅助复位,可对牵引变流器、辅助变流器、充电机、受电弓进行故障复位。复位操作时按压主控端操纵台上的【复位】按钮并保持 3 s。

(5)操作主控端司机台上的【VCB 合】/【VCB 断】拨键,进行合断 VCB 操作。通过 HMI 的【牵引主界面】或【运行界面】等可确认 VCB 合断状态。受电弓降下时,无法进行合 VCB 操作。

（6）操作主控端司机台上的【升弓】/【降弓】拨键，进行升弓/降弓操作。列车控制和管理系统（TCMS）默认控制升后弓（重联动车组默认升后弓），通过HMI的【牵引主界面】或【运行界面】等可确认受电弓升弓状态。主断路器闭合无法升弓，TCMS默认控制升后弓，当受电弓故障、受电弓隔离或者主断路器隔离时，列车控制和管理系统（TCMS）控制改升前弓。

中部面板设置有 ATP 显示器（DMI）、紧急制动按钮。按下紧急制动按钮时，触发紧急制动（UB），在列车完全停止前不允许缓解紧急制动（UB）。列车停止后，触发条件复位、紧急制动（UB）环路建立后，缓解紧急制动（UB）。

4. 主控手柄

CR400AF动车组设置有一个主控手柄，如图1-5所示。司机控制器是司机用来操纵动车组运行、发出牵引/制动指令的主令控制设备。其特点有：结构紧凑、体积小、质量轻、高可靠、长寿命、少维修。

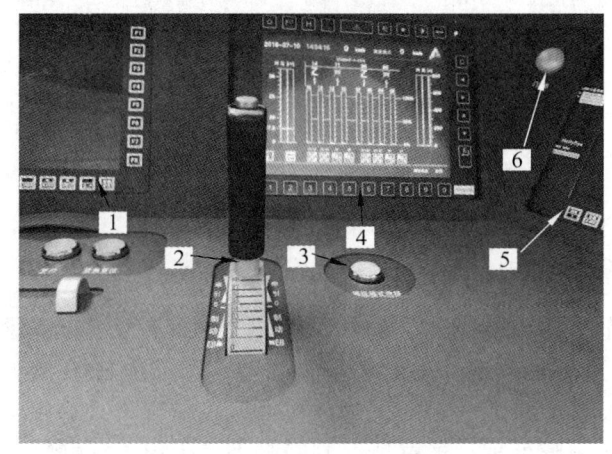

图 1-5 主控手柄

1—DMI 显示器；2—主控手柄；3—模式转换按钮；4—右 HMI 显示器；
5—备用 DMI 显示器；6—关门灯

司机控制器设置一个手柄。手柄设有"0"位（手柄垂直）、"恒速"位、"紧急制动"位3个位置及"牵引""制动"两个区域。牵引区域设有分2级的牵引加速区域及分2级的牵引减速区域，牵引加速、牵引减速区域相对于恒速位是自复的。制动区域设有7级。手柄上设有防误动按钮，手柄从"0"位向前推向牵引区域时，必须按下手柄头部的按钮，从任何挡位向后拉向制动区域时，不需要按下按钮。司机控制器手柄通过与手柄连接的两个光电格雷编码器输出牵引、制动指令，手柄置于EB（紧急制动）位时，输出紧急制动指令。

当主手柄在"0"位时，通过按下模式选择按钮，切换速度控制模式或级位控制模式；通过操作主手柄，可实现动车组的制动、牵引、恒速控制。

制动、牵引共用一个手柄，以"0"为分界，向前推为牵引扇区，向后拉为制动扇区。制动级位定义如下："0"——缓解位；"1，2，3，4，5，6，7"——常用制动；"7"——最大常用制动位;"EB"——紧急制动(EB)位。

5. 右侧操作区

右侧操作区设置有关右门按钮、释放右门按钮、开右门按钮、乘客报警旁路按钮,其边板上设置方向开关、激活钥匙(司机占有)孔、烟火报警器、GFX过分相故障指示灯、压力表、电压表等,如图1-6所示。

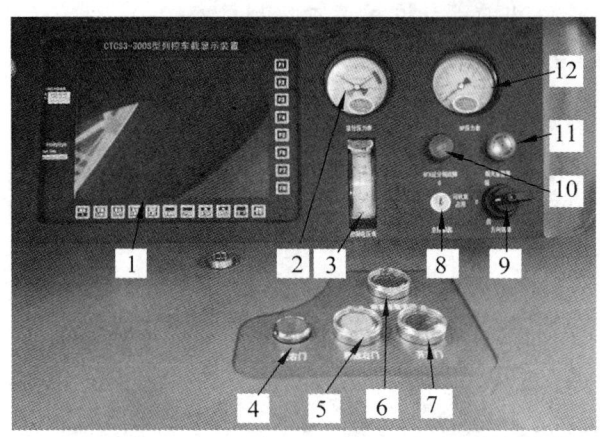

图1-6 右侧操作区、面板

1—备用DMI显示器;2—双针压力表;3—蓄电池电压表;4—关右门按钮;5—释放右门按钮;
6—乘客报警旁路按钮;7—开右门按钮;8—司机室占有钥匙孔;9—方向开关;
10—GFX过分相故障指示灯;11—烟火报警器指示灯;12—BP压力表

(1)在动车组每节车的明显位置设紧急制动拉闸。如果乘客拉下紧急制动拉闸,列车自动触发紧急制动(EB),同时司机室蜂鸣器发出报警声音,在HMI屏弹出报警界面并显示具体车辆位置。如果需要解除该紧急制动,司机在10 s内按下【乘客报警旁路】开关进行忽略紧急制动,通知随车机械师处理,根据情况判断是否发生火灾,恢复运行或发生火灾时选择合适的位置停车。

(2)全车在司机室、客室、配电柜、厕所等区域设置烟火报警探测器,探测器与烟火报警主机采用CAN总线进行通信。当车辆某部位发生火警时,火警信息通过MVB总线发给本单元的中央控制单元,中央控制单元将火警信息通过司机台显示器、机械师室显示器及烟火报警器通知司机及随车机械师。

(3)双针压力表显示总风管(红色指针)和本车制动缸(BP,黑色指针)的压力。BP压力表显示列车管(BP)压力,在机车救援时使用。

开车前必须将方向开关置于"前进"位,否则车组牵引封锁,不能输出功率牵引列车。

6. 司机室空调开关

在操纵台右侧立面设冷气开关和暖气开关,可以根据要求对空调装置及暖风机进行控制,冷气切换开关设置了温度设定旋钮和风量调节开关,通过设定旋钮进行调节,风量调节开关的位置有"停止""通风""弱冷""强冷"。暖气切换开关的位置有"切""弱""中""强",如图1-7所示。

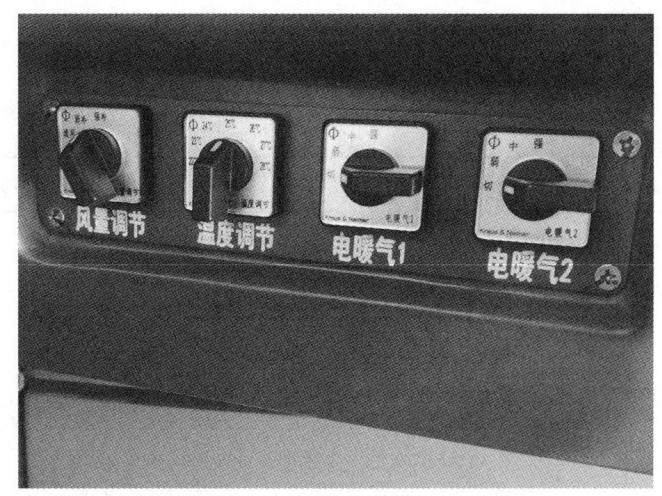

图 1-7　司机室空调开关

第二节　驾驶室配电盘及转换开关盘功能开关

司机室电气柜位于司机的左右两侧，驾驶列车所需的电子、电气、空气和机械设备设于司机室电气柜中，设备组件按功能分组安装。我们将电气柜分为四部分：右前电气柜、右后电气柜、左前电气柜、左后电气柜。

右前电气柜主要布置了司机室转换开关盘 1（见图 1-8）、里程计、TCMS 数字量输入输出模块、TCMS 数字量输入模块、TB 端子排、连接器等电气元件。

右后电气柜主要布置了司机室配电盘 1、司机室转换开关盘 2（见图 1-8）、接线端子排、司机室配电盘 2、连接器、司机室端子排盘。

左前电气柜主要布置了刮雨器水箱和刮雨器水泵。

左后电气柜主要布置了司机室配电盘 3、司机室辅助座椅、TCMS 数字量输入模块（DC 24 V）、连接器、灭火器、司机室电暖气、TB 端子排。

司机室开关盘上有前照灯强制开关，主控钥匙未插入状态，需要强制点亮前照灯时，强制性点亮前照灯。

图 1-8　转换开关盘 1、转换开关盘 2

一、转换开关盘内安装的部件（见表1-1）

表1-1　转换开关盘内安装的部件及其功能

序号	名称		功能
1	司机室转换开关盘1	电暖气1（CabHeS1）	左电暖气控制
		电暖气2（CabHeS2）	右电暖气控制
		应急灯切换（RrLpCgS）	应急灯控制
		温度调节（TRSW）	司机室空调温度调节
		模式选择（MMSW）	司机室空调制冷模式调节
		蓄电池（BaTS）	全列蓄电池上电、断电控制
		启动试验（STS）	牵引系统启动试验开关
		广播旋钮	调节广播音量
2	司机室转换开关盘2	车门安全环路旁路（DIRS）	车门环路旁路
		紧急制动UB环路旁路（UBLRS）	UB环路旁路
		紧急制动EB环路旁路（EBLRS）	EB环路旁路
		乘客紧急制动环路旁路（PEBLRS）	乘客紧急制动环路旁路
		制动缓解监控环路旁路（BRLRS）	制动缓解监控环路旁路
		转向架运行监控环路旁路（BMLRS）	轴温控车环路旁路
		火灾报警环路旁路（FALRS）	火灾报警环路旁路
		停放制动监控环路旁路（PBMLRS）	停放制动监控环路旁路

二、配电盘开关1、配电盘开关2、配电盘开关3内安装的部件（见表1-2）

表1-2　配电盘开关1、配电盘开关2、配电盘开关3内安装的部件

序号	名称		功能
1	司机室配电盘1	24 V电源装置1（24 VPN1）	司控器编码器1供电
		24 V电源装置2（24 VPN2）	司控器编码器2供电
		24 V电源装置3（24 VPN3）	24 V电源装置3输入用断路器
		按钮指示灯（CabLpN2）	车钩、按钮指示灯、电动遮阳帘电源

续表

序 号	名 称		功 能
1	司机室配电盘1	刮雨器控制电源（WPN）	刮雨器控制电源用断路器
		电动遮阳帘控制电源（CabZYN）	遮阳帘控制电源用断路器
		仪表照明（CabLpN1）	双针压力表灯、直流电压表照明
		司机室灯（CabRrLpN）	司机室灯照明用断路器
		机器室灯（MaRLpN1）	前舱、配电柜照明供电
		救援装置（BPRN）	BP救援装置电源
		保护接地（EGCN）	保护接地开关控制用断路器
		紧急模式控制（ETMN）	紧急牵引模式控制供电
		闭锁解除（ROS1）	头罩锁强制解除开关
		罩开（KHOS1）	头罩强制开关——开
		罩关（KHCS1）	头罩强制开关——关
		空气管开（APOS1）	空气管强制开关——开
		空气管关（APCS1）	空气管强制开关——关
		电连接器联（CoNCS1）	电连接器强制开关——联挂
		电连接器解（CoNOS1）	电连接器强制开关——解联
2	司机室配电盘2	前照灯标志灯（HMLpN）	前照灯、标志灯电源断路器
		主控制开关1（MCN1）	主控、非主控信号供电
		主控制开关2（MCN2）	手柄、前后向、紧急模式继电器供电
		主控制开关3（MCN3）	贯通线制动指令供电
		主控制开关4（MCN4）	紧急及紧急复位、JTR等供电
		制动控制4（BCUN4）	ATP1、4级，重联信号制动采集供电
		蓄电池接触器（BatKN）	电池接触器控制断路器
		TCMS显示器1（HMI1N）	TCMS显示器1用断路器
		TCMS显示器2（HMI2N）	TCMS显示器2用断路器
		TCMS输入3（TCMSIN3）	边柜网络模块供电
		联解控制（MXRN）	联挂控制用断路器
		里程记录装置（DRN）	里程记录装置用断路器
		停放制动控制（PBCN）	停放制动控制断路器

续表

序 号	名 称		功 能
2	司机室配电盘2	坡道起动控制（RSCN）	坡道起动控制断路器
		紧急断电控制（EMOFFPN）	紧急断电控制断路器
		显示灯电源（PLpN）	强制零速控制、关门灯断路器
		关门（DN）	关门控制断路器
		直流电压表（VN）	直流电压表控制断路器
		风笛（HorN）	风笛电源、控制断路器
		保温控制（AHeCN）	保温控制用断路器
		ATP系统电源（ATPN）	ATP系统电源用断路器
		DMI控制（DMIN）	ATP显示器用断路器
		JRU控制（JRUN）	ATP记录装置用断路器
		列车无线（TWN）	CIR系统用断路器
3	司机室配电盘3	警惕报警试验（VTS）	警惕报警试验开关
		前照灯强制（HMLpSW）	前照灯强制开关
		紧急牵引模式（ETS）	紧急牵引模式转换开关
		受电弓切换（PanCGS）	受电弓前后向切换
		保温试验（AHeTS）	试验辅助加热器的性能（强制闭合）10 ℃以上，可强制投入保温加热器
		强制零速（F0SS）	5SR、10SR强制得电开关
		地震预警隔离（EEWS）	隔离地震预警制动
		救援开关（BPRS）	救援/被救援开关
		保护接地合（EGCS1）	保护接地合开关
		ATP电源控制开关（ATPS）	ATP强制断开电源开关
		列车无线控制（CIRS）	CIR强制上电开关
		ATP显示器切换（ATPDMIS）	ATP显示器切换用开关
		电暖气1（CabHeN1）	左电暖气供电
		电暖气2（CabHeN2）	右电暖气供电
		前窗玻璃控制（GHeCN）	前窗玻璃加热控制断路器
		前窗玻璃加热（GHeN）	前窗玻璃加热用断路器
		风笛加热器（JaN5）	风笛加热器、空气管开闭用断路器
		机车电源（LMPN）	救援用外接电源断路器（常OFF）

第三节 座 椅

司机座椅具有结构紧凑、功能齐全、减振效果好、调节灵活、使用方便、坐靠舒适、经久耐用。司机室座椅由头靠、靠背、扶手、坐垫、减振系统等组成。该座椅设座椅套,不易被外来污物污染侵蚀内部。司机室座椅可进行体重调节、旋转调节、座椅前后调节、前后升降调节、坐垫前后调节、靠背倾仰角调节、扶手倾斜调节、头枕和腰撑调节等操作。司机室座椅构成如图1-9所示。

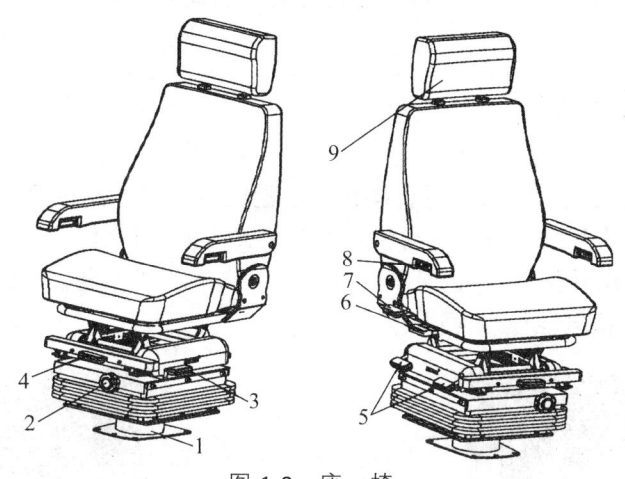

图1-9 座 椅

1—座椅支座；2—体重调节旋钮；3—旋转调节手柄；4—前后调节手柄；5—前、后升降调节手柄；6—坐深调节手柄；7—靠背角度调节手柄；8—扶手调节轮；9—头枕

在司机室左后电气柜处设置辅助座椅,为其他司乘人员提供休息场所。

第二章　CR400AF 动车组司机室设备操作

第一节　蓄电池投入及断电操作

一、激活蓄电池

司机确认占用司机室条件具备后，操作仪表盘仪表区"主控钥匙"开关（见图 2-1），顺时针旋转至"司机室占用"位置，然后将转换开关盘 1 的"蓄电池"开关（BatS）（见图 2-2）逆时针旋转至"开"位并保持 3 s，列车直流供电母线 103 线得电，司机室灯亮、网络系统初始化运行开始工作，蓄电池投入完成。

图 2-1　主控钥匙

图 2-2　蓄电池开关

注意：蓄电池投入仅在主控端操作有效。

二、蓄电池断电

蓄电池断电操作需满足的条件：
（1）列车静止状态，即速度 5 km/h 以下；
（2）列车无烟火报警信息，即司机室无火灾声光报警；
（3）列车处于非高压供电状态，即 VCB 不能闭合；
（4）主控端操作。

当蓄电池断电操作条件满足后，操作转换开关盘 1 的"蓄电池"开关（BatS），顺时针旋转至"关"位并保持 3 s，充电机内部 BatK1 接触器延时 30 s 后断开，列车直流供电母线 103

线失电，负载停止工作，将"主控钥匙"开关逆时针旋转至"0"位置，蓄电池断电操作完成。

注意：蓄电池断电仅在主控端操作有效，须满足断电条件方可操作。蓄电池断电后操作应急灯切换开关，蓄电池直供（102线）的负载设备工作，主要包括CIR设备、头罩控制、标志灯控制、应急灯、广播、视频监控系统等。

第二节　应急灯切换操作

当主控钥匙未投入但需应急供电时，可将司机室配电盘3上的转换开关"应急灯切换开关"（RrLpCgS）旋到"开"位（见图2-3），各车应急设备可通过102 A线取电应急工作。

图2-3　应急切换开关

第三节　司机室占用操作

每个司机室操纵台设有一个主控钥匙（不能通用），包含两个位置："司机室占用"位和"0"位。将主控钥匙置于"司机室占用"位，并将"蓄电池开关"旋转至"开"位保持3 s，接通蓄电池，如图2-4所示。

图2-4　司机室占用

当司机钥匙没有插入司控器的钥匙孔，或者司机钥匙没有旋转至"激活"位时，TCMS将处于一种"待机"状态，拒绝接收和执行诸如"施加牵引""缓解制动"等各种涉及安全的控制指令，但可以对全列车的状态信息进行监视和故障诊断。

当司机钥匙旋转至"激活"位后，TCMS进入"激活"状态并设置为主控司机室，同时在显示器主界面对主控司机室进行图示。接通蓄电池后，网络系统设备得电，网络系统进行初运行，初运行完成后，左HMI显示器默认显示牵引主页面，右HMI显示器默认显示制动主页面，如图2-5、2-6所示。

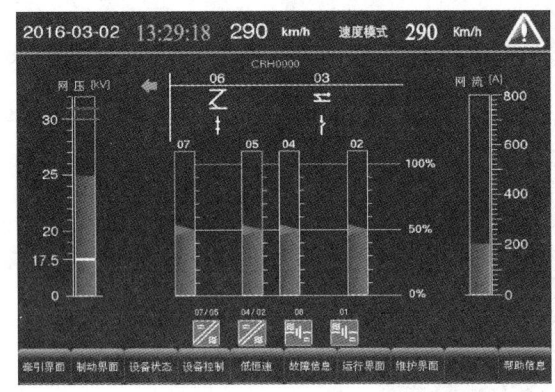

图2-5 牵引界面　　　　　　　　　　图2-6 制动主界面

主控钥匙在"司机室占用"位且蓄电池接通后，司机台激活，该司机室所在的牵引单元定义为"主控单元"，TCMS通过主控单元向其他单元发布列车级控制指令。

当司机室激活TCMS后，只允许接收来自主控司机室的各种控制指令，而忽略非主控司机室的各种控制指令，但有一条指令除外，即"紧急制动"指令。当任何一个司机室的"紧急制动"按钮被按下，TCMS均执行"紧急制动"指令，同时封锁牵引信号的输出。

第四节　升、降弓操作

操作主控端司机台上的"受电弓"拨键（见图2-7）进行升弓操作。

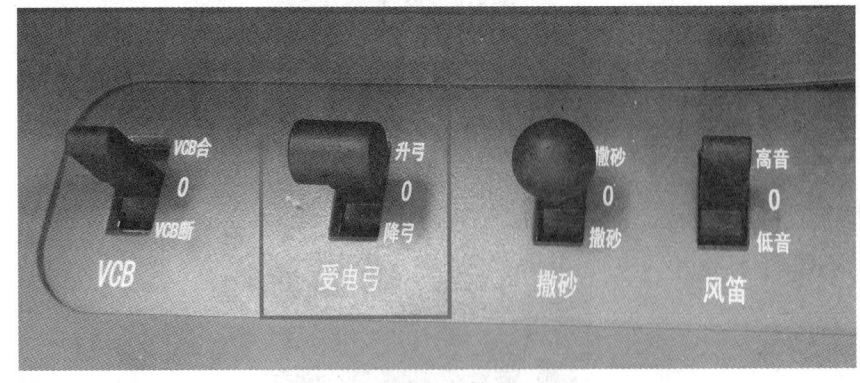

图2-7 受电弓拨键开关

TCMS 默认控制升后弓，通过 HMI 的【牵引主界面】或【运行界面】等确认受电弓升起状态，从 HMI 屏牵引主界面左侧柱形图查看网压在正常范围内（17.5 ~ 31 kV），如图 2-8 所示。

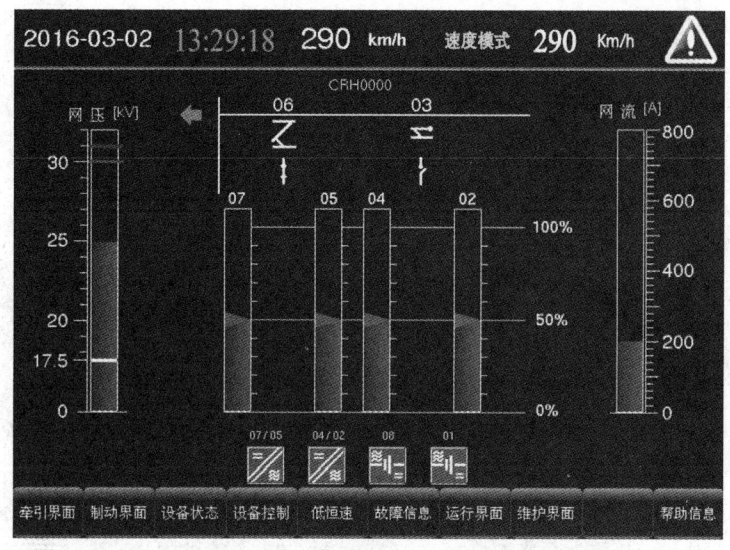

图 2-8　牵引主界面确认受电弓升起状态

注意：
（1）真空断路器和 EGS 闭合状态下列车无法升弓；
（2）正常情况下默认升后弓，当后弓故障不能升起时，由司机手动切除后弓，CCU 监测到后弓被切除，换升前弓。
（3）紧急模式下，通过左后柜【受电弓选择】开关确定升前弓或后弓。

第五节　真空断路器操作

当受电弓升起后，操作主控端司机室操纵台上的"VCB"拨键（见图 2-9），进行合断 VCB 操作，可通过 HMI 显示屏中【维护界面】中【VCB 条件】界面确认升弓条件是否满足。

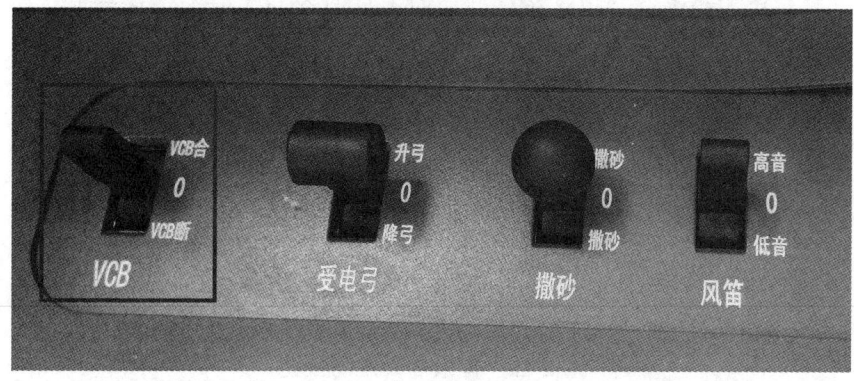

图 2-9　VCB 拨键

通过 HMI 的【牵引主界面】或【运行界面】等确认 VCB 合断状态，并确认网流状态正常，如图 2-10 所示。

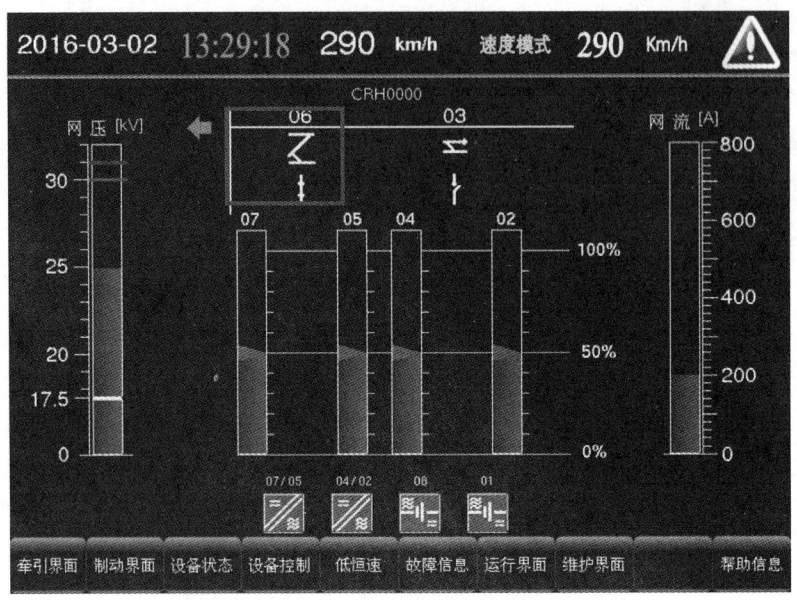

图 2-10　牵引主界面确认 VCB 闭合状态

注意：受电弓降下，无法进行合 VCB 操作。

第六节　停放制动施加与缓解操作

通过司机室操纵台"停放施加"和"停放缓解"按钮手动进行停放制动的施加和缓解。

一、停放制动施加

停车状态下，按下操纵台"停放施加"按钮（见图 2-11）时，停放施加按钮灯亮，HMI 屏幕显示停放制动施加，如图 2-12 所示。

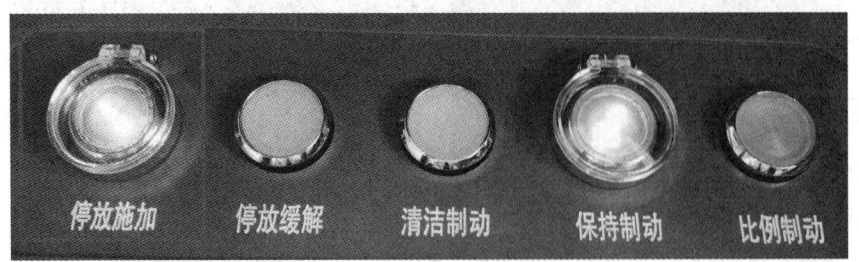

图 2-11　停放制动施加按钮

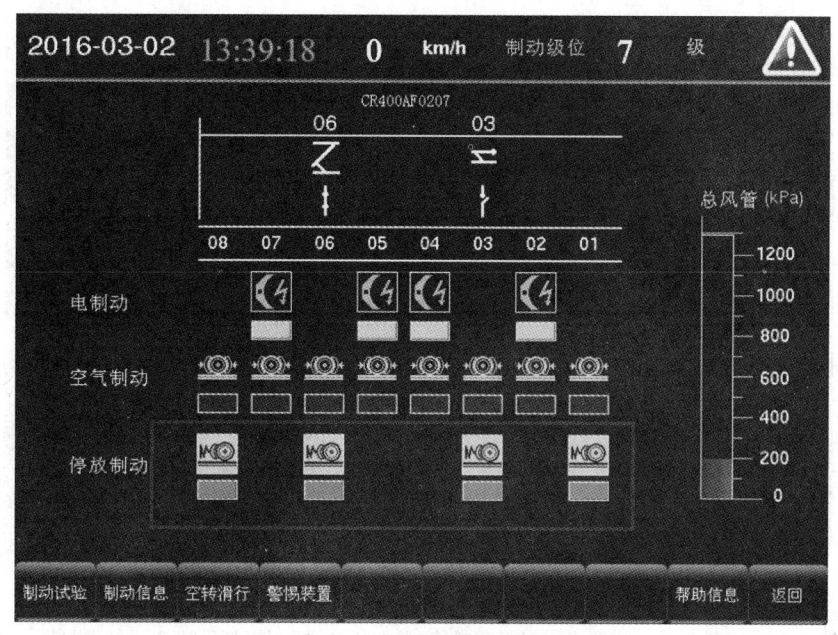

图 2-12 HMI 显示停放制动施加

二、停放制动缓解

按下操纵台"停放缓解"按钮(见图 2-13)时,停放缓解按钮灯亮,HMI 屏幕显示停放制动缓解,如图 2-14 所示。

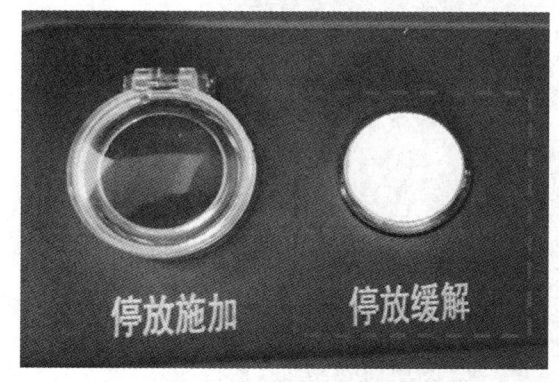

图 2-13 停放制动缓解按钮

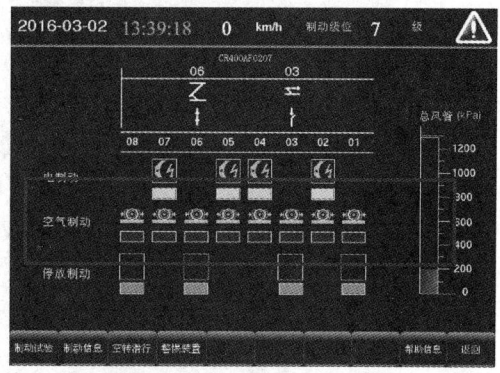

图 2-14 HMI 显示停放制动缓解

第七节 主控手柄的操作

司机台激活后,升起受电弓,闭合 VCB,将方向开关置于"前"位,启动 ATP 设备,如图 2-15 所示。

图 2-15 方向转换开关

模式选择，默认采用速度模式。进行模式转换时，司控器手柄必须回零位。选择模式后，操作司控器手柄至牵引区，设定速度或者牵引级位，如图 2-16 所示。

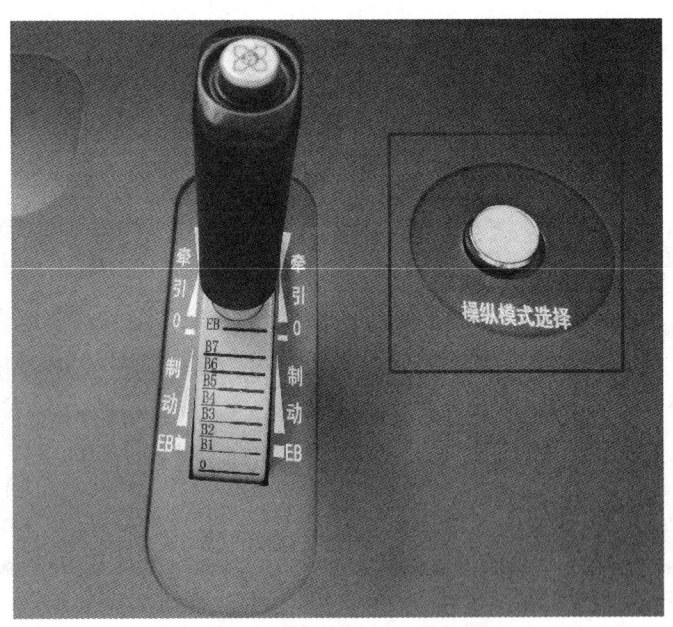

图 2-16 操纵模式选择开关

列车的换向开关操作只允许在列车静止（停车）的状态下才进行。列车运行后，TCMS 将锁定当前列车的方向信号，直到列车停止运行后才解锁。如果在列车运行过程中，不管是人为操作原因，还是方向手柄故障原因导致方向信号变化，TCMS 都会诊断出"方向手柄异常动作"，并在显示器上进行故障提示。司控器操作位置如图 2-17 所示。表 2-1 为司控器级位速度模式 K1 至 K4 变化速率值。

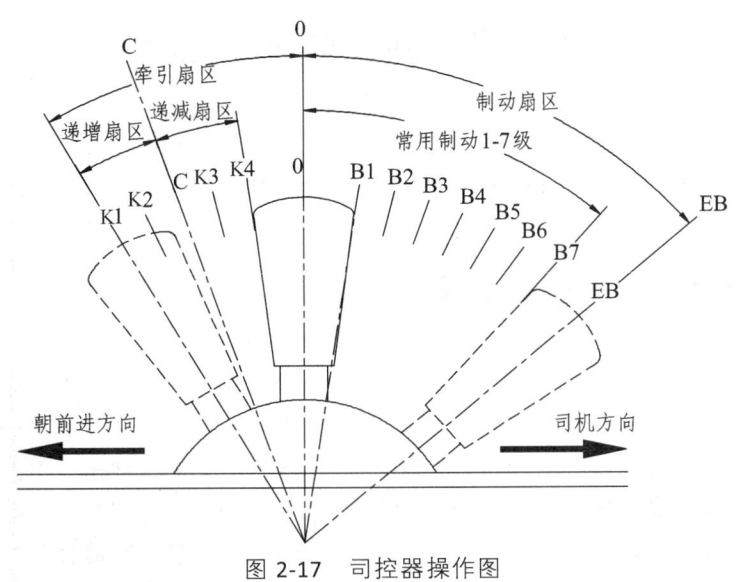

图 2-17 司控器操作图

表 2-1 司控器级位/速度模式 K1 至 K4 变化速率值

序号	速度控制模式	级位控制模式	洗车模式	联挂模式	调车模式
K1	5 km/h/s、25 km/h/s（10 s 后斜率变为 25 km/h/s）	+1 级/s	+2 km/h/s	+2 km/h/s	+5 km/h/s
K2	1 km/h/s	+0.1 级/s	+1 km/h/s	+1 km/h/s	+1 km/h/s
K3	−1 km/h/s	−0.1 级/s	−1 km/h/s	−1 km/h/s	−1 km/h/s
K4	5 km/h/s、25 km/h/s（10 s 后斜率变为 25 km/h/s）	−1 级/s	−2 km/h/s	−2 km/h/s	−5 km/h/s
备注	最高 350 km/h	牵引 0~8 级	最高 5 km/h	最高 2 km/h	最高 25 km/h 或 10 km/h

通过牵引主界面或运行界面等确认设定的速度或者牵引级位、列车实际速度以及网压/网流等信息，如图 2-18 所示。

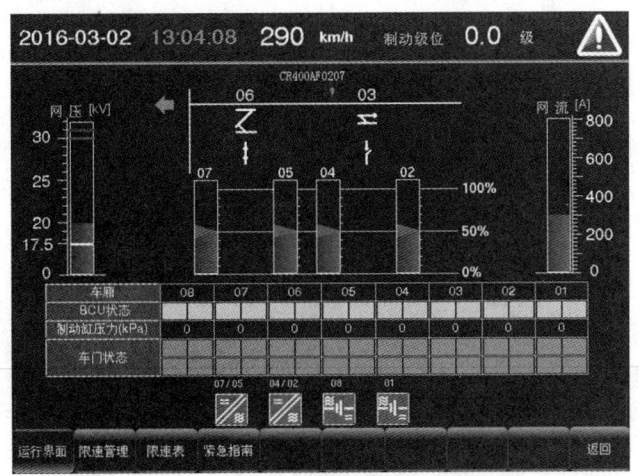

图 2-18 运行界面

第八节　制动施加及缓解

制动系统采用 2 动 2 拖为一个 MVB 网络单元的微机控制模拟式直通电空制动系统，制动控制采用车控方式，每辆车都配有一套电空制动控制装置。

一、常用制动施加和缓解

常用制动分为 B1 至 B7 级，优先采用电制动，电制动力满足不了所需制动力时，空气制动力补充，以维持编组列车上所需要的制动力。制动系统具有空重车载荷调整功能，能够保证不同车重条件下维持一定的减速度。常用制动时制动系统进行列车空电复合制动控制，按速度模式曲线控制方式实施制动控制。制动系统应能使空气制动随时与电制动进行自动配合，实现空电复合制动，优先采用电制动，电制动力不足时，由空气制动补充。

通过操作司控器进行常用制动的施加和缓解，手柄置于相应制动级位时制动施加，置于"0"位时制动缓解。司控器手柄如图 2-19 所示。

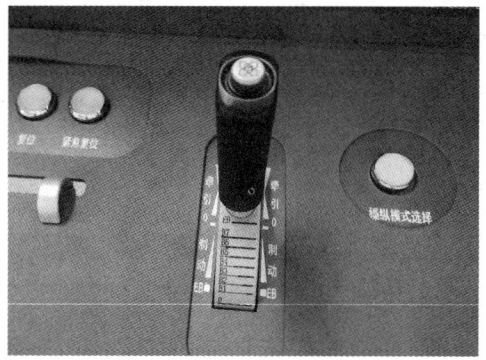

图 2-19　司控器手柄

制动施加和缓解时，制动缸压力通过 HMI 屏"运行信息"界面中进行确认，如图 2-20 所示。

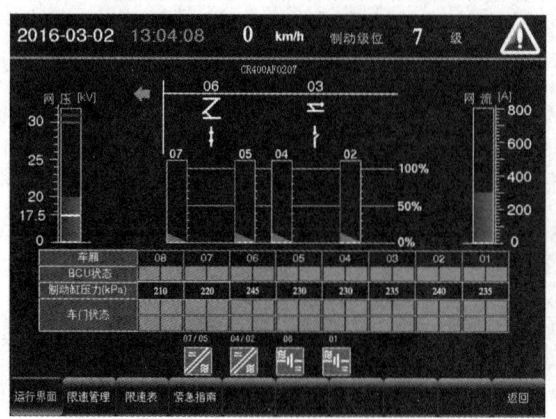

图 2-20　运行界面制动缸压力显示

常用制动时制动缸压力、减速度参考值：

（1）制动缸压力。司控器手柄置 B1、B4、B7 级位，查看 HMI 屏"制动信息"界面，制动缸压力符合表 2-2 所示的要求。

表 2-2　不同级位下的制动缸压力要求

工况	车型	B1 级	B4 级	B7 级
空车	拖车	67 kPa	127 kPa	192 kPa
	动车	56 kPa	137 kPa	221 kPa

（2）减速度。常用制动、紧急制动（EB）时，减速度应满足表 2-3 所示的要求。

表 2-3　不同级位下的减速度值

制动级位	减速度 β（m/s^2）
1 级	0.079
4 级	0.31
7 级	0.564
EB	0.950

二、紧急制动（EB）施加和缓解

紧急制动（EB）时，制动系统应能使空气制动随时与动力制动进行自动配合，实现空电复合制动，充分利用动力制动。紧急制动（EB）时，制动系统具有制动力不足检测功能，其以硬线形式输出断开紧急制动（UB）环路。

1. 紧急制动（EB）触发条件

（1）将司控器手柄置 EB 位施加紧急制动（EB）。

（2）拉下客室或乘务员室内紧急制动拉闸触发紧急制动（EB），如图 2-21 所示。

图 2-21　紧急制动拉闸

（3）由主控钥匙、"列车非静止条件（速度>5 km/h）下停放制动意外施加""司机警惕装置触发紧急制动请求""车载地震紧急处置装置发出（Ⅱ级、Ⅲ级）报警信号时""轴温熔断继电器动作"等触发的紧急制动（EB）环路失电，列车施加紧急制动（EB）。

2. 紧急制动（EB）缓解

（1）由司控器手柄置 EB 位触发的紧急制动，手柄离开 EB 位后，紧急制动（EB）环路得电，紧急制动自动缓解。

（2）由客室或乘务员室内紧急制动拉闸触发的紧急制动（EB），可先通过操纵台的乘客报警旁路开关（见图 2-22）缓解紧急制动（EB）。

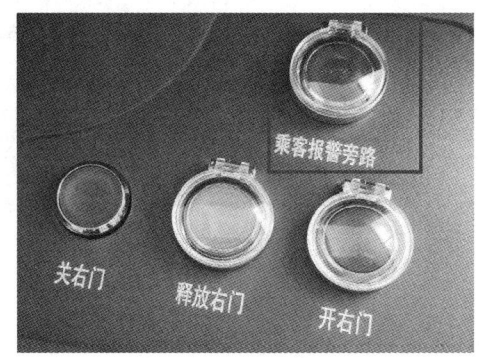

图 2-22　乘客报警旁路开关

（3）由"列车非静止条件（速度>5 km/h）下停放制动意外施加""司机警惕装置触发紧急制动请求""车载地震紧急处置装置发出（Ⅱ级、Ⅲ级）报警信号时""轴温熔断继电器动作"触发的紧急制动（EB），启动零速联锁，停车后将触发源复位，进行以下操作：

① 按下停放制动施加按钮，HMI 屏确认全列车停放制动施加。

② 司控器手柄置制动位（注：为防止在大坡道上溜车，建议手柄置 B4 及其以上制动位）。

③ 按"紧急复位"按钮，点击 HMI 屏"设备状态"选择"安全环路"页面，司控器手柄置于"B4"位，按压"紧急复位"按钮（见图 2-23），复位紧急制动，在"安全环路"界面确认紧急制动缓解。

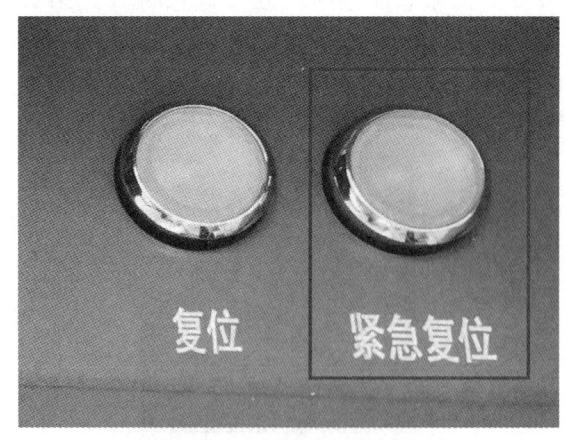

图 2-23　紧急复位按钮

紧急制动（EB）时制动缸压力如表 2-4 所示。

表 2-4　紧急制动（EB）时制动缸压力

工况	车型	EB
空车	拖车	291 kPa
	动车	353 kPa

三、紧急制动（UB）施加和缓解

紧急制动（UB）通过独立的紧急制动安全环路实施，直接作用于紧急制动电磁阀。紧急制动电磁阀采用失电制动的控制形式。

1. 紧急制动（UB）触发条件

（1）按下司机操纵台紧急制动按钮，施加紧急制动（UB），如图 2-24 所示。

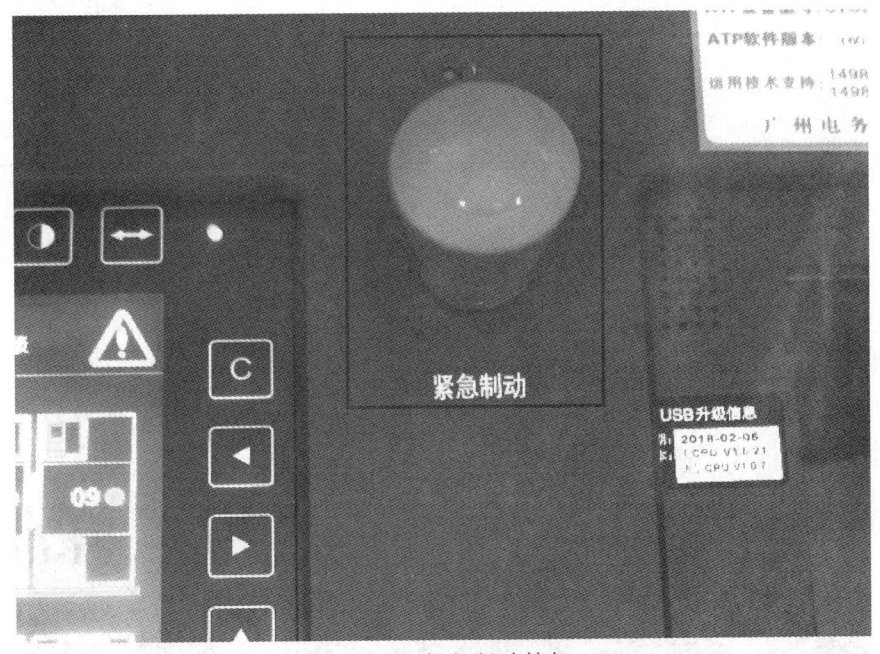

图 2-24　紧急制动按钮

（2）列车运行控制系统 ATP 触发列车紧急制动。
（3）紧急制动（UB）安全环路断开或失电。
（4）EB 制动力不足。
（5）被救援时，机车产生紧急制动，列车管压力排空时。

以上条件触发时，制动系统自动实施紧急制动（UB），在列车完全停止前不允许缓解紧急制动（UB）。列车停止后，触发条件复位、紧急制动（UB）环路建立后，缓解紧急制动（UB）。

紧急制动（UB）环路断电，施加紧急制动（UB）。

2. 紧急制动（UB）缓解

紧急制动（UB）触发后，启动零速联锁，停车后，须将触发源恢复，触发源复位后须进行紧急复位操作：

（1）按下司机操纵台紧急制动按钮触发的紧急制动（UB），将紧急制动按钮逆时针旋转后向外拉出进行复位。

（2）按下停放制动施加按钮，HMI屏确认全列车停放制动施加。

（3）司控器手柄置制动位（注：为防止在大坡道上溜车，建议手柄置B4及其以上制动位）。

（4）按"紧急复位"按钮，HMI屏确认紧急制动（UB）环路得电，各车紧急制动缓解。

紧急制动（EB）时制动缸压力如表2-5所示。

表2-5 紧急制动（UB）时制动缸压力

工况	车型	UB
空车	拖车	305 kPa
	动车	365 kPa

第九节　清洁制动的操作

为了改善冰雪、潮湿天气下制动盘和闸片的摩擦系数，司机操纵台设置清洁制动按钮，按下操纵台清洁制动按钮（见图2-25）自动施加清洁制动，松开按钮，清洁制动缓解。

图2-25 清洁制动按钮

清洁制动施加后，通过HMI屏"制动信息"界面确认制动缸压力，制动缸压力为（70±20）kPa，如图2-26所示。

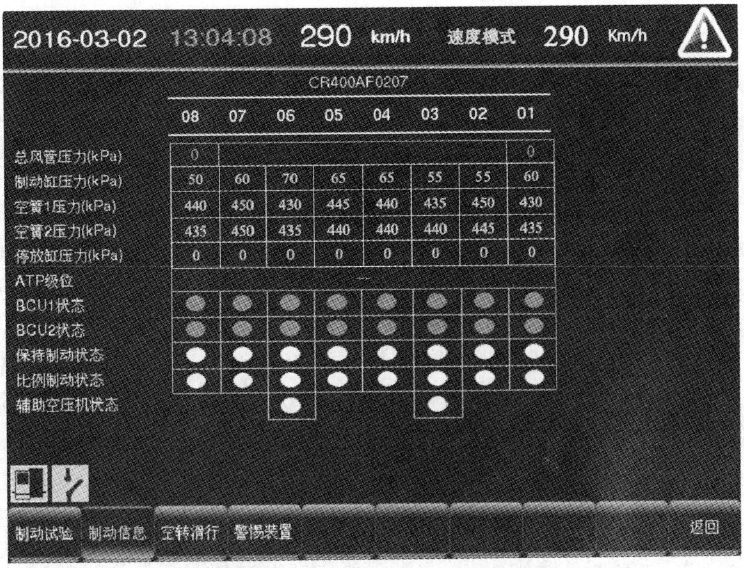

图 2-26 清洁制动时制动缸压力界面

第十节 保持制动的操作

动车组具有保持制动功能,保持制动应在动车组静止时自动施加,动车组起动后自动缓解。保持制动力满足动车组在定员载荷在 20‰坡道上静止或起动时不溜车的要求,保持制动力相当于常用 4 级制动力。

一、保持制动施加

为了防止列车停在坡道上出现溜车情况,需要在列车停稳后施加一个固定大小的常用制动力,一般该常用制动力的大小为最大常用制动的 70%左右,即保持制动。保持制动的施加由制动系统负责,保持制动的缓解由 TCMS 负责;当 TCMS 故障时,保持制动的管理全部由制动系统自身负责。

司机操纵台设置保持制动按钮。列车停车后自动施加保持制动,各车 EBCU 施加相当于 B4 级空气制动。保持制动按钮如图 2-27 所示。

图 2-27 保持制动按钮

施加保持制动后,通过制动信息画面确认制动缸压力为常用 4 级制动力,如图 2-28 所示。

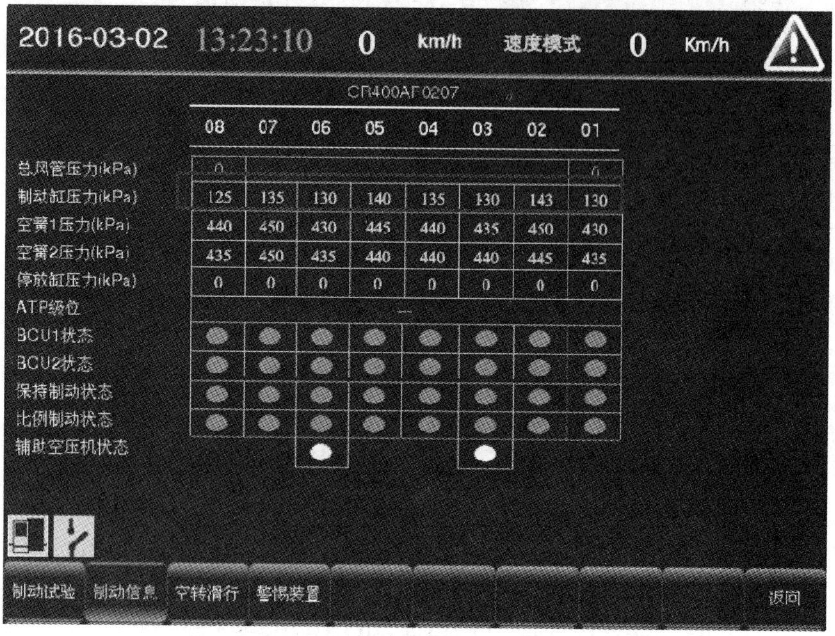

图 2-28　保持制动压力

二、保持制动缓解的条件

保持制动满足以下任一条件时缓解:
(1)当司控器手柄处于牵引位,且列车速度大于 1.5 km/h,BCU 自动缓解保持制动;
(2)单列牵引变流器反馈牵引力大于 125 kN(重联时为 250 kN)时,TMCS 自动缓解保持制动;
(3)列车速度大于 1.5 km/h 时,TMCS 自动缓解保持制动;
(4)牵引指令持续 7 s 及以上,BCU 自动缓解保持制动。

列车在某些特殊情况下,需要缓解列车的保持制动,可以通过按压"保持制动"按钮或有动力情况下提牵引手柄达到上述条件保持制动缓解。停车状态下按压"保持制动缓解"按钮开关,自复位形式带绿色指示灯灭,缓解保持制动,松开保持制动按钮施加保持制动,灯亮。

司机室边柜增设"保持制动切除"旋钮开关,用于故障或试验工况,手动切除保持制动。

第十一节　全部制动试验操作

在 HMI 制动试验界面设置菜单引导式全部制动试验功能,试验内容包括:直通式电空制动试验、紧急制动(UB)试验、防滑系统试验、紧急制动(EB)试验/EB 转 UB 试验、总风贯通试验。

可通过 HMI 屏选择试验项目，通过"开始试验"按键进行试验，按照屏幕提示信息进行操作。制动试验界面如图 2-29 所示。

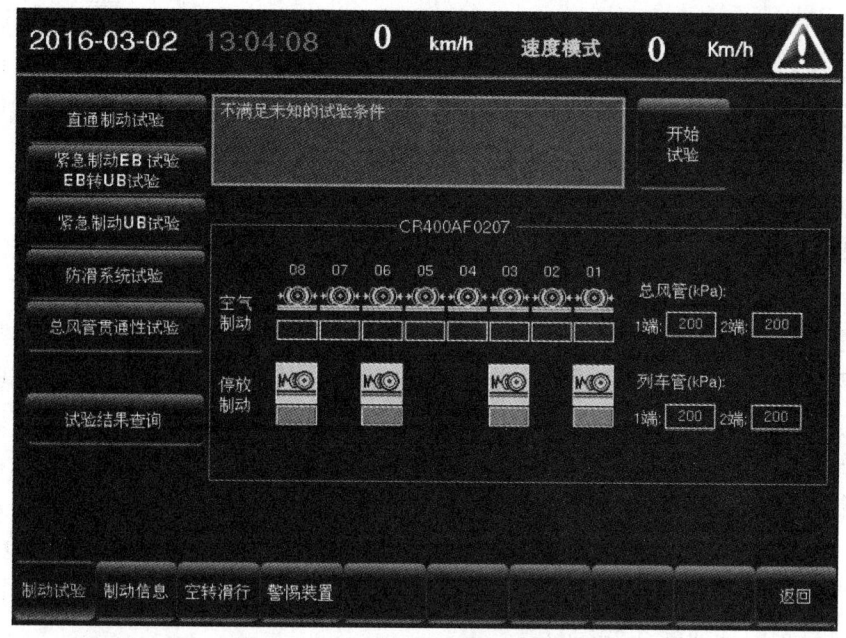

图 2-29　菜单引导式制动试验界面

一、制动试验前提条件

（1）司机室需投入占用，并升弓送电，HMI 屏制动界面显示正常。
（2）停放制动监控环路（PBML）与紧急制动环路（EBL）未被旁路。
（3）停放制动处于施加状态。
（4）司机必须确认列车配置，即列车是单编组还是多编组。
（5）列车空气制动处于缓解状态（若开启 ATP 进行制动试验时，必须将 ATP 进入调车模式，确认 ATP 没有施加制动，否则将 ATP 隔离）。
（6）ASC 设置为关闭，故障面板上各环路旁路开关在正常位置。
（7）总风压力处于正常工作压力（800~950 kPa）范围。

二、制动试验注意事项

（1）试验前在右侧 HMI 屏"安全环路"界面确认停放制动监控环路（PBML）与 UB、EB 制动环路未显示"隔离"。每一步开始试验之前，主手柄必须在 0 位，紧急制动必须复位。

（2）制动试验时须在左侧 HMI 屏进入"制动试验"界面，根据制动试验提示要求进行车辆制动试验。

（3）根据菜单引导进行全部制动试验，即①直接式电空制动试验、② 紧急制动（EB）试验/EB 转 UB 试验、③ 紧急制动（UB）试验、④ 防滑系统试验、⑤总风贯通试验。

（4）制动试验期间，不可进行其他操作，如果某项制动试验中途因误操作终止或退出，需根据 HMI 屏提示信息查看故障代码，根据故障代码排除故障，重做该项制动试验。试验通过后，可继续进行其他未完成的试验项目，无须重新进行全部制动试验。

（5）如遇紧急情况，试验时间不足以完成全部试验时，根据随车机械师要求，进行简略制动试验，即①直接式电空制动试验、②紧急制动（EB）试验/EB 转 UB 试验、③紧急制动 UB 试验。

（6）在进行试验时，若每项制动试验完成时不显示最新试验时间或试验时间显示后自动消失，需将两侧 HMI 屏进行复位操作，并再次进行制动试验。如果复位后制动试验时间仍然不能正常显示，但所有试验项目状态显示"通过"，不影响动车组制动性能。

（7）在动车组出库和运行过程中，若动车组全列断直流电或单车 EBCU 断电，重新供电后，HMI 制动主界面显示车辆的空气制动有效图标"▇▇▇"丢失，需通过 HMI 进行"直通式电空制动试验""紧急制动（UB）试验""紧急制动（EB）试验/EB 转 UB 试验"3 项制动试验对本车的空气制动有效性进行确认。3 项试验成功后，车辆的空气制动有效图标恢复。空气制动有效显示图标如图 2-30 所示。

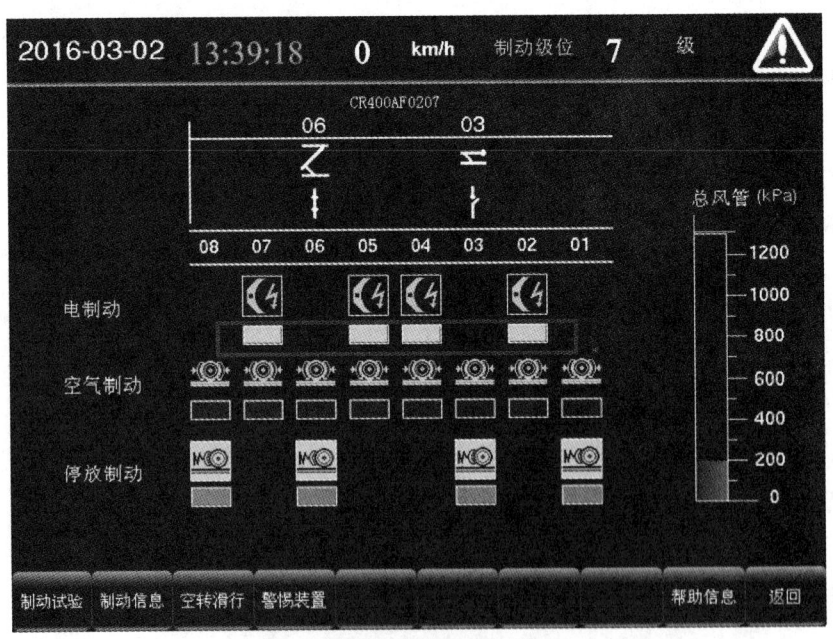

图 2-30　空气制动有效图标

（8）制动试验过程中不小心触碰到已经完成的试验项目时，需要将该试验项目做完方可退出，否则空气制动有效性图标会丢失。

三、试验步骤

1. 直通制动试验（见表2-6）

表2-6　直通制动试验步骤

司机操作	HMI屏显示
司机按"直通制动试验"键	显示：请按开始键开始直接制动试验
司机按"开始试验"	显示：请在5 s内施加最大常用
	显示：判断是否所有制动施加。制动必须施加至少5 s
	显示：请在5 s内缓解最大常用制动
	显示：制动必须被持续缓解至少5 s
	显示：直通制动试验结束（直通制动试验成功，请点击"结束"继续其他制动试验项目。） （直通制动试验失败，请点击"结束"继续其他制动试验项目，并查看相关故障代码。）
司机按"停止试验"	返回"试验界面"

2. 紧急制动（EB）试验/EB转UB试验（见表2-7）

表2-7　紧急制动（EB）试验/EB转UB试验步骤

司机操作	HMI屏显示
司机按"紧急制动（EB）/EB转UB试验"	显示：请按开始键开始EB、EB转UB试验
司机按"开始试验"	显示：5 s内移动制动手柄至EB位
	显示：EB试验结束，开始进行EB转UB试验
	显示：EB转UB试验结束，请缓解紧急制动。（EB转UB试验成功，请点击"结束"继续其他制动试验项目。） （EB转UB试验失败，请点击"结束"继续其他制动试验项目，并查看相关故障代码。）
司机按"停止试验"	返回"试验界面"

3. 紧急制动（UB）试验（见表2-8）

表2-8 紧急制动（UB）试验步骤

司机操作	HMI屏显示
司机按"紧急制动UB试验"键	显示：请按开始键开始紧急制动试验
司机按"开始试验"	显示：请司机在10 s内断开UB环路
司机按紧急制动（UB）按钮（红色）	显示：紧急制动（UB）试验结束。[紧急制动（UB）试验成功，请点击"结束"继续其他制动试验项目。][紧急制动（UB）试验失败，请点击"结束"继续其他制动试验项目，并查看相关故障代码。]
司机按"停止试验"	返回"试验界面"

4. 防滑试验（见表2-9）

表2-9 防滑试验步骤

司机操作	HMI屏显示
司机按"防滑系统试验"	显示：请按开始键开始防滑试验
司机按"开始试验"	显示：正在进行防滑系统试验
	显示：防滑系统试验结束（防滑系统试验成功，请点击"结束"继续其他制动试验项目。）（防滑系统试验失败，请点击"结束"继续其他制动试验项目，并查看相关故障代码。）
司机按"停止试验"	返回"试验界面"

5. 总风管（MRP）贯通性试验（见表2-10）

表2-10 总风管（MRP）贯通性试验步骤

司机操作	HMI屏显示
司机按"总风贯通性试验"键	显示：请按开始键开始总风管（MRP）贯通试验
司机按"开始"键	显示：将MR压力降低至900 kPa以下
司机通过怀控器施加制动降低总风压力	显示：MRP贯通试验运行。等待1 min空压机使两个端车的总风压力上升至少30 kPa。
	显示：MRP贯通性试验结束（MRP贯通性试验成功，请点击"结束"继续其他制动试验项目。）（MRP贯通性试验失败，请点击"结束"继续其他制动试验项目。）
司机按"停止试验"	返回"试验界面"

第十二节　短制动试验（SBT）操作

实施全部制动试验（MBT）中的"直通制动试验""紧急制动（EB）试验/EB 转 UB 试验"和"紧急制动（UB）试验"3 个制动试验后，为生成制动可用的基本试验，通过司机室的 HMI 开始 SBT，司机必须检查 SBT 试验步骤的结果。

第十三节　简略试验

动车组在当日已完成全部制动试验（MBT）后，如遇重联解编、换端、重新激活等，不需做全部制动试验，而是通过"司机控制器"施加紧急制动（EB），在 EB 位置并保持至少 10 s。通过 HMI 屏或风表检查制动施加，在等待 10 s 后，司机须移动司机控制器回到缓解位置并持续至少 10 s，通过 HMI 屏或风表检查制动缓解，并确认制动可用即可。

如制动可用性仍然未恢复，司机按下紧急制动（UB）按钮，通过 HMI 屏或风表检查制动施加。旋起紧急制动（UB）按钮，按下"紧急复位"按钮，通过 HMI 屏或风表检查制动缓解，并确认制动可用即可。如制动可用性仍然未恢复，进行短制动试验（SBT），并确认空气制动可用恢复。

第十四节　过分相操作

过分相分为 GFX 自动过分相、ATP 自动过分相和手动过分相。其中 GFX 自动过分相装置安装在 3 车和 6 车（仅受电弓上升车辆有效），ATP 装置安装在头车（仅主控端有效），手动过分相按钮安装在司机台（仅主控端有效）。GFX 自动过分相/ATP 自动过分相时，通过牵引主界面确认主断断路器（VCB）合断状态、牵引再生发电工况，如图 2-31 所示。

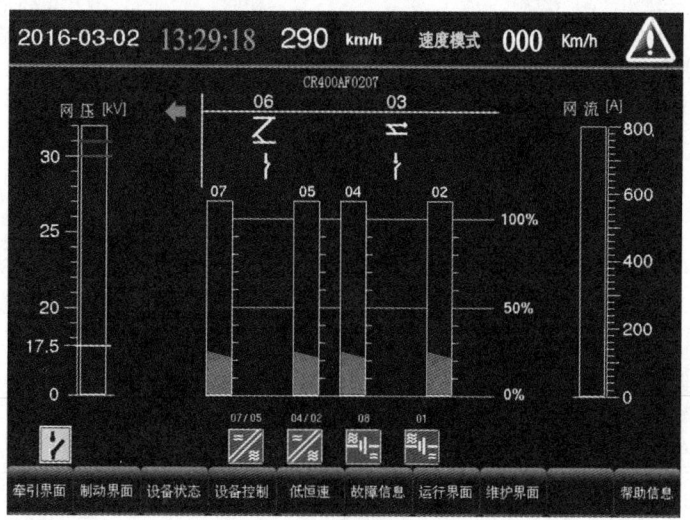

图 2-31　牵引主界面

当GFX自动过分相/ATP自动过分相失败时，可以通过操作"手动过分相按钮"（见图2-32）进行手动过分相控制，过完分相后松开"手动过分相按钮"，且TCMS检测到高压供电正常后结束过分相，退出过分相发电模式，闭合VCB。

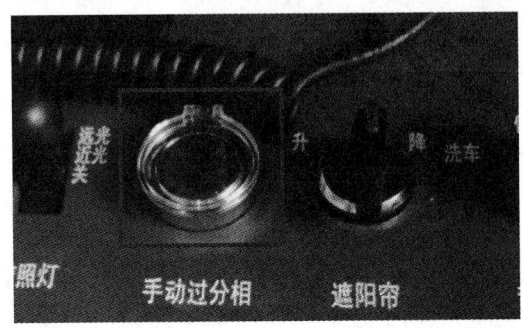

图 2-32　手动过分相按钮

第十五节　远程设备切除操作

在进行远程设备切除操作前，先进行断开VCB操作，如图2-33所示。

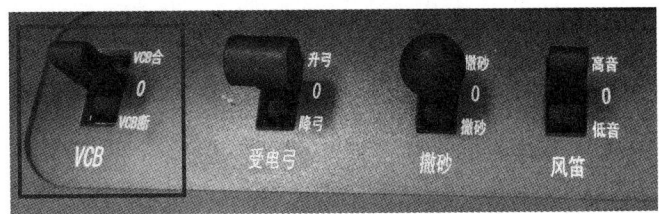

图 2-33　VCB拨键

在主控端点击HMI进入【设备控制】界面下的【设备切除】画面，点击选择要求切除/复位的对应【设备】，然后点击【切除】或【恢复】（见图2-34），完成操作，同时在该画面查看设备切除/复位状态。

注：设备切除时，HMI屏界面状态显示 ✕ 。

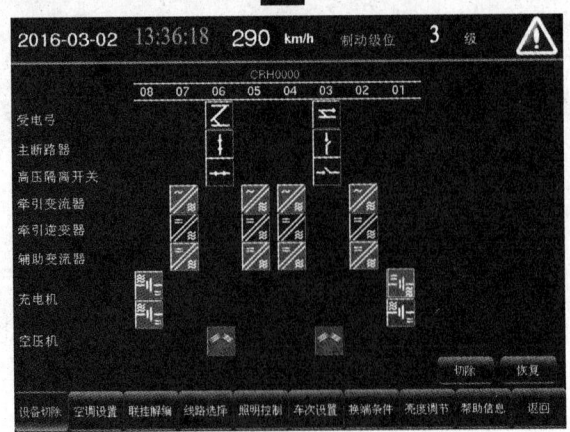

图 2-34　设备切除界面

一、高压隔离开关切除或恢复

在主控端点击 HMI 进入【设备控制】界面下的【设备切除】画面,点击高压隔离开关图标(见图 2-35),然后点击【切除】或【恢复】,完成操作,同时在该画面查看设备切除/复位状态。

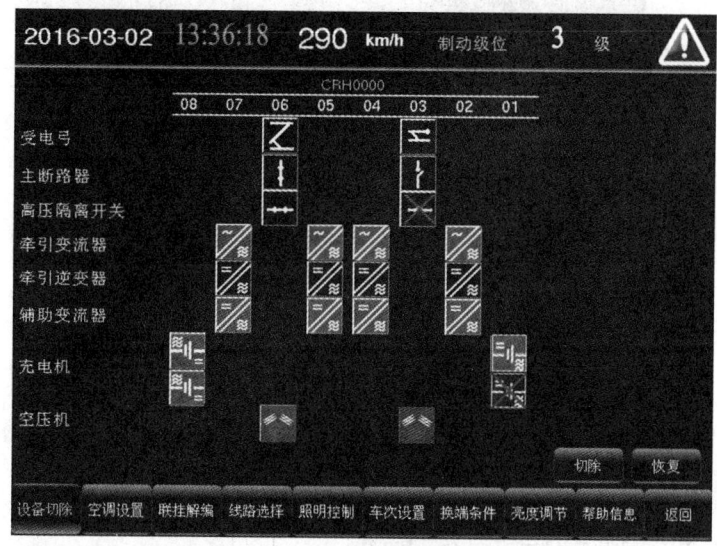

图 2-35 高压隔离开关切除或恢复

二、牵引变流器切除与恢复

通过车辆 HMI 显示屏设备界面可对牵引变流器、牵引逆变器、辅助逆变器进行切除与恢复操作,如图 2-36 所示。

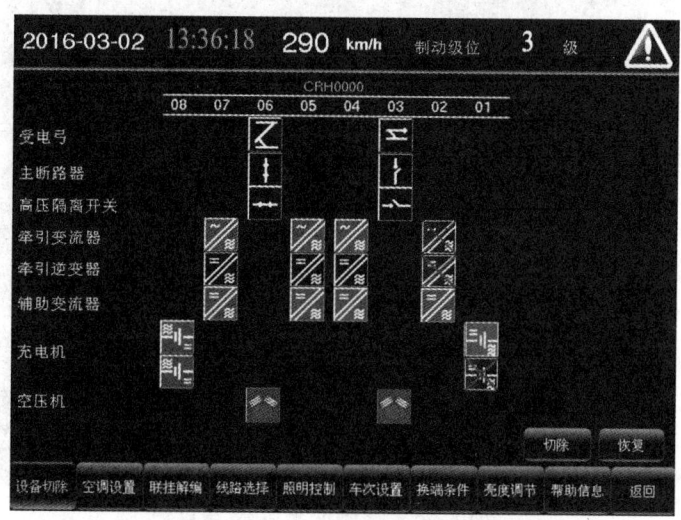

图 2-36 牵引变流器切除与恢复

三、充电机切除与恢复

通过车辆 HMI 显示屏设备界面可对充电机进行切除与切除恢复操作（见图 2-37）。

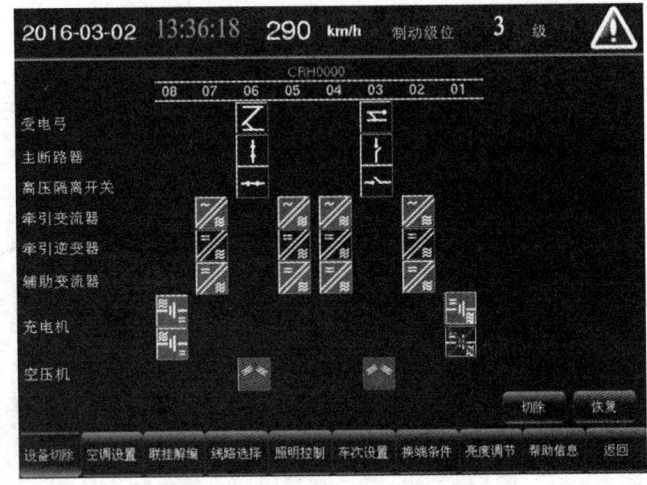

图 2-37 充电机切除与恢复

四、限速条件切除/复位操作

每次切除操作仅对本次故障限速条件有效，再次报出故障时，仍会触发自动限速。
（1）司机通过点击主控端司机室 HMI 屏【限速条件】键，进入"限速切除/复位"页面。
（2）司机选中相应限速条件，按下【取消限速】/【恢复限速】键；按【确认】键（见图 2-38）。

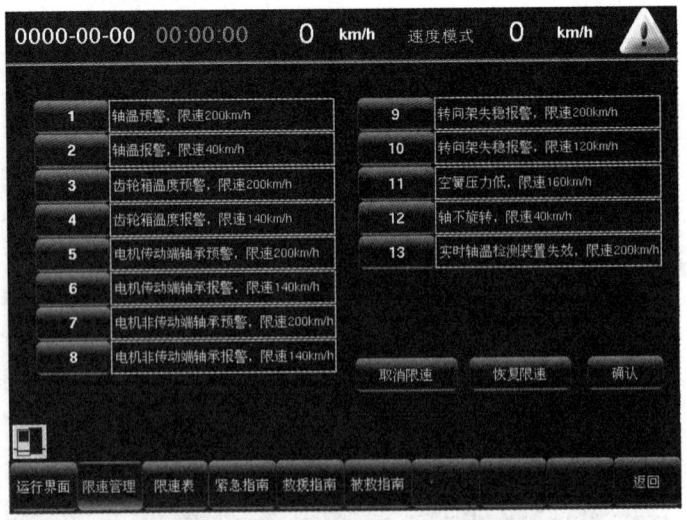

图 2-38 限速条件切除/复位

注意：进行受电弓切除/复位时应先降弓。

第十六节　HMI 显示器操作

一、显示器界面菜单结构及图标说明（见图 2-39）

1. 司机室界面显示结构树

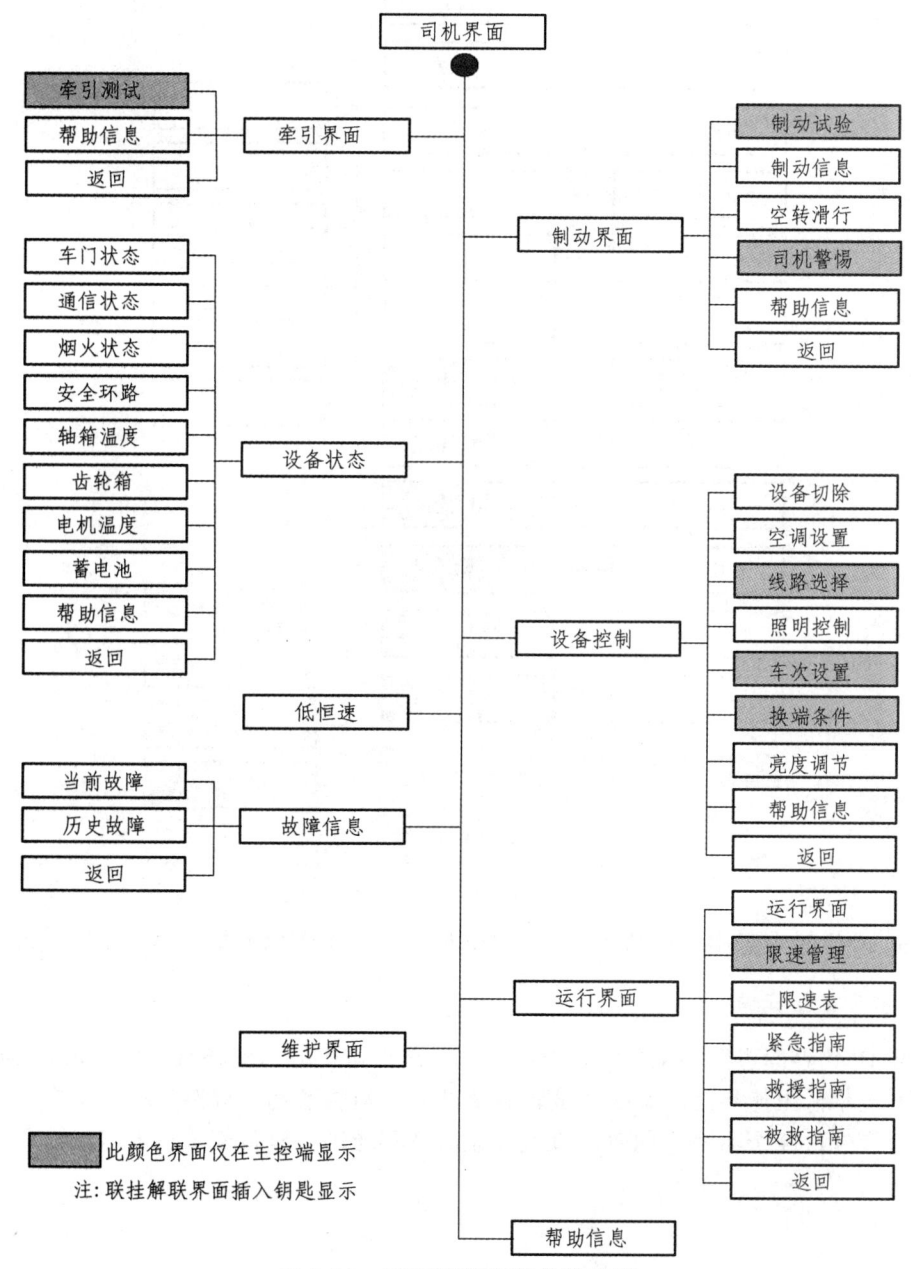

图 2-39　显示器界面菜单结构图

显示屏启动后，司机室显示屏左屏进入牵引界面，司机室显示屏右屏进入制动界面。可以进行牵引（左屏）和制动（右屏）的切换；当其中一个屏故障时，可以在正常显示屏上通过按键菜单选择运行界面（包括高压、牵引、制动、车门等必要信息），其维护界面可进一步显示，结构树如图2-40所示。

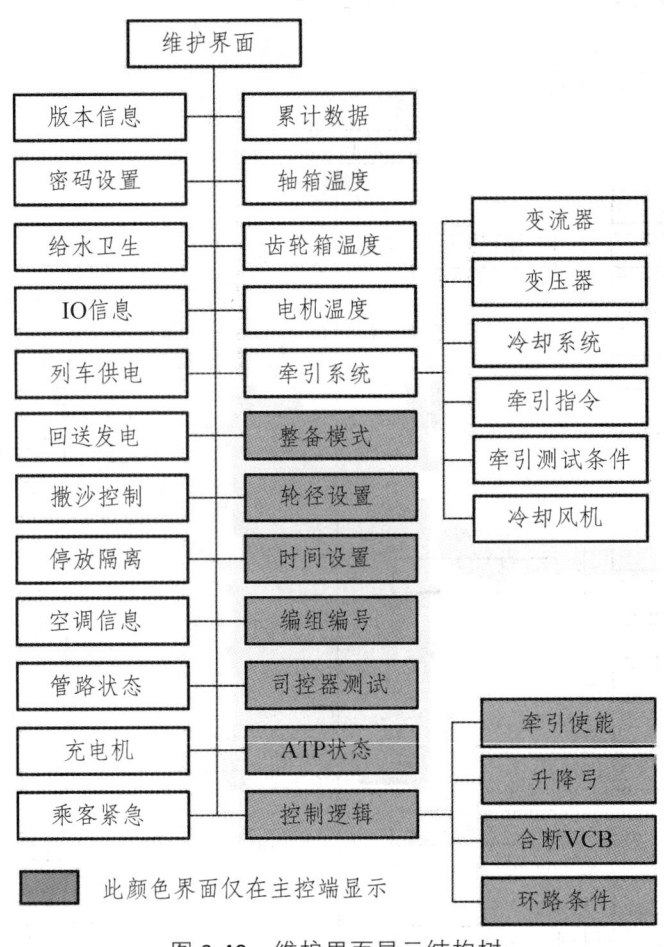

图 2-40 维护界面显示结构树

司机室HMI界面采用菜单结构树结构，统型后共9个一级界面，最终统型界面共45个。

2. 机械师室显示界面结构树

机械师HMI界面也采用菜单结构树结构，但其与司机显示屏略有不同，如图2-41所示。机械师屏不显示低恒速界面、牵引测试、制动试验、司机警惕、线路选择、车次设置、换端条件、限速管理这9个界面，同时，机械师显示屏不能进行整备模式、编组编号、轮径设置等操作。

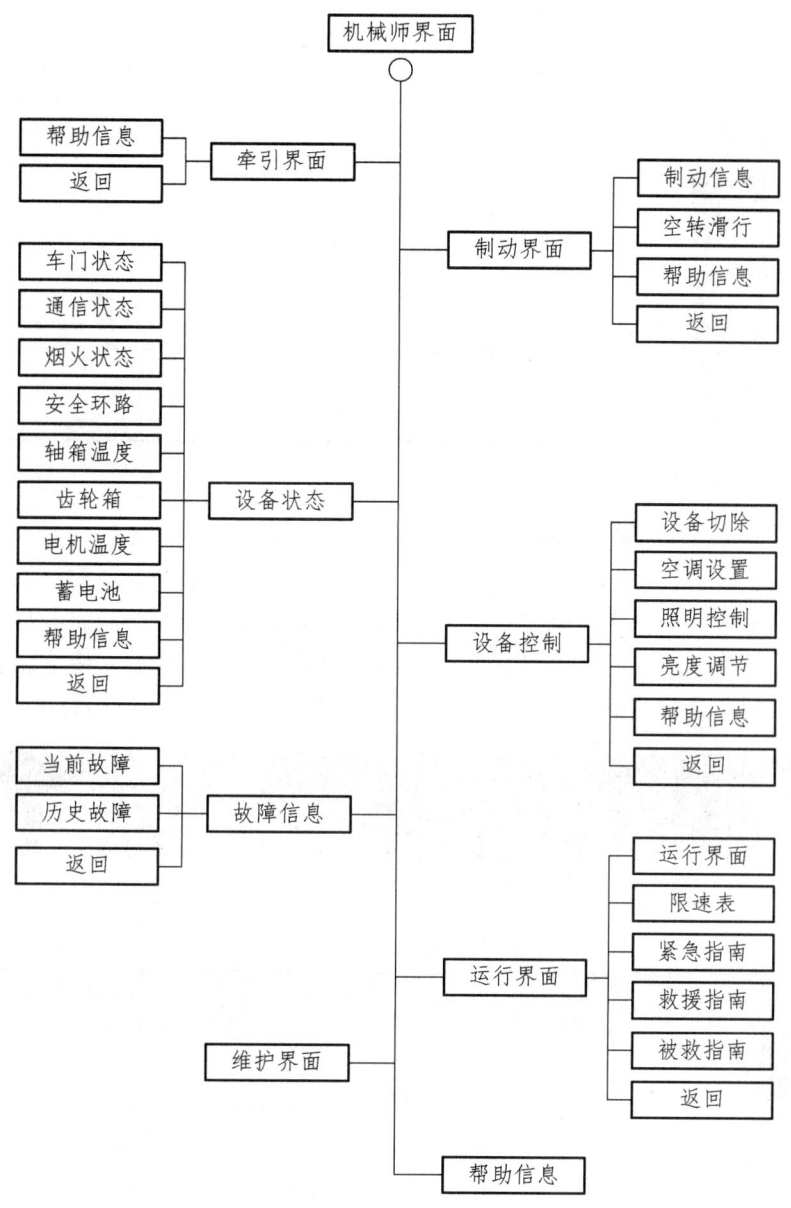

图 2-41 机械师室显示界面结构树

3. 公共信息区说明

如图 2-42 所示,公共信息区信息在任何界面均有显示,分别显示的是日期、时间、当前车速、当前操作模式(速度模式或级位模式)、司控器手柄设定值(例如速度模式显示 5 km/h,级位模式显示 3.6 级)、故障提示(见表 2-11)。

图 2-42 公共信息区示意图

表 2-11 故障图标信息表

图标	定义
	1 级故障提示图标
	2 级故障提示图标
	无故障图标

4. 设备状态显示区说明

设备状态显示区信息在牵引主界面显示，从左至右依次为车门状态、VCB 状态、换端模式、库内供电、前编组一单元辅助变流器状态、前编组二单元辅助变流器状态、前编组一单元充电机状态、前编组二单元充电机状态、后编组三单元辅助变流器状态、后编组四单元辅助变流器状态、后编组三单元充电机状态、后编组四单元充电机状态、乘客报警提示、警惕制动提示、烟火报警提示、空转滑行提示，如图 2-43 所示，设备状态信息见表 2-12。

图 2-43 设备状态显示区示意图

表 2-12 设备状态信息表

图标	大小	定义
	40×40	门未全关闭
	40×40	门全关闭
	40×40	VCB 可以闭合
	40×40	VCB 不允许闭合
	40×40	VCB 已经闭合
	40×40	司机室处于换端模式

续表

图标	大小	定义
	40×40	司机室换端条件满足
	40×40	司机室换端条件不满足
	40×40	库内供电状态
	40×40	未处于库内供电状态
	40×40	本单元辅助变流器均未工作
	40×40	本单元辅助变流器均工作
	40×40	本单元辅助变流器仅一个工作
	40×40	本单元充电机均未工作
	40×40	本单元充电机均工作
	40×40	本单元充电机均仅一个工作
	40×40	乘客报警，以2Hz频率闪烁
	40×40	无乘客报警
	40×40	司机警惕，以2Hz频率闪烁
	40×40	无司机警惕
	40×40	火警报警，以2Hz频率闪烁
	40×40	无火灾报警
	40×40	空转或滑行
	40×40	无空转或滑行

5. 按键信息提示区

按键信息提示区在任何界面均显示，根据显示屏结构树实现各界面间的跳转。显示屏上电启动后，显示 9 个统型的一级界面。从左至右分别为牵引界面、制动界面、设备状态、设备控制、低恒速、故障信息、运行界面、维护界面和帮助信息，如图 2-44 所示。

图 2-44 一级界面示意图

二、显示画面说明（以 CR400AF-A 界面为说明）

1. 常用图标

常用图标说明见表 2-13。

表 2-13 常用图标说明

图标	大小	定义
	40×40	升弓状态
	40×40	降弓状态
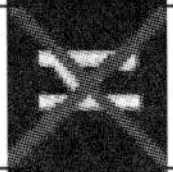	40×40	受电弓切除
	40×40	受电弓通信故障
	40×40	主断路器闭合
	40×40	主断路器断开
	40×40	主断路器切除
	40×40	主断路器通信故障
	40×40	高压隔离开关闭合
	40×40	高压隔离开关断开
	40×40	高压隔离开关切除

续表

图标	大小	定义
	40×40	高压隔离开关通信故障
	40×40	牵引变流器未工作
	40×40	牵引变流器正常运行
	40×40	牵引变流器故障
	40×40	牵引变流器切除
	40×40	牵引变流器通信故障
	40×40	牵引逆变器、辅助变流器未工作
	40×40	牵引逆变器、辅助变流器正常运行
	40×40	牵引逆变器、辅助变流器故障
	40×40	牵引逆变器、辅助变流器切除
	40×40	牵引逆变器、辅助变流器通信故障
	40×40	充电机未工作
	40×40	充电机正常运行
	40×40	充电机故障
	40×40	充电机切除
	40×40	充电机通信故障
	40×40	门开
	40×40	门锁闭

续表

图标	大小	定义
	40×40	门故障
	40×40	门隔离
	40×40	门通信故障
	40×40	电制动施加
	40×40	电制动未施加
	40×40	电制动通信故障
	40×15	电制动有效
	40×15	电制动无效
	40×40	空气制动施加
	40×40	空气制动隔离
	40×40	空气制动缓解
	40×40	空气制动通信故障
	40×15	空气制动有效
	40×15	空气制动无效
	40×40	停放制动施加
	40×40	停放制动缓解
	40×40	停放制动隔离
	40×40	停放制动通信故障
	40×40	停放制动缓解
	40×15	停放制动无效

注：所有 图标均采用有边框形式显示。

2. 界面显示说明

（1）牵引单元显示说明。

列车插入钥匙并且司机室激活后，HMI 界面左侧显示司机室激活列车第一牵引单元信息,向右依次显示二、三、四牵引单元信息。

列车换端时,HMI界面维持换端操作前单元显示顺序不变,在另一端插入钥匙并且司机室激活后,界面左侧显示司机室激活列车第一牵引单元信息,向右依次显示二、三、四牵引单元信息。

列车钥匙冲突、无主控且非换端时,HMI界面按照WTB节点索引号由小到大的顺序显示。

(2) HMI显示器初上电界面。

HMI显示器初上电的初始化界面如图2-45所示。

图2-45 HMI初始化界面

3. 故障弹出界面

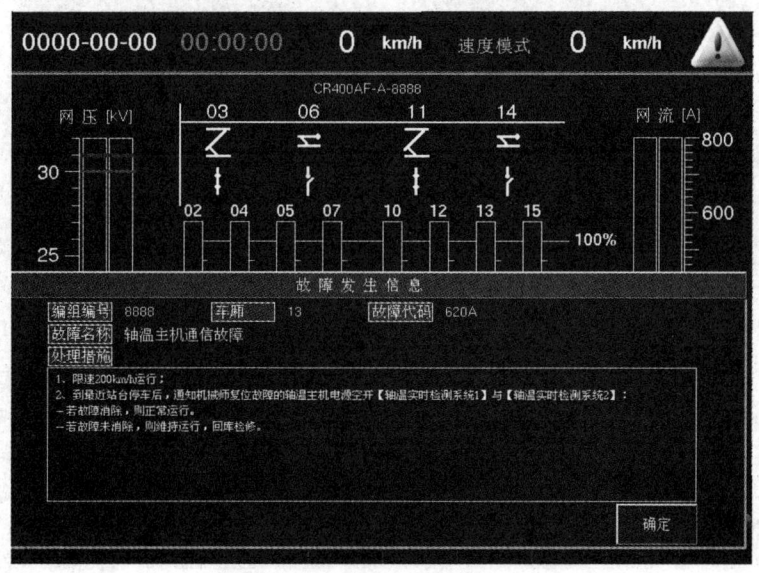

图2-46 故障弹出界面

4. 停放制动隔离确认弹出界面

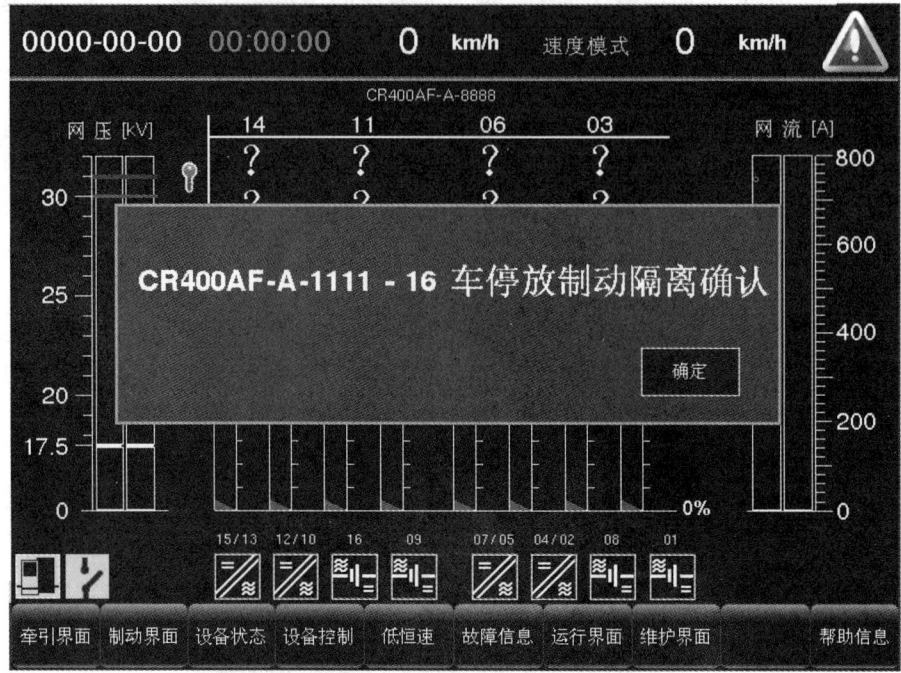

图 2-47　停放制动隔离确认弹出界面

5. 蓄电池电量低预警确认弹出界面

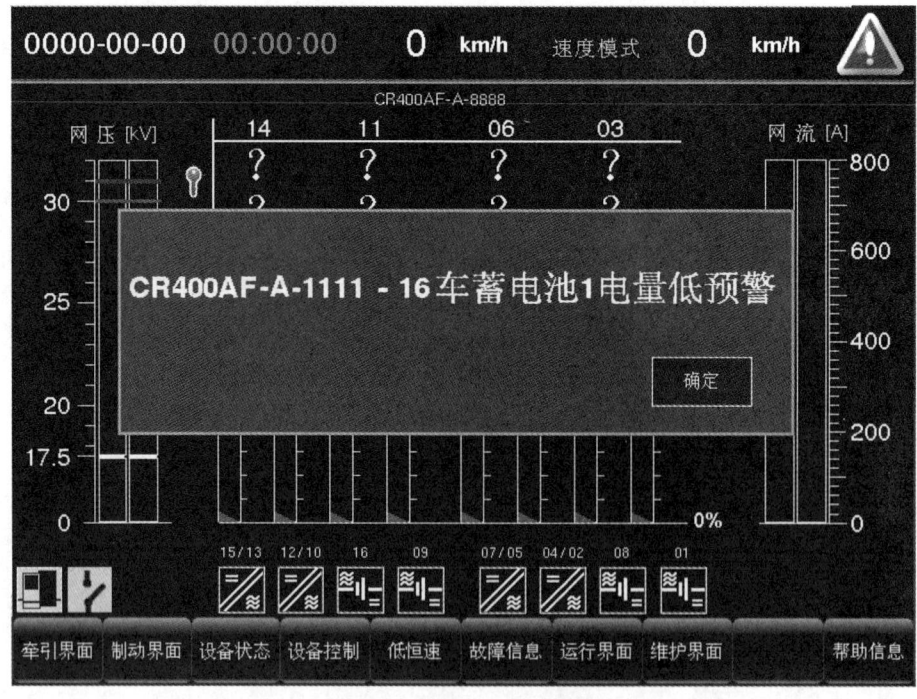

图 2-48　蓄电池电量低预警确认弹出界面

6. 旁路开关处于旁路位确认弹屏界面

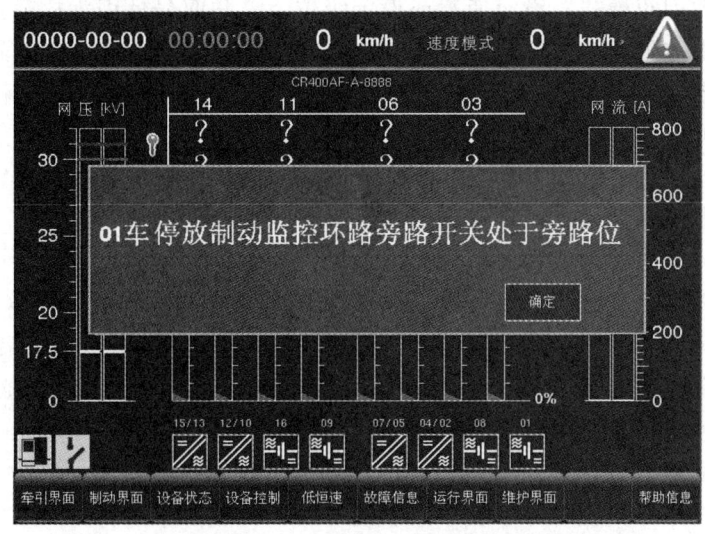

图 2-49 旁路开关处于旁路位弹屏提醒

7. 牵引界面说明

牵引分支的界面共 3 个，分别为牵引主界面、牵引测试界面、牵引帮助界面。

（1）牵引主界面。

牵引主界面是统型界面，界面如图 2-50 所示。

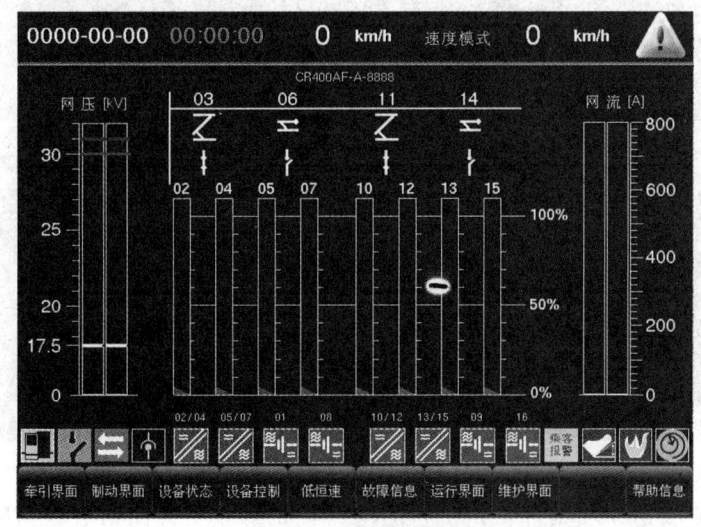

图 2-50 牵引主界面

显示器正常启动后，司机室左屏将自动进入牵引主界面，或在使用显示器的过程中，按下【牵引界面】按键后，司机室 HMI 显示屏将进入牵引主界面。主界面中显示的是行车的基本牵引信息，根据不同需求，选择界面下方其他功能选择按键，将进入其他功能界面。

牵引主界面为司机室左屏默认界面，界面中包含网压网流、辅助充电机状态等，中下方图标从左到右依次为全列门状态、主断信号、换端标识、外接电源、乘客报警、ASD 报警、火警、空转滑行。下方按键栏为进入其他二级界面的索引。界面正上方为日期、时间、当前列车速度、当前的列车模式、设定速度或设定级位,三角叹号标识为故障提示,当前无故障时为黑色,有二级故障时为黄色、有一级故障时为红色,点击后进入故障界面。

牵引主界面中共包含以下主要行车内容:

网压:在左侧显示,重联界面左侧网压为前编组网压,右侧网压为后编组网压;

网流:在右侧显示,重联界面左侧网流为前编组网流,右侧网流为后编组网流;

编组编号:在中上部显示,重联界面左侧为前编组,右侧为后编组;

受电弓状态:在中上部显示,重联界面左侧为前编组,右侧为后编组;

VCB 状态:在中上部显示,重联界面左侧为前编组,右侧为后编组;

牵引力/电制动力百分比:在中部显示,粉色箭头 指示网络系统发给 TCU 的牵引力百分比,蓝色柱状条为 TCU 反馈的牵引力百分比,青色箭头 指示网络系统发给 TCU 的电制动力百分比,橙色柱状条为 TCU 反馈的电制动力百分比。

(2)牵引测试界面。

通过点击牵引主界面上的【牵引界面】按键后,再点击【牵引测试】按键,进入牵引测试界面(见图 2-51),将手柄拉至制动级位 7 级,同时升弓主断闭合,点击测试开始,可以在牵引力柱中看到牵引流,试验结束后会显示试验结果。

注:牵引测试界面仅在主控端左屏显示,若左屏出现故障时,则右屏自动切换为左屏。

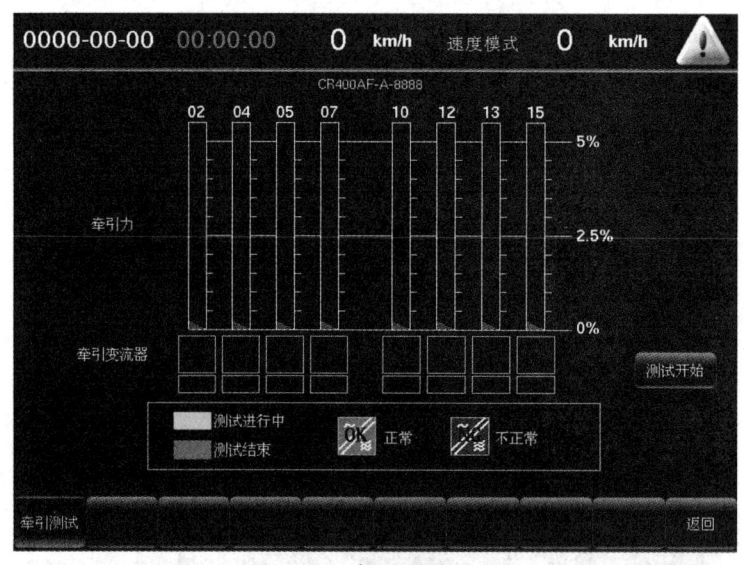

图 2-51 牵引测试界面

牵引测试必须满足 9 项条件:司机台激活、列车静止、方向指令、高压供电、7 级制动、制动缓解、EB 环路闭合、UB 环路闭合和非紧急模式。对应的条件满足时,相应条目显示为绿色,若不满足,则显示灰色。点击 B 区右侧的【测试开始】按键可对列车牵引变流器状态进行测试,并查看测试结果。

(3)牵引帮助界面。

通过点击牵引主界面上的【牵引界面】按键后,再点击【帮助信息】按键,可查看列车牵引帮助信息(见图 2-52),显示各图标的含义。

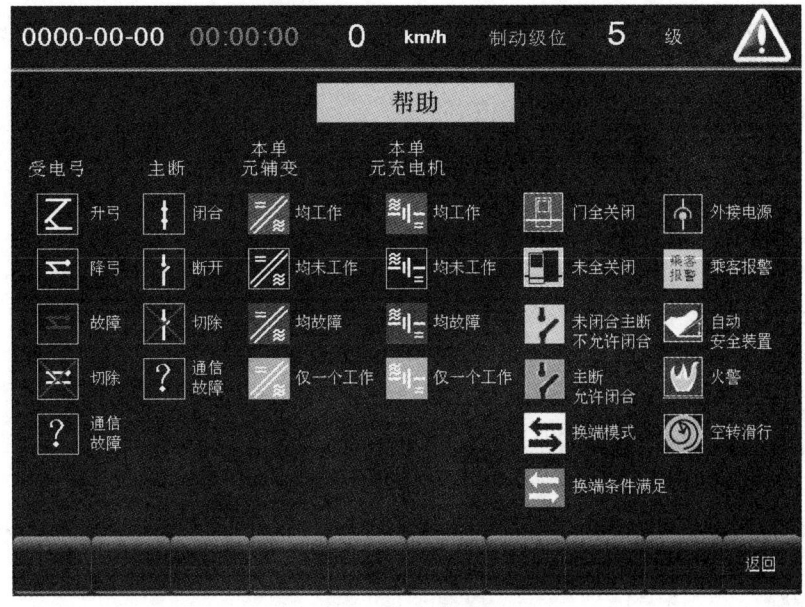

图 2-52　牵引帮助信息

8. 制动界面说明

制动主界面为司机室右屏进入后默认界面，界面提供制动系统的状态。

制动分支的界面共 6 个，分别为制动试验界面、制动信息界面、空转滑行界面、警惕装置界面、制动帮助界面、返回。

（1）制动主界面。

显示器正常启动后，司机室右屏将自动进入制动主界面，或在使用显示器的过程中，按下【制动界面】按键后，司机室 HMI 显示屏将进入制动界面，界面如图 2-53 所示。

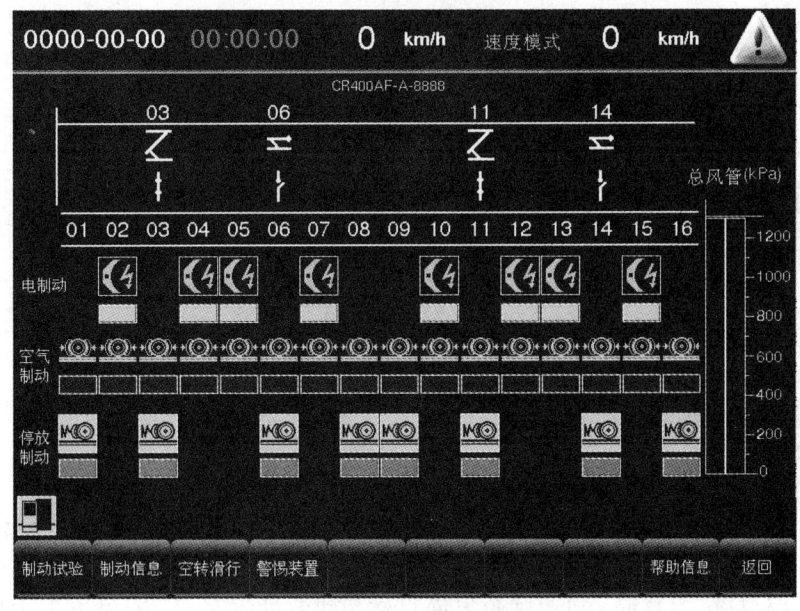

图 2-53　制动主界面

主界面中显示的是行车的基本制动信息,根据不同需求,选择界面下方其他功能选择按键,将进入其他功能界面。

制动主界面中共包含以下主要行车内容:

编组编号:在中上部显示,重联界面左侧为前编组,右侧为后编组;
受电弓状态:在中上部显示,重联界面左侧为前编组,右侧为后编组;
VCB状态:在中上部显示,重联界面左侧为前编组,右侧为后编组;
电制动施加情况:在中部显示,重联界面左侧为前编组,右侧为后编组;
空气制动施加情况:在中部显示,重联界面左侧为前编组,右侧为后编组;
停放制动施加情况:在中部显示,重联界面左侧为前编组,右侧为后编组;
总风管压力:在右侧显示,重联界面左侧为前编组,右侧为后编组。

制动主界面图标如表2-14所示。

表2-14 制动主界面图标说明

图标	大小	定义
	40×40	电制动施加
	40×40	电制动未施加
	40×15	电制动有效
	40×15	电制动无效
	40×40	空气制动施加(无边框)
	40×40	空气制动隔离(无边框)
	40×40	空气制动缓解
	40×15	空气制动有效
	40×15	空气制动无效
	40×40	停放制动施加
	40×40	停放制动隔离
	40×40	停放制动缓解
	40×40	停放制动缓解

(2)制动试验。

制动试验界面是统型界面,制动试验界面只在司机室左屏显示,通过点击主界面上的【制动界面】按键后,再点击【制动试验】按键,进入制动试验界面,只有当制动试验条件满足时,才可以进行制动试验,界面如图 2-54 所示。

注:制动试验界面仅在主控端左屏显示,若左屏出现故障时,则右屏自动切换为左屏。

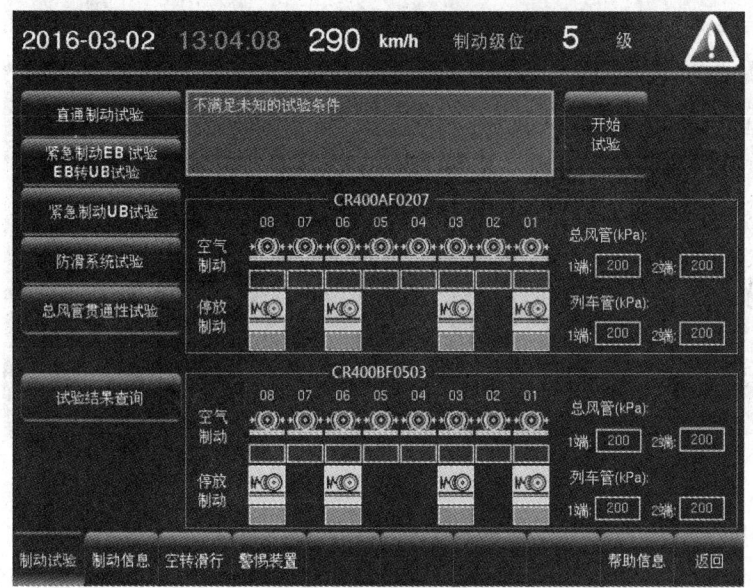

图 2-54 制动试验界面

制动试验界面左侧选择需要进行的试验项目,试验内容包括直通式电空制动试验、紧急制动 UB 试验、防滑系统试验、紧急制动 EB 试验/EB 转 UB 试验、总风贯通试验。通过"开始试验"按键依次进行试验,按照屏幕提示信息进行操作,按下【试验结果查询】按键后可查看相应的试验结果,右侧可查看试验过程中制动系统的状态。

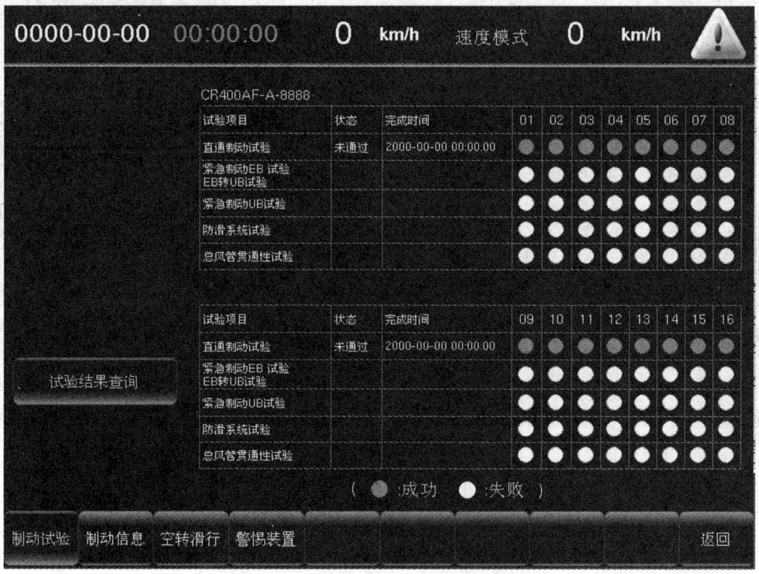

图 2-55 制动试验结果界面 1

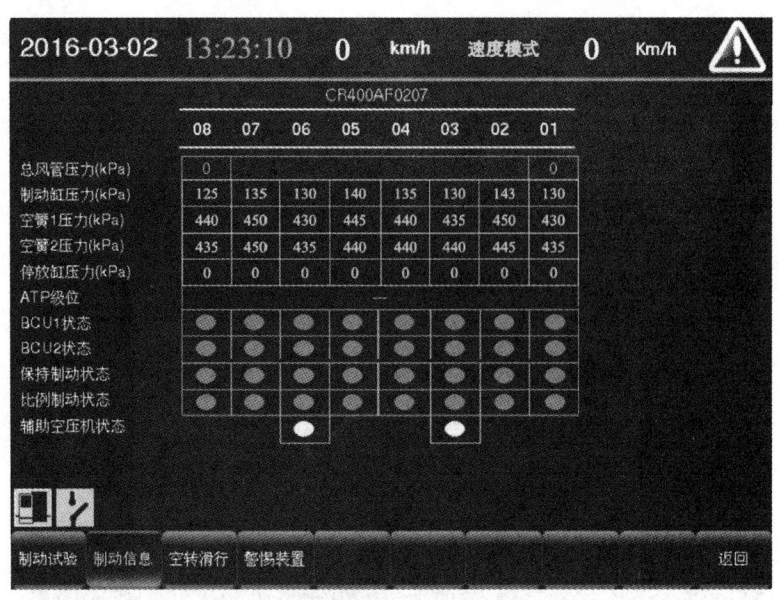

图 2-56　制动试验结果界面 2

（3）制动信息。

通过点击主界面上的【制动界面】按键后，再点击【制动信息】按键，可查看列车制动系统信息，有单列界面和重联界面，界面如图 2-57 所示。

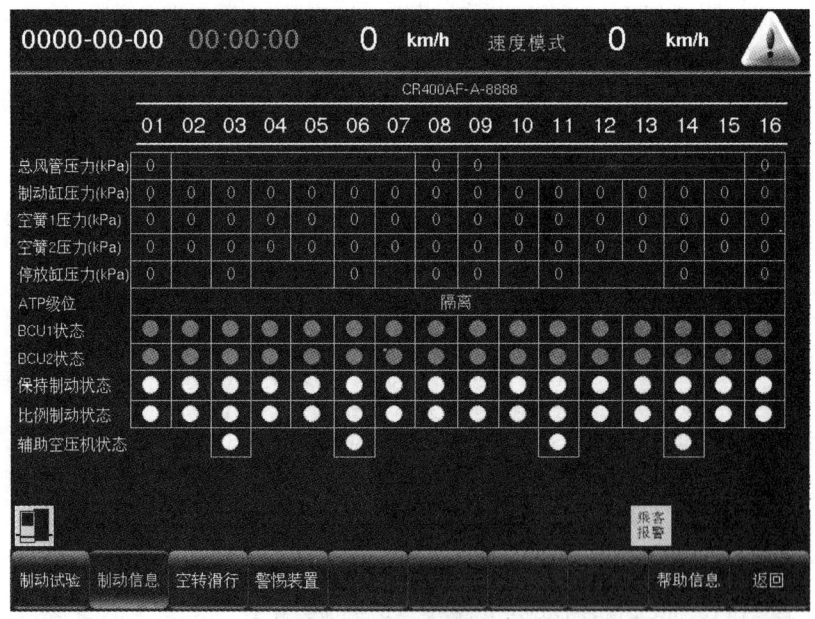

图 2-57　制动信息界面

（4）空转滑行。

通过点击主界面上的【制动界面】按键后，再点击【空转滑行】按键，可进入界面查看空转和滑行累计次数，界面如图 2-58 所示。

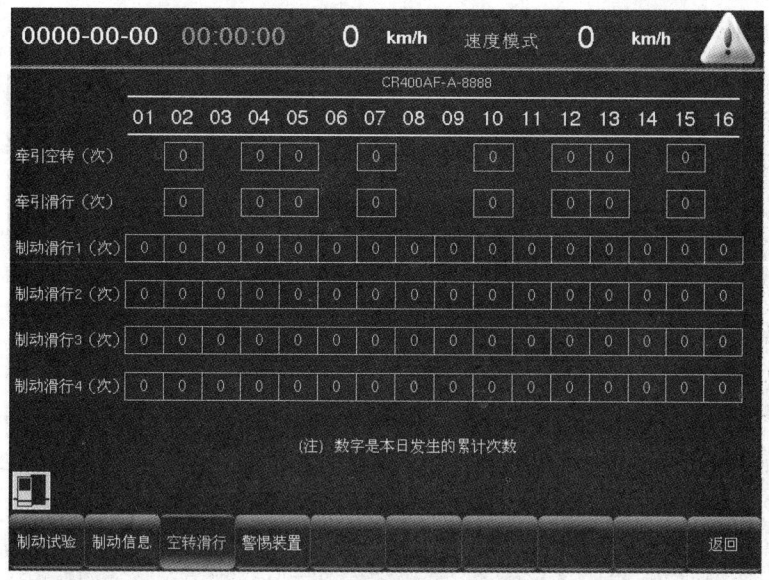

图 2-58 空转滑行界面

(5) 警惕装置。

通过点击主界面上的【制动界面】按键后,再点击【警惕装置】按键,可查看列车警惕条件施加状态。该界面显示的是警惕装置各继电器状态,当有条件动作时,该条件背景色变为红色,不动作则为绿色,界面如图 2-59 所示。

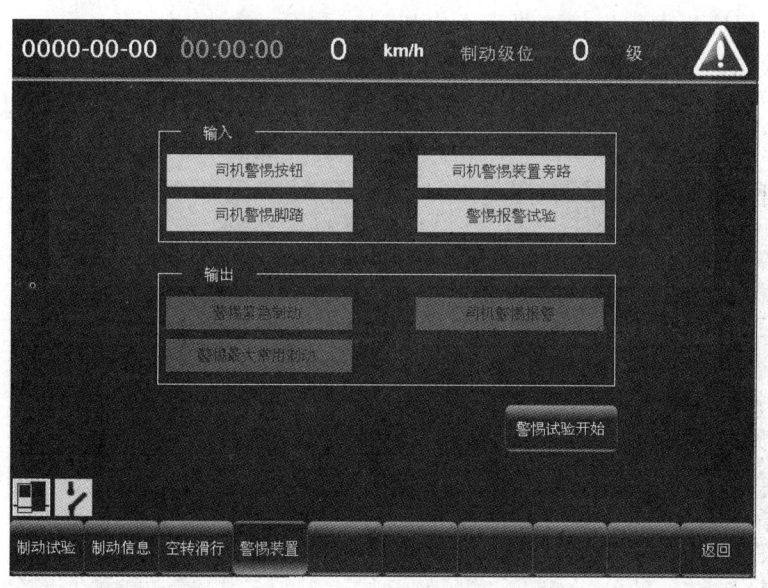

图 2-59 警惕装置

进入警惕界面后可以进行警惕试验,点击"警惕试验开始"后进行警惕试验,试验完成后点击"结束警惕试验"按键。

(6) 制动帮助信息。

通过点击主界面上的【制动界面】按键后,再点击【帮助信息】按键,可查看列车制动帮助信息，界面如图 2-60 所示。

图 2-60 制动帮助信息界面

9. 设备状态界面说明

设备状态分支界面共 8 个，分别为车门状态界面、通信状态界面、烟火状态界面、安全环路界面、轴箱温度界面、齿轮箱界面、电机温度界面、蓄电池界面。

（1）车门状态。

通过点击主界面上的【设备状态】按键，可进入车门信息界面，车门信息界面是统型界面，有单编组车门信息界面和重联车门信息界面，界面如图 2-61 所示。

图 2-61 车门状态界面

点击帮助信息,进入车门帮助界面,如图 2-62 所示。

图 2-62　车门帮助界面

车门界面图标说明见表 2-15。

表 2-15　车门界面图标说明

图标	大小	定义
	40×40	门开
	40×40	门锁闭
	40×40	门故障
	40×40	紧急解锁
	40×40	门隔离
	40×40	通信故障
	--	门未释放线
	--	超员报警
	--	配员正常

（2）通信状态。

通过点击主界面上的【设备状态】按键后,再点击【通信状态】按键,可进入界面对列车网络通信的设备状态进行监视。当设备通信正常时,设备名称的背景色显示绿色,若通信异常,则背景色变为红色。

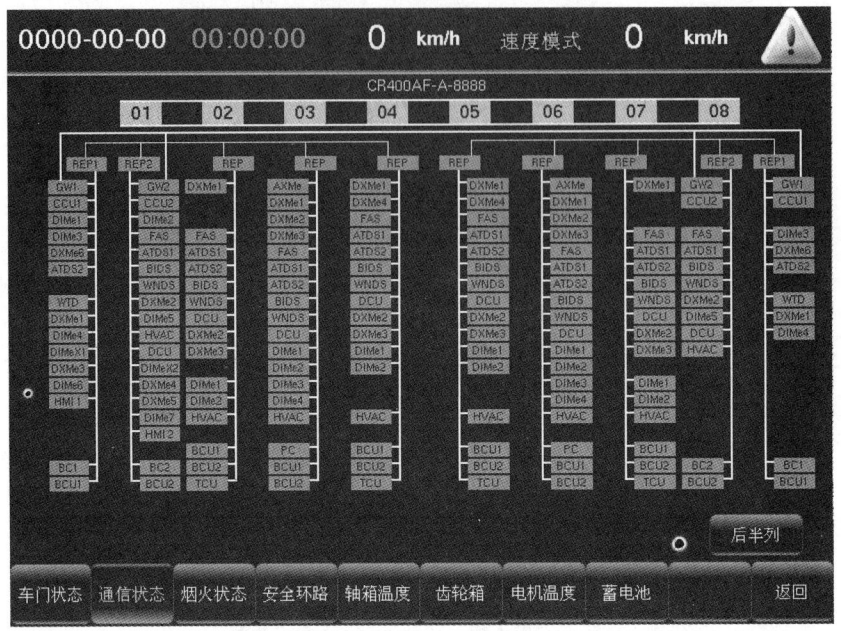

图 2-63 通信状态界面 1

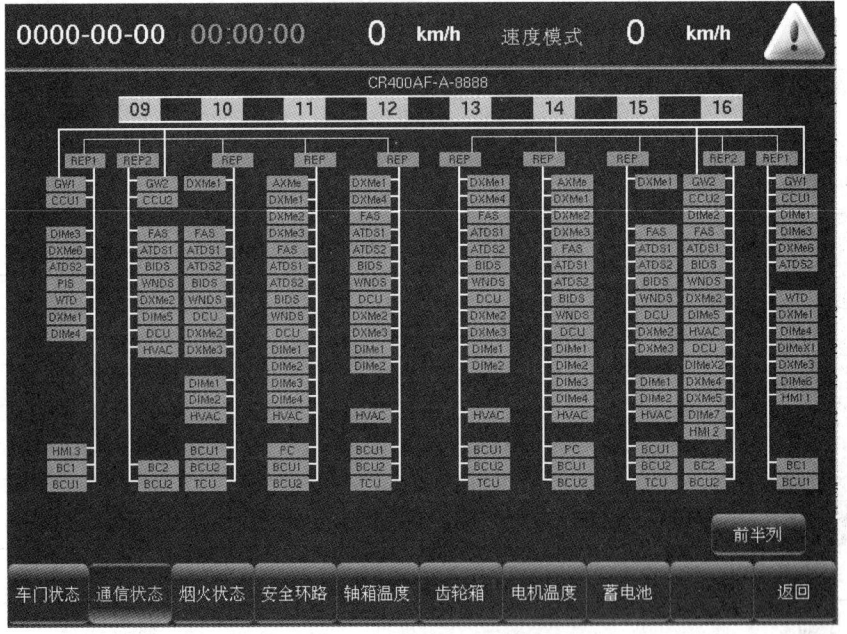

图 2-64 通信状态界面 2

(3)烟火状态。

通过点击主界面上的【设备状态】按键后,再点击【烟火状态】按键,可进入界面对列车的烟火报警状态进行监视,如图 2-65 和图 2-66 所示。

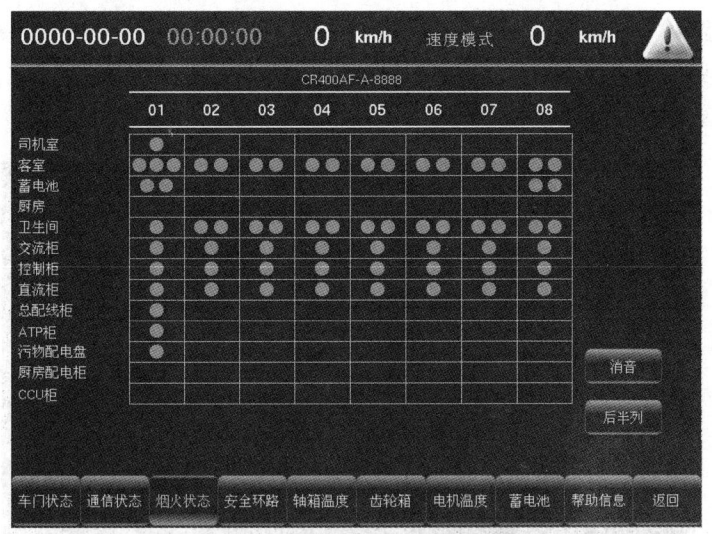

图 2-65 烟火报警信息界面 1

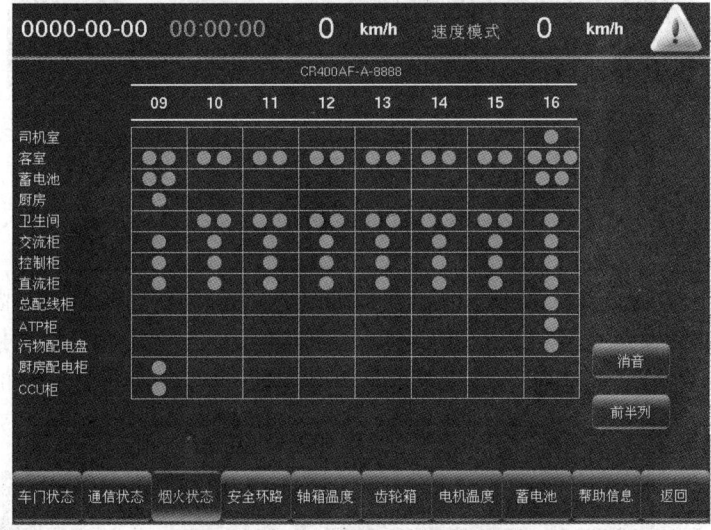

图 2-66 烟火报警信息界面 2

烟火报警界面中图标的信息说明如表 2-16 所示。

表 2-16 烟火报警信息说明

图标	定义	背景色
	烟火探头故障	黄色
	无烟火报警	绿色
	烟火报警	红色
	探头隔离或无通信	灰色

（4）安全环路。

通过点击主界面上的【设备状态】按键后，再点击【安全环路】按键，可进入安全环路界面，有单列和重联界面，如图 2-67 所示。

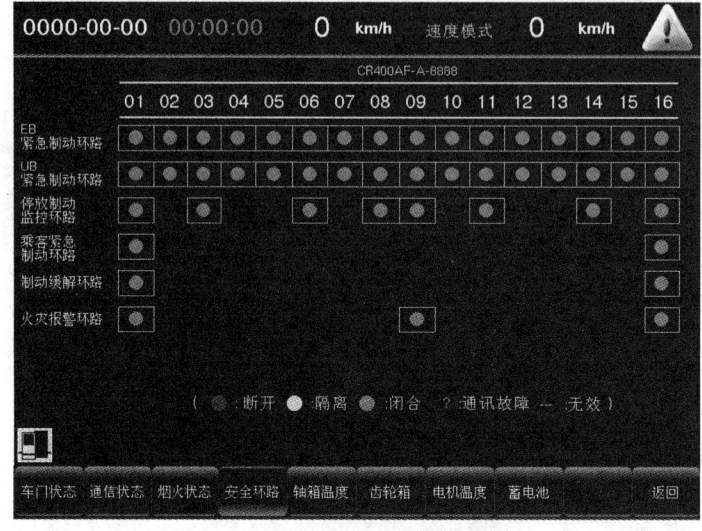

图 2-67　安全环路界面

（5）轴箱温度。

通过点击主界面上的【设备状态】按键后，再点击【轴箱温度】按键，可对列车轴箱温度进行监视。

界面实时显示各轴轴箱温度实际值，当轴温系统检测到某个位置有轴温预警或报警发生时，该位置数值的背景颜色会变色。当有传感器故障时，该位置数值的背景颜色变为紫色；当温度升高故障时，该位置数值的背景颜色变为黄色；当有轴温预警发生时，背景颜色变为橙色；当有轴温报警发生时，背景颜色变为红色。字体颜色：正常黄色，异常黑色。

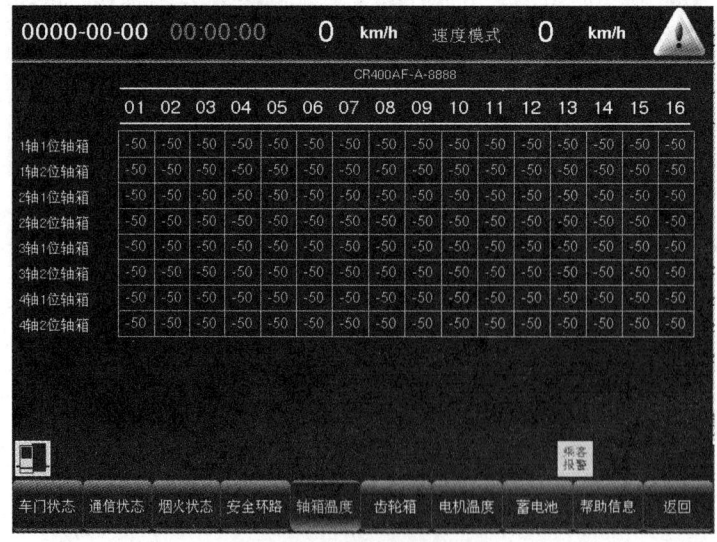

图 2-68　轴箱温度界面

（6）齿轮箱。

通过点击主界面上的【设备状态】按键后，再点击【齿轮箱】按键，可对列车齿轮箱温度进行监视。

界面实时显示各轴齿轮箱温度实际值，当轴温系统检测到某个位置有轴温预警或报警发生时，该位置数值的背景颜色会变色，当有传感器故障时，该位置数值的背景颜色变为紫色，当温度升高故障时，该位置数值的背景颜色变为黄色，当有轴温预警发生时，背景颜色变为橙色，当有轴温报警发生时，背景颜色变为红色。字体颜色：正常黄色，异常黑色。

图 2-69　齿轮箱温度界面

（7）电机温度。

通过点击主界面上的【设备状态】按键后，再点击【电机温度】按键，可对列车电机温度进行监视。

界面实时显示各轴电机温度实际值，当轴温系统检测到某个位置有轴温预警或报警发生时，该位置数值的背景颜色会变色，当有传感器故障时，该位置数值的背景颜色变为紫色，当温度升高故障时，该位置数值的背景颜色变为黄色，当有轴温预警发生时，背景颜色变为橙色，当有轴温报警发生时，背景颜色变为红色。字体颜色：正常黄色，异常黑色。

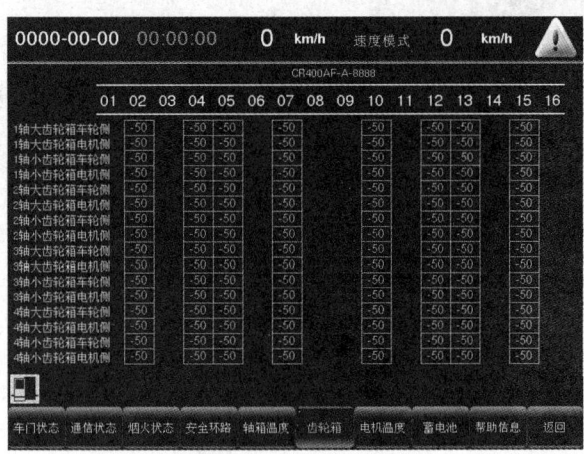

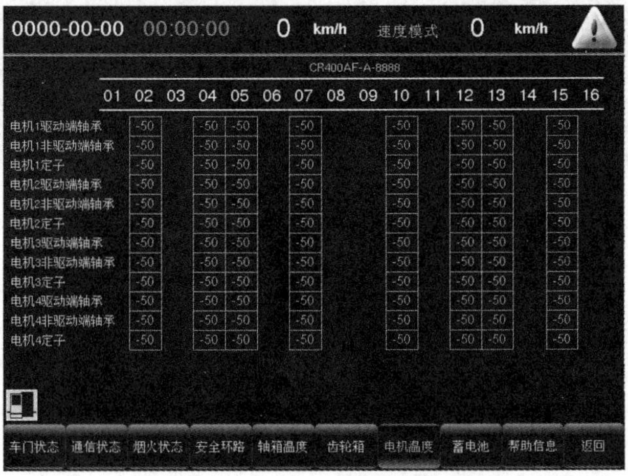

图 2-70　单编组电机温度界面

轴温、齿轮箱和电机温度帮助界面如图 2-71 所示。

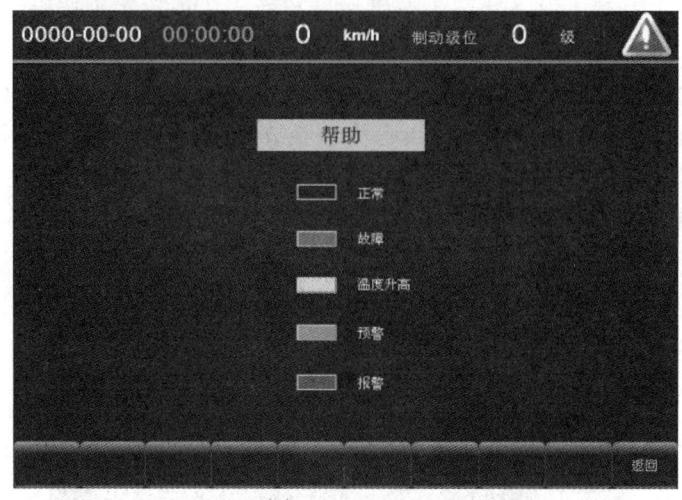

图 2-71　轴温、齿轮箱和电机帮助界面

（8）蓄电池。

通过点击主界面上的【设备状态】按键后，再点击【蓄电池】按键，可对列车蓄电池进行监视，有单列界面和重联界面，如图 2-72 所示。

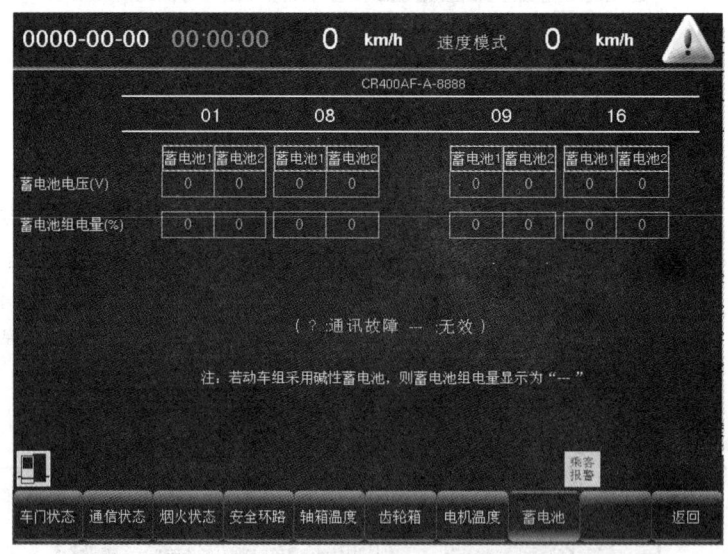

图 2-72　蓄电池界面

10. 设备控制界面说明

设备控制分支的界面共 7 个，分别为设备切除界面、空调设置界面、线路选择界面、照明设置界面、车次设置界面、换端条件界面、亮度调节界面。

（1）设备切除。

通过点击主界面上的【设备控制】按键，可进入设备切除界面，设备切除界面是统型界面，界面如图 2-73 所示。

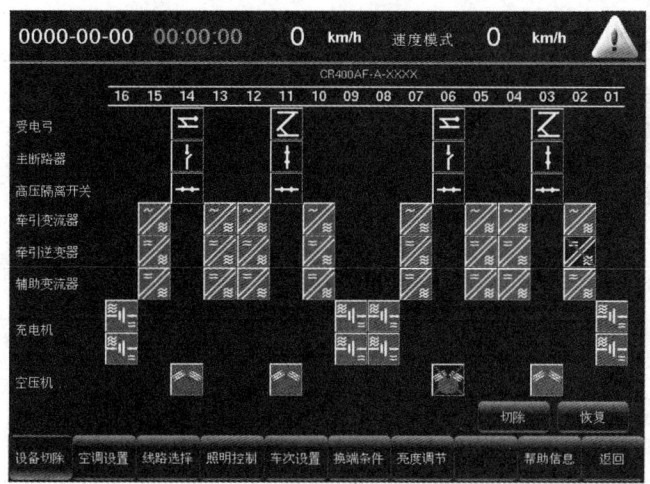

图 2-73 设备切除界面

切除界面可将受电弓、主断路器（VCB）、高压隔离开关、牵引逆变器、辅助变流器、充电机、空压机、牵引变流器进行远程切除。通过点击设备图标选择需要切除的设备，再点击【切除】按键进行切除，选择已切除的设备，再点击【恢复】按键可取消切除。

界面图标说明见表 2-17。

表 2-17 切除界面图标说明

图标	定义
	升弓状态
	降弓状态
	受电弓切除
	主机通信故障
	主断路器闭合
	主断路器断开
	主断路器切除
	高压隔离开关闭合
	高压隔离开关断开
	高压隔离开关切除
	牵引变流器、牵引逆变器、辅助变流器未工作
	牵引变流器、牵引逆变器、辅助变流器正常运行

		牵引变流器、牵引逆变器、辅助变流器故障
		牵引变流器、牵引逆变器、辅助变流器切除
		充电机未工作
		充电机正常运行
		充电机故障
		充电机切除
		空压机正常运行
		空压机故障
		空压机切除

（2）空调设置。

通过点击主界面上的【设备控制】按键后，再点击【空调设置】按键，可对列车的空调设备进行设置。空调设置界面是统型界面，有单编组空调设置界面和重联空调设置界面，界面如图 2-74 所示。

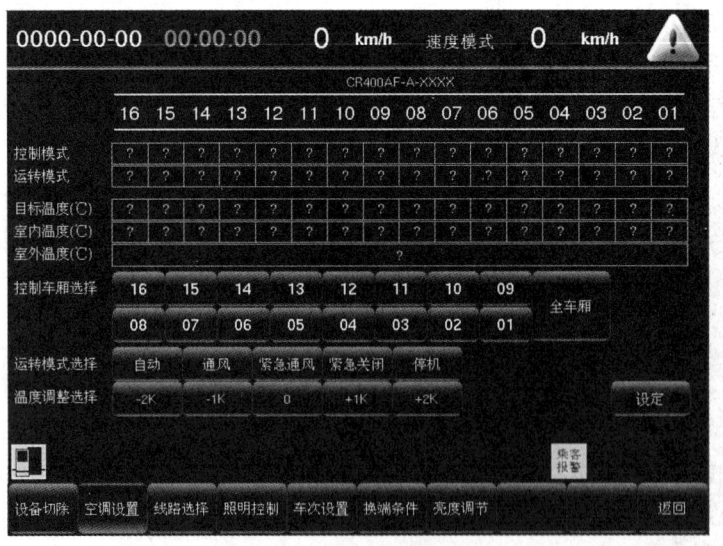

图 2-74 空调设置界面

（3）联挂解联（CR400AF-A 无此界面）。

通过点击主界面上的【设备控制】按键后，再点击【联挂解联】按键，可进入界面对列车联挂解联过程的监控。

界面中联挂解联过程中已经完成的步骤背景色为绿色，失败的步骤背景色为红色，尚未进行的步骤背景色为白色。进入联挂界面后，点击【开始联挂】按键，列车进入联挂过程，界面如图 2-75 所示。

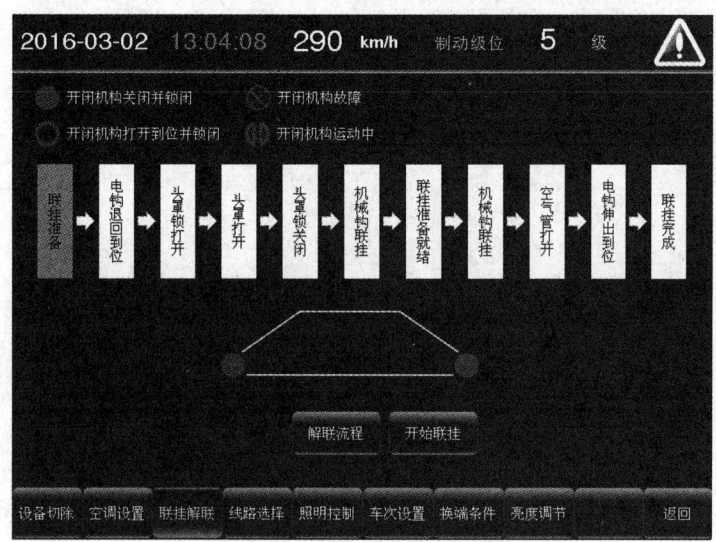

图 2-75 联挂界面

在联挂界面点击【解联流程】按键，可进入解联界面，点击【开始解联】按键，列车进入解联过程。在解联界面，点击【强制关罩】按键，并点击【确认】按键后，可以强制关闭头罩。解联界面如图 2-76 所示。

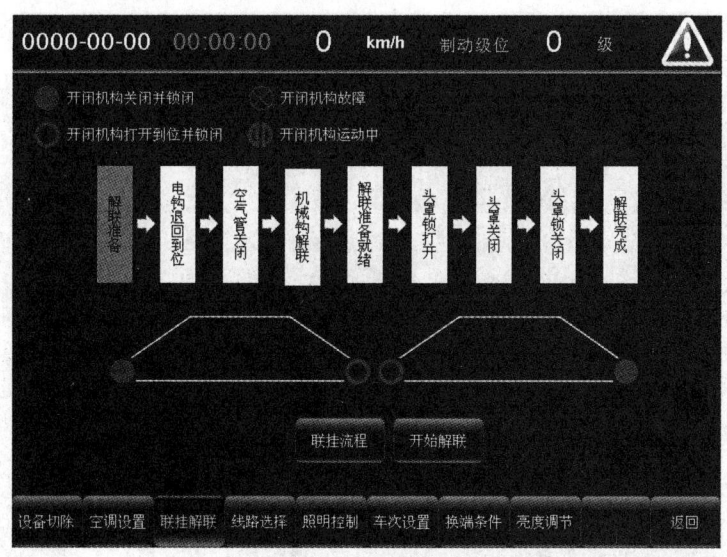

图 2-76 解联界面

（4）线路选择。

通过点击主界面上的【设备控制】按键后，再点击【线路选择】按键，可进入界面对列车运行的线路条件进行选择,如图 2-77 所示。该界面可对受电弓升弓高度以及牵引功率的输出进行设定,绿色圆点代表当前状态。

图 2-77　线路条件选择界面

(5)照明设置。

通过点击主界面上的【设备控制】按键后,再点击【照明控制】按键,可对列车的照明设备进行控制,如图 2-78 所示。

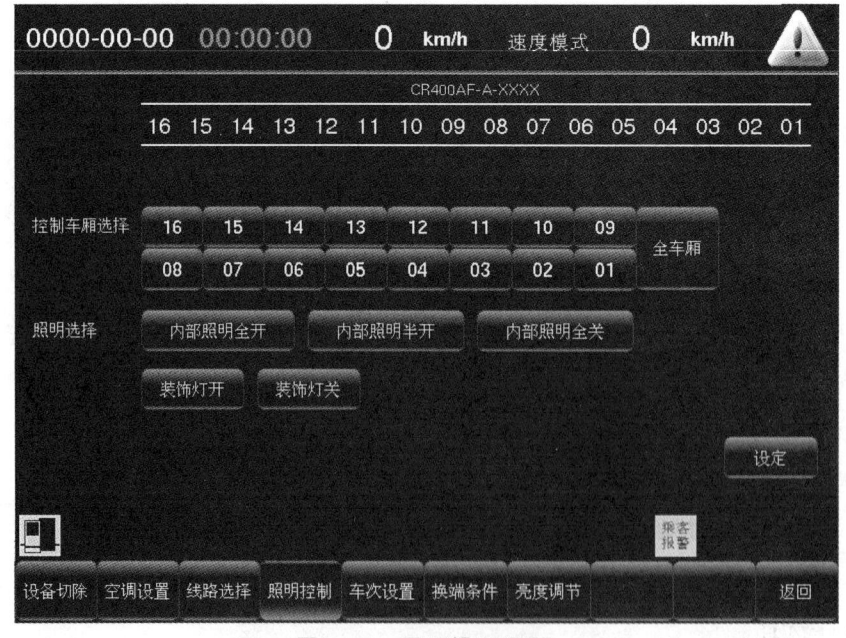

图 2-78　照明设置界面

（6）车次设置。

通过点击主界面上的【设备控制】按键后，再点击【车次设置】按键，可进入界面对列车车次进行设置，界面如图 2-79 所示。

图 2-79 车次设置界面

车次设置界面最多可设置 2 位字母和 6 位数字，当一个车次输入完成后点击【车次设定】按键，若车次正确，界面下方会显示"设置成功"；若列车只需输入一个车次，在"车次设置有效"后点击【确定】按键，即完成本次车次设置；若列车需输入多个车次，每输入一个车次点击一次【车次设定】按键，所有车次输入完成后，点击【确定】按键，即完成本次车次设置；每次设置新车次前，均需先点击【车次清除】按键，清除上一次设置完成的车次，才可设置新车次。

（7）换端条件。

通过点击主界面上的【设备控制】按键后，再点击【换端条件】按键，可进入界面对列车的换端条件进行监视，如图 2-80 所示。

图 2-80 换端条件界面

(8)亮度调节。

通过点击主界面上的【设备控制】按键后,再点击【亮度调节】按键,进入亮度调节界面,如图 2-81 所示。

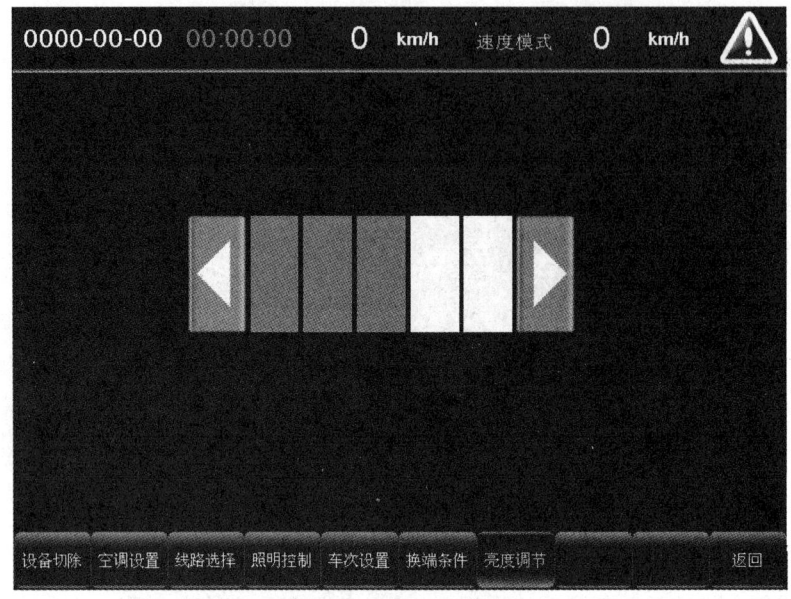

图 2-81 亮度调节界面

11. 低恒速界面

通过点击主界面上的【低恒速】按键后,可进入界面对列车进行恒速选择。恒速控制共有 3 个速度等级可以选择:洗车(5 km/h)、调车 1(10 km/h)、调车 2(25 km/h),界面如图 2-82 和图 2-83 所示。

图 2-82 低恒速设置界面 1

图 2-83 低恒速设置界面 2

12. 故障信息界面说明

故障信息分支界面共 3 个，分别为当前故障界面、历史故障界面、故障操作提示界面。

（1）当前故障。

通过点击主界面上的【故障信息】按键或者界面右上角的三角图标，可进入当前故障界面（见图 2-84），对列车当前存在的故障进行查看。

图 2-84 当前故障界面

(2)历史故障。

通过点击主界面上的【故障信息】按键后,再点击【历史故障】按键,可对列车的历史故障进行查看,如图 2-85 所示。

图 2-85 历史故障界面

(3)操作指示。

通过点击主界面上的【故障信息】按键后,再点击【当前故障】或【历史故障】按键,点击任意一条故障后,可查看所选故障的操作指示,如图 2-86 和图 2-87 所示。

图 2-86 当前故障处理措施界面

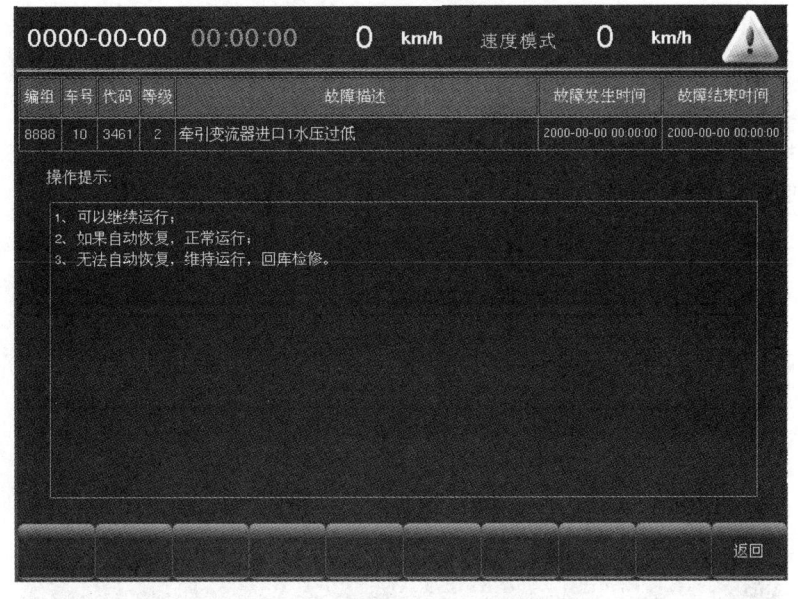

图 2-87 历史故障处理措施界面

13. 运行界面说明

运行界面分支界面共 6 个，分别为运行界面、限速管理界面、限速表界面、紧急指南界面、救援指南界面、被救指南界面。

（1）运行界面说明。

通过点击主界面上的【运行界面】按键，可进入运行界面，该界面综合了牵引主界面和制动主界面的部分信息。当司机室的两个 HMI 显示器有一个故障时，可将正常运行的 HMI 切换到运行界面指导司机行车。

运行界面是统型界面，界面如图 2-88 所示。

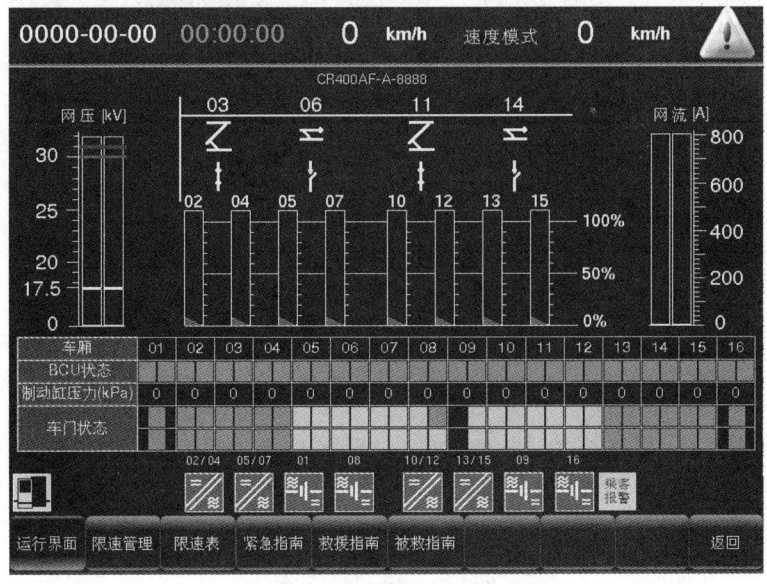

图 2-88 运行界面

（2）限速管理。

通过点击主界面上的【运行界面】按键后，再点击【限速管理】按键，可查看列车所有的限速条件信息。当网络系统受到其他系统发出的限速要求进行限速时，HMI 上此条限速条件的背景色变红；当此条限速条件被切除时背景色变黄。

注：“实时轴温检测装置失效，限速 200km/h”为不可切除限速

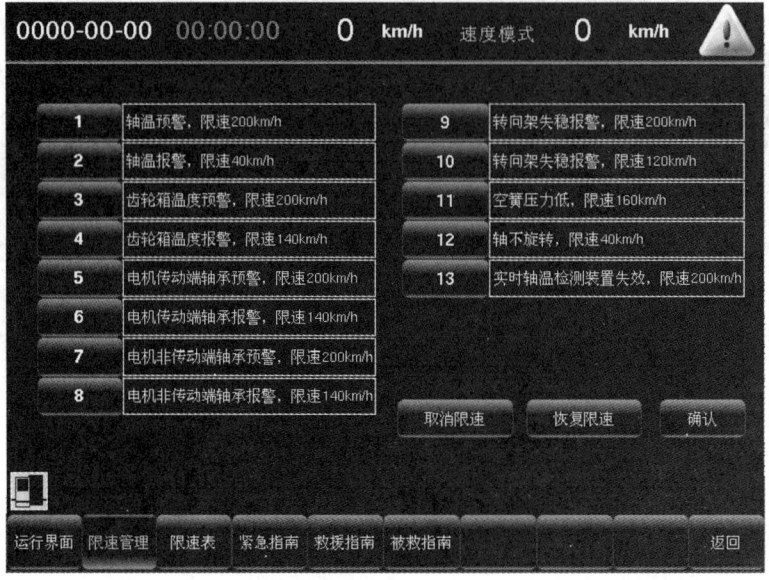

图 2-89　限速管理界面

（3）限速表。

通过点击主界面上的【运行界面】按键后，再点击【限速表】按键，可查看限速表信息，如图 2-90 所示。

制动切除比例	列控车载设备顶棚速度(km/h)					
	350	300	250	200	160	120
1/16	330	275	240	190	150	115
2/16	320	255	230	185	145	110
3/16	310	245	220	175	140	105
4/16	290	235	210	170	135	100
5/16	280	220	200	160	130	95
6/16	260	205	195	155	125	90
7/16	250	200	185	145	115	85
8/16	235	185	170	140	110	80

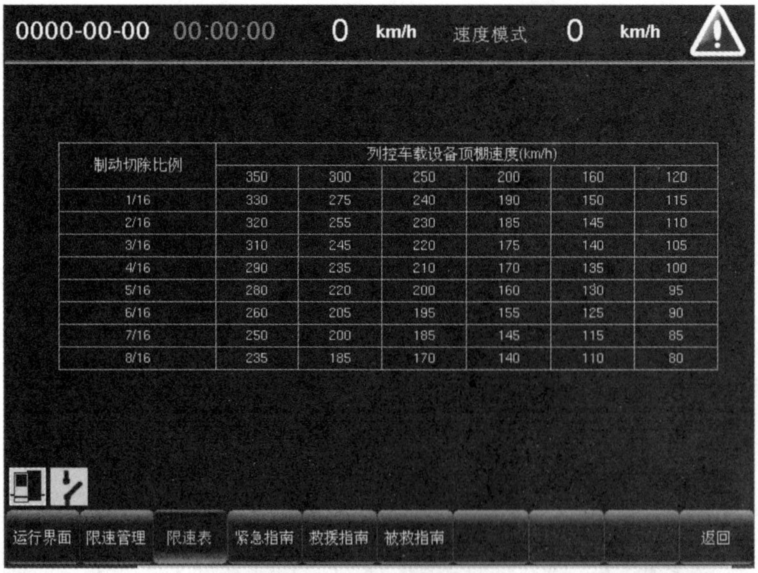

图 2-90　限速表界面

（4）紧急指南。

通过点击主界面上的【运行界面】按键后，再点击【紧急指南】按键，可查看紧急指南信息，如图2-91所示。

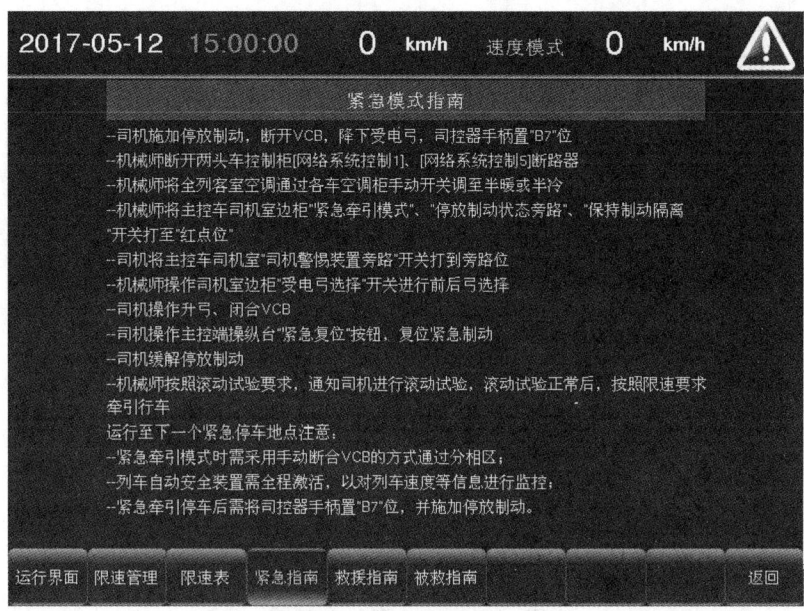

图2-91 紧急指南界面

（5）救援指南。

通过点击主界面上的【运行界面】按键后，再点击【救援指南】按键，可查看救援指南信息，如图2-92所示。

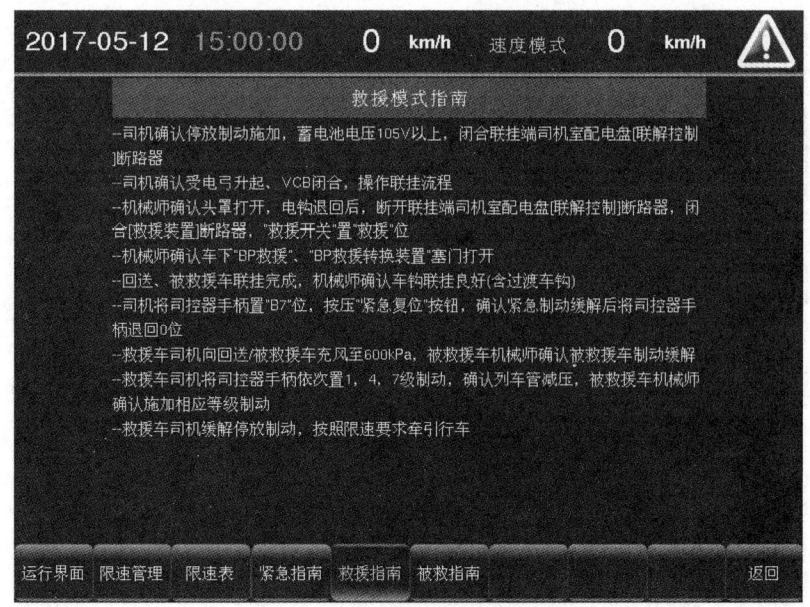

图2-92 救援指南界面

（6）被救指南。

通过点击主界面上的【运行界面】按键后，再点击【被救指南】按键，可查看被救指南信息，如图2-93所示。

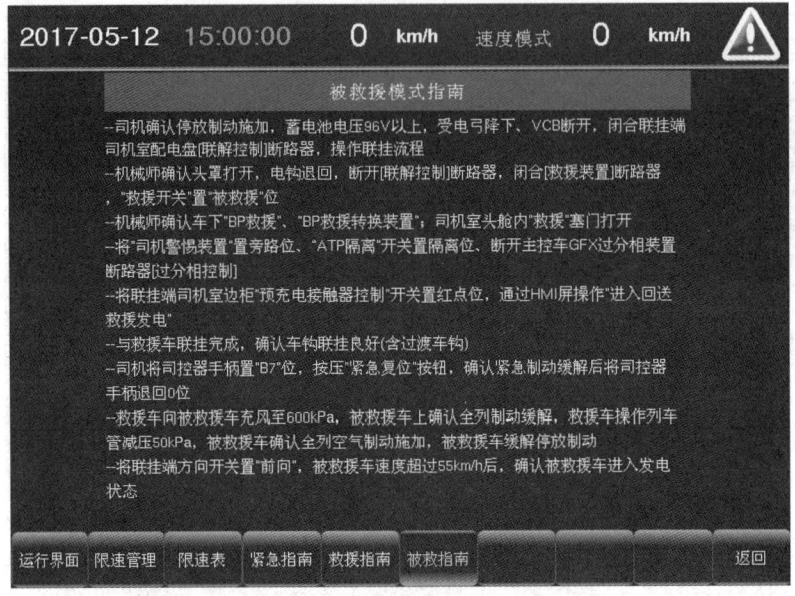

图 2-93　被救援指南界面

14. 维护登录界面

通过点击牵引主界面上的【维护界面】按键后，可通过输入密码进入维护界面，如图2-94所示。

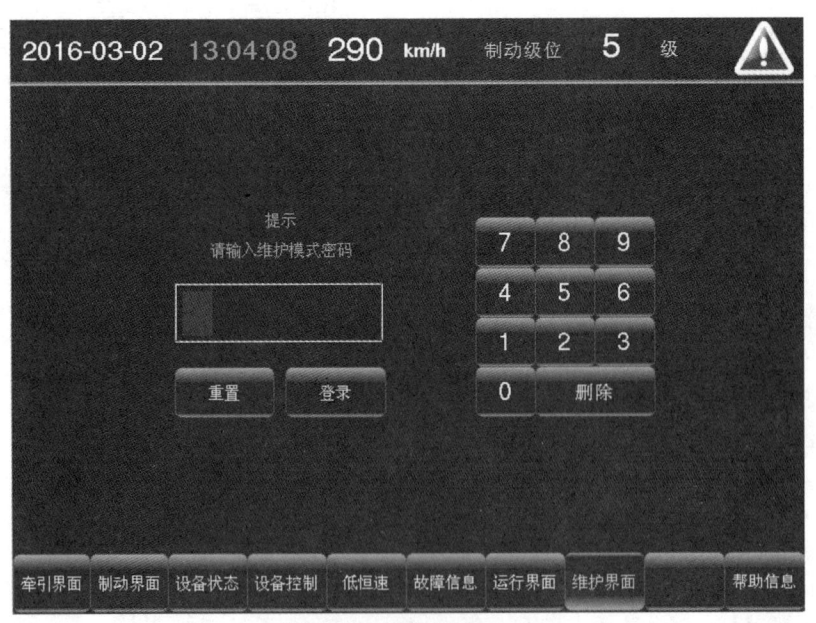

图 2-94　维护界面

（1）维护模式。

通过点击【维护界面】按键，并输入密码后，可进入维护菜单界面，如图 2-95 所示。

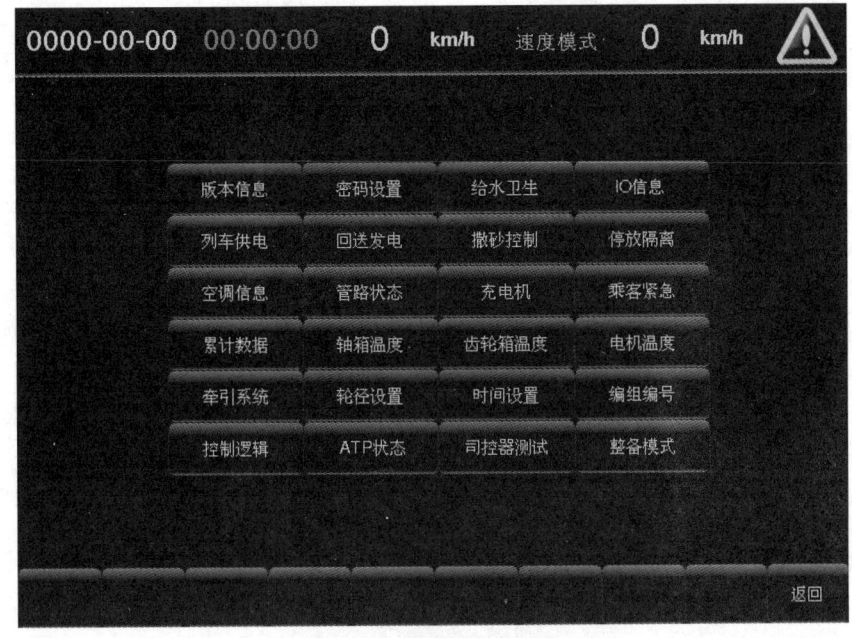

图 2-95　维护模式界面

（2）版本信息。

点击维护界面上的【版本信息】按键，进入版本信息界面，如图 2-96 所示。

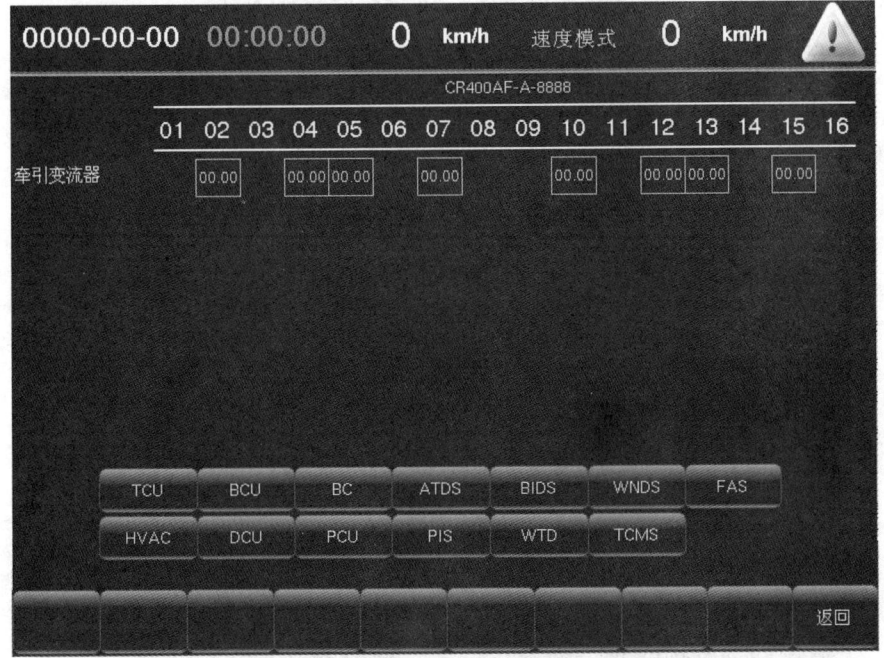

图 2-96　版本信息界面

（3）密码设置。

点击维护界面上的【密码设置】按键，进入密码设置界面，如图2-97所示。

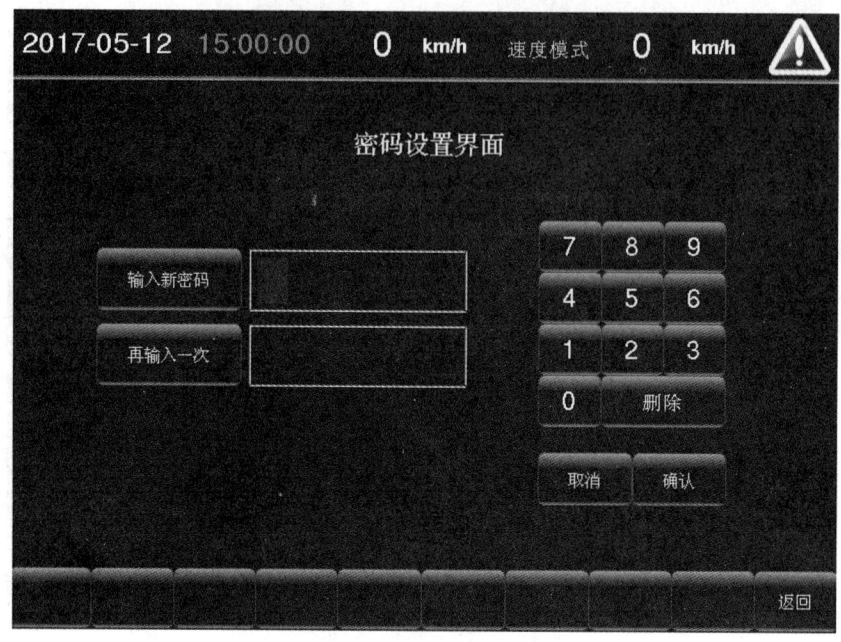

图 2-97　密码设置界面

（4）给水卫生。

点击维护界面上的【给水卫生】按键，进入给水卫生界面，如图2-98所示。在正常情况下，设备状态色为绿色；当出现异常情况时，设备状态色变为红色。

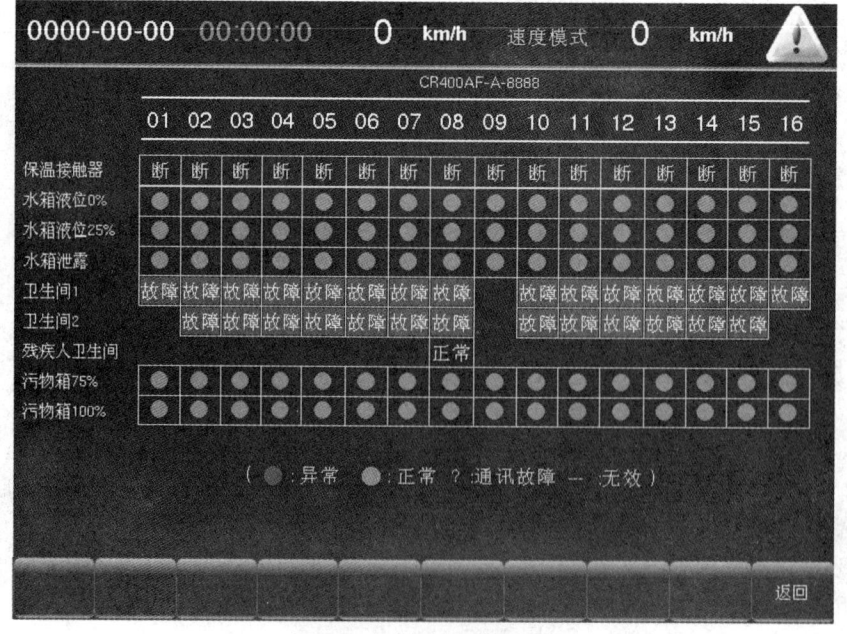

图 2-98　给水卫生界面

(5) IO 信息。

点击维护界面上的【IO 信息】按键,进入 IO 信息界面,如图 2-99 所示。

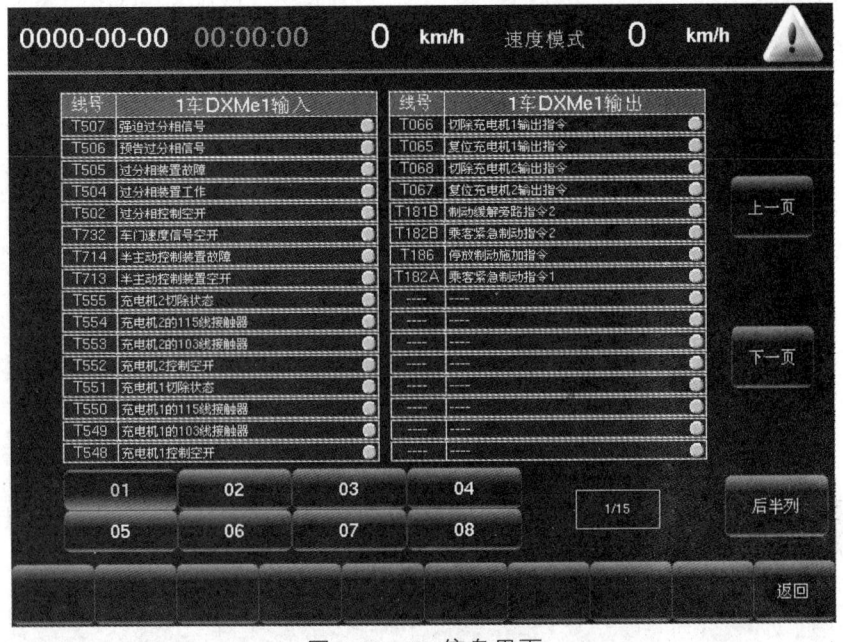

图 2-99 IO 信息界面

(6) 列车供电。

通过点击主界面上的【车辆信息】按键后,再点击【列车供电】按键,可进入界面对列车电源电压进行监视,如图 2-100 所示。

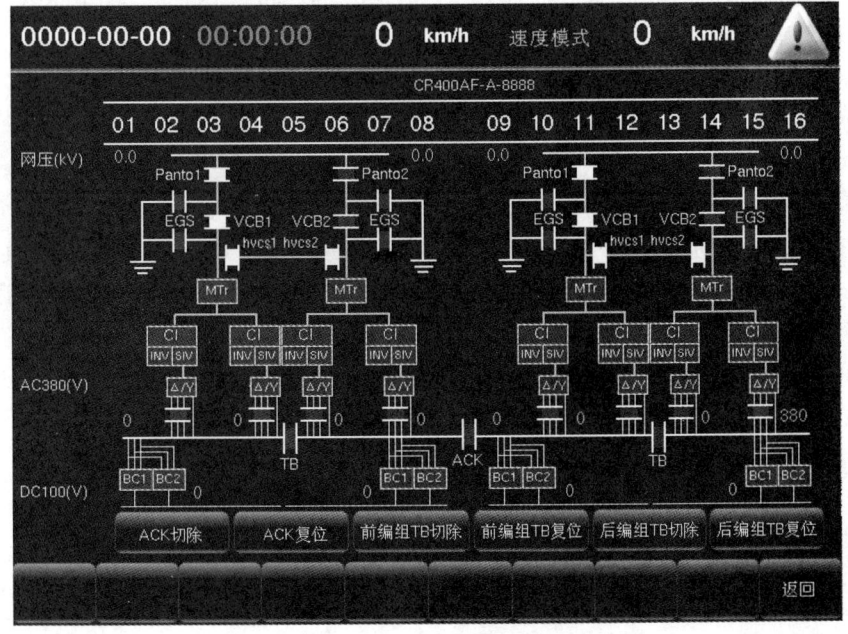

图 2-100 列车供电界面

(7) 回送发电。

点击维护界面上的【回送发电】按键,进入回送发电界面,如图2-101所示。

注:主控端HMI显示回送发电操作按键,从控端及机械师室HMI隐藏回送发电操作按键。

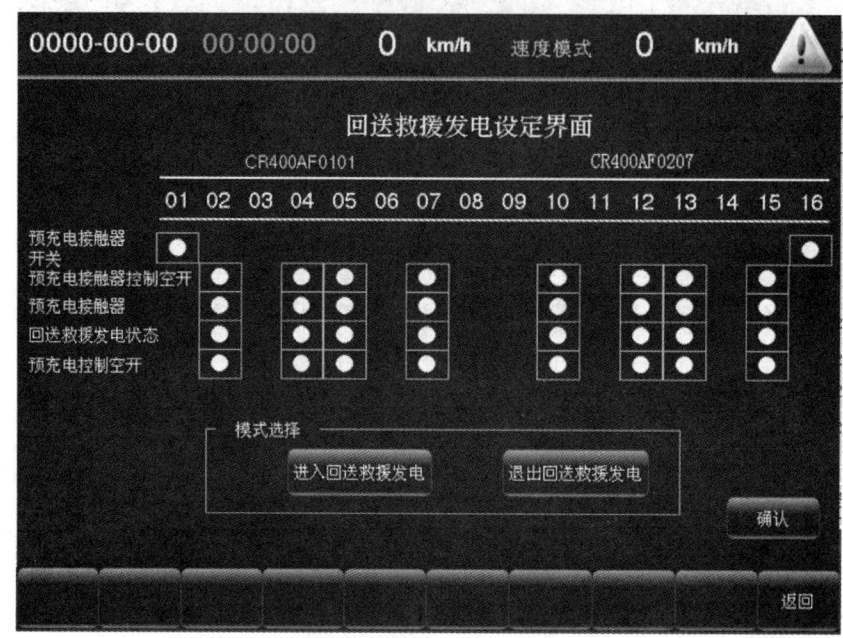

图2-101 回送发电界面

(8) 撒砂控制。

撒砂装置安装在动车组1、8、9、16车1轴,4、5、12、13车4轴(共8个轴)设置,撒砂控制有两种控制方式:

① 由司机通过撒砂开关手动控制。

司机台设有撒砂开关,采用球型拨键开关,自复位三级。开关指令进列车网络,控制撒砂动作,当开关置中间0位,开关不输出控制指令,开关置前位且向前时,主控车3轴撒砂,开关置后位,根据方向信号输出撒砂:

当1车为前进方向头车时,1车1轴、5车4轴、9车1轴、13车4轴撒砂。

当8车为前进方向头车时,4车4轴、8车1轴、12车4轴、16车1轴撒砂。

② 自动控制。

各车BCU检测到单轴或全轴严重滑行时,输出自动撒砂请求信号,列车按照后位方式进行撒砂。

撒砂量根据速度进行控制,当速度大于160km/h时,输出高压撒砂,低于160km/h时,输出低压撒砂。

点击维护菜单界面下的[撒砂控制]按键,进入撒砂控制界面。

注:主控端HMI显示撒砂控制操作按键,从控端及机械师室HMI隐藏撒砂控制操作按键。

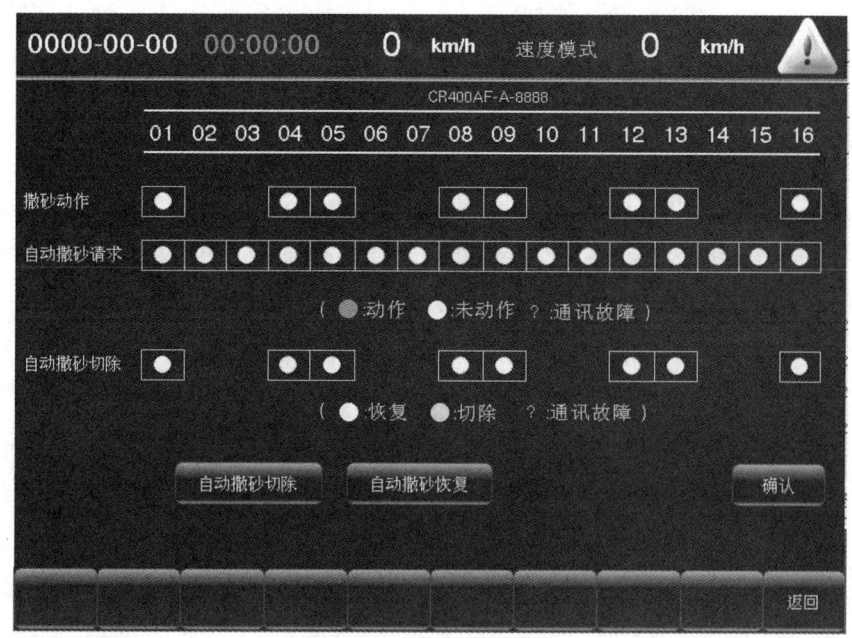

图 2-102 撒砂控制界面

（9）停放隔离。

点击维护界面上的【停放隔离】按键，进入停放隔离界面，如图 2-103 所示。

注：主控端 HMI 显示停放隔离操作按键，从控端及机械师室 HMI 隐藏停放隔离操作按键。

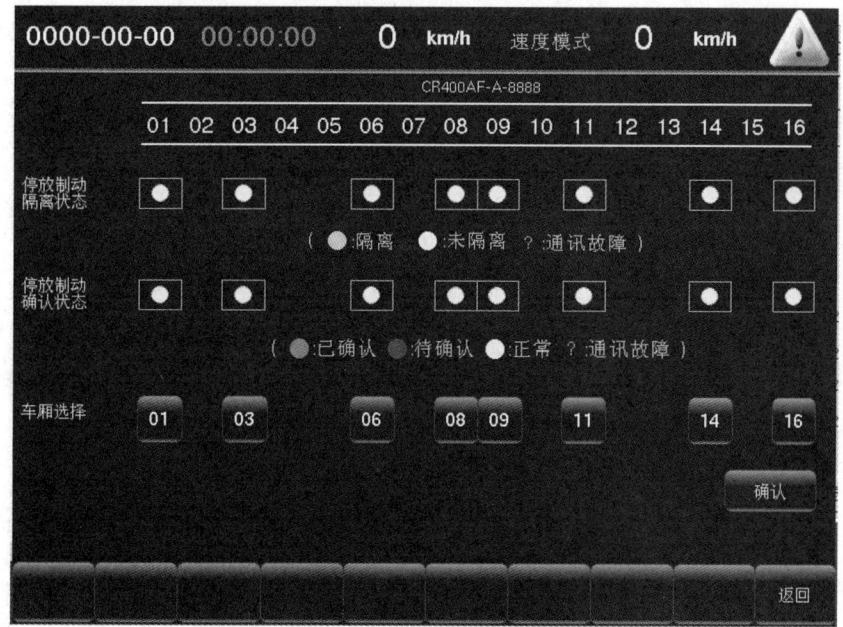

图 2-103 停放制动隔离确认界面

（10）空调信息。

点击维护菜单界面上的【空调信息】按键，进入空调信息界面，如图 2-104 所示。

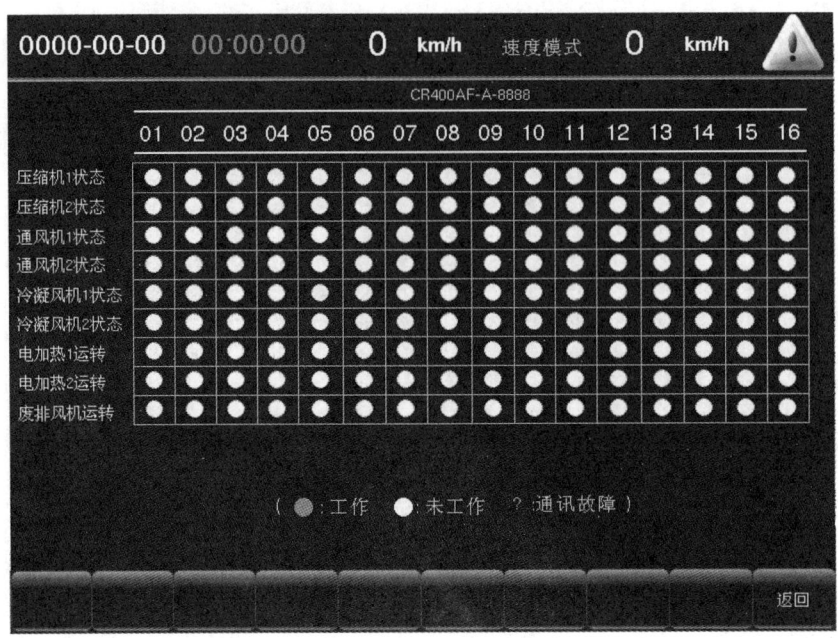

图 2-104　空调信息界面

（11）管路状态。

点击维护界面上的【管路状态】按键,进入管路状态界面,可查看制动缸等相关状态信息,如图 2-105 所示。

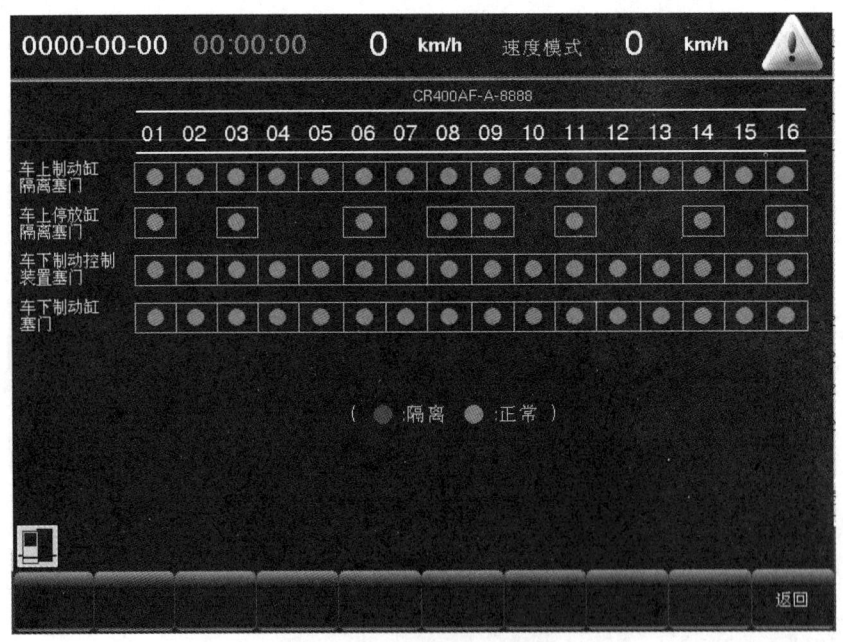

图 2-105　管路状态界面

（12）充电机信息。

点击维护界面上的【充电机】按键,进入充电机信息界面,如图 2-106 所示。

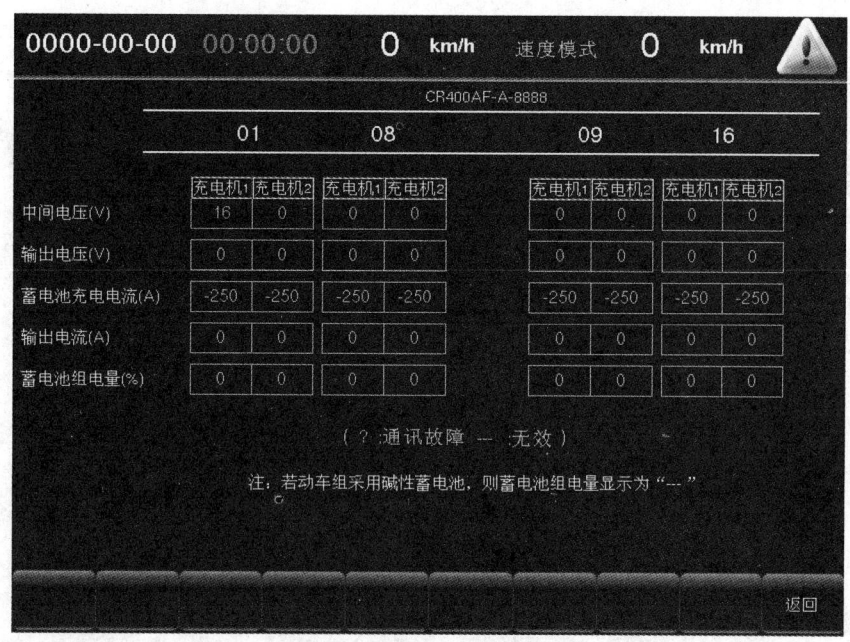

图 2-106 充电机信息界面

（13）乘客紧急界面。

点击维护界面上的【乘客紧急】按键，进入乘客紧急界面，如图 2-107 所示。

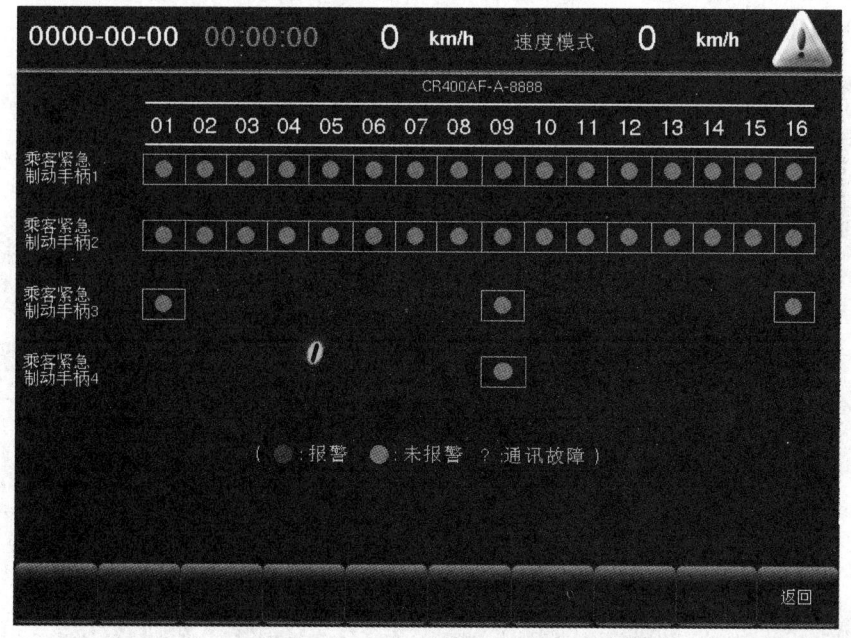

图 2-107 乘客紧急界面

（14）累计数据。

点击维护界面上的【累计数据】按键，进入累计数据界面，如图 2-108 所示。

图 2-108 累计数据界面

① 空压机工作时间。

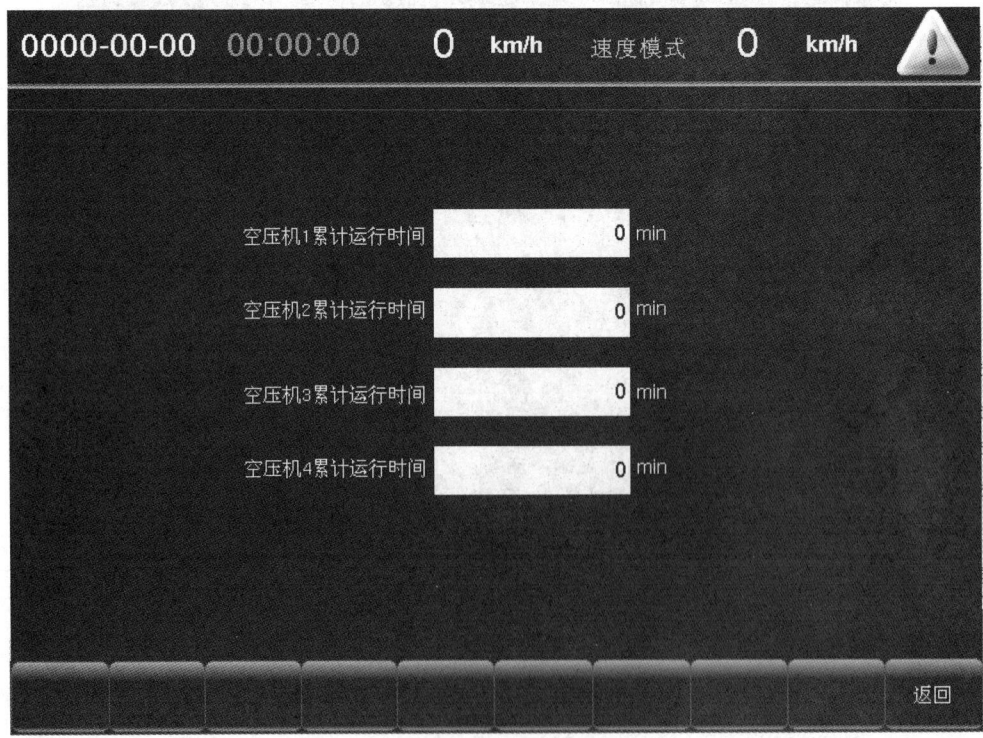

图 2-109 空压机工作时间

② 牵引辅助功耗。

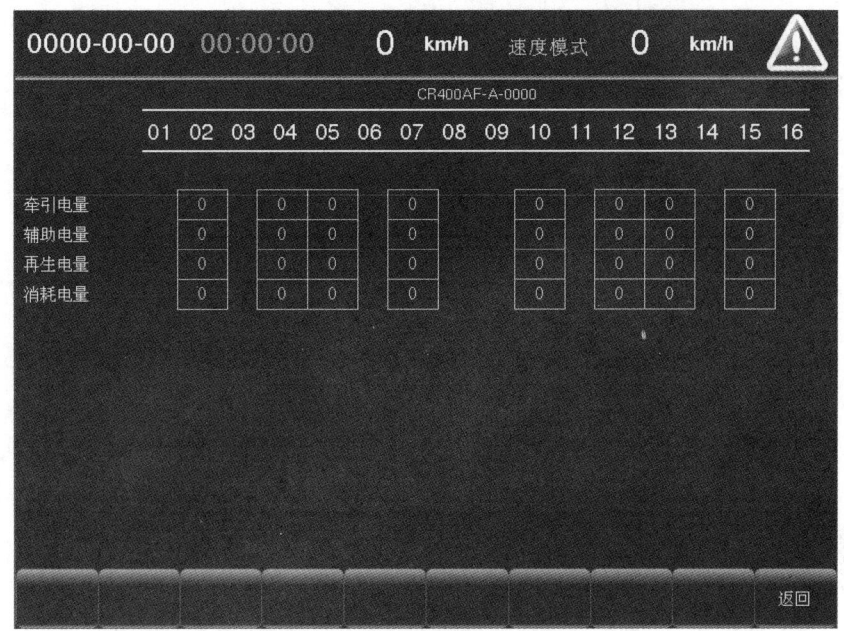

图 2-110　牵引辅助功耗

③ 能量显示。

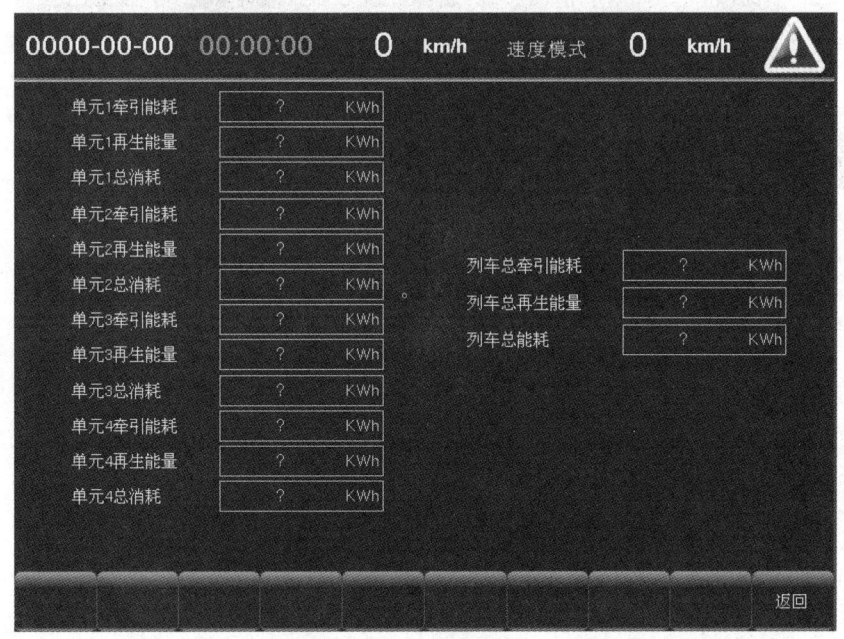

图 2-111　能量显示

(15) 轴箱温度。

点击维护界面上的【轴箱温度】按键,进入轴箱温度界面,可查看实时轴温双路的轴箱温度数据,如图 2-112 所示。点击【帮助信息】按键,可进入轴温帮助信息界面,如图 2-113

所示。

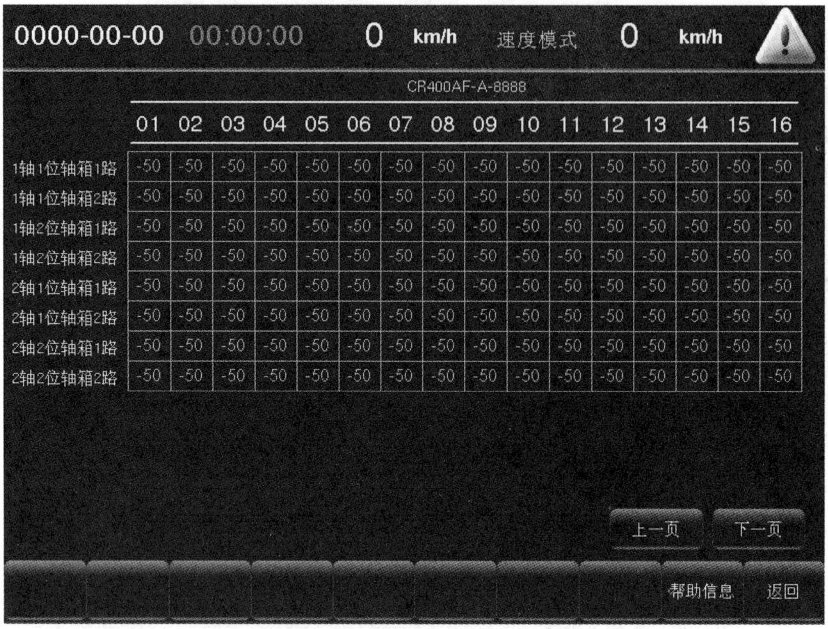

图 2-112 轴箱温度界面

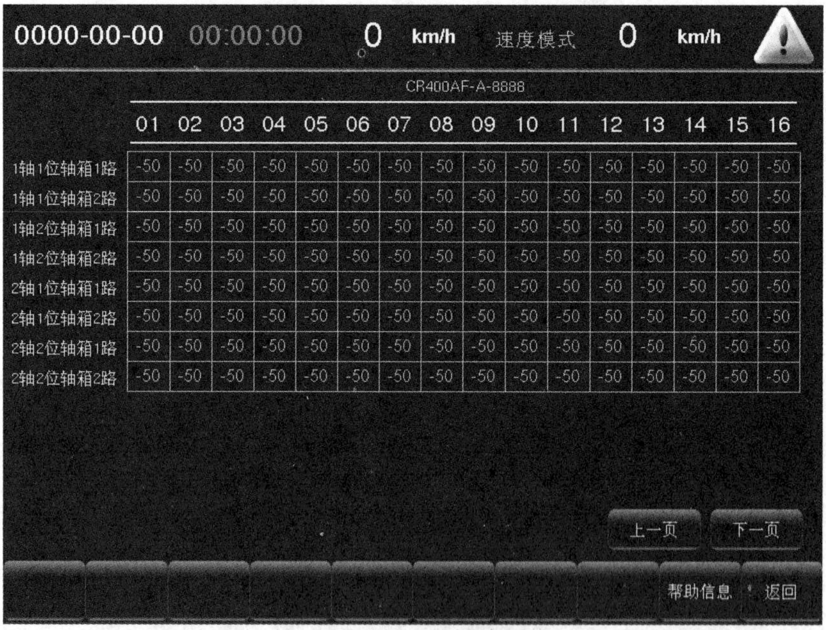

图 2-113 轴温帮助界面

（16）齿轮箱温度。

点击维护界面上的【齿轮箱温度】按键，进入齿轮箱温度界面，可查看实时轴温双路的齿轮箱温度数据，如图 2-114 所示。

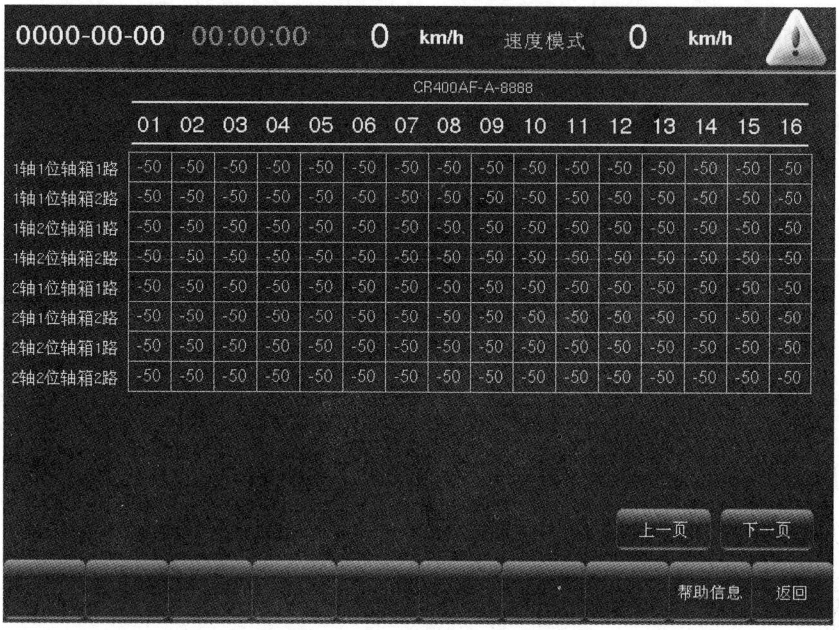

图 2-114 齿轮箱温度界面

（17）电机温度。

点击维护界面上的【电机温度】按键，进入电机温度界面，可查看实时轴温双路的电机温度数据，如图 2-115 所示。

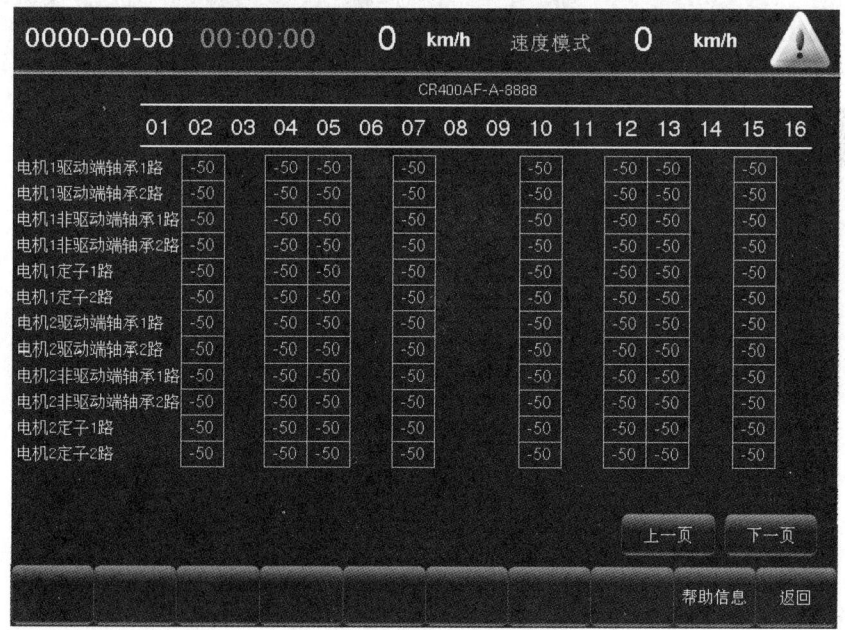

图 2-115 电机温度界面

（18）牵引系统。

点击维护界面上的【牵引系统】按键，进入牵引系统菜单界面，如图 2-116 所示。

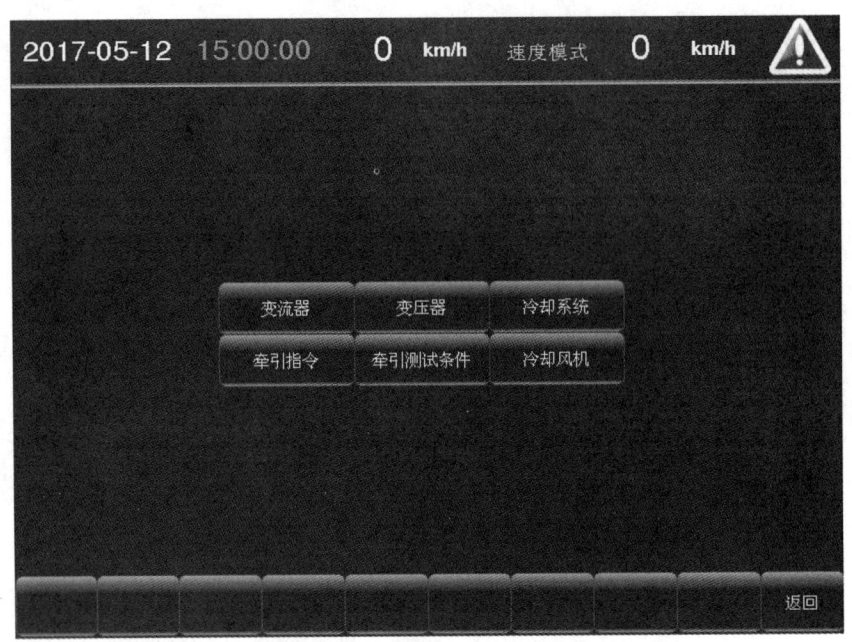

图 2-116 牵引系统菜单界面

变流器：通过点击维护界面上的【牵引系统】按键后，再点击【变流器】按键，可查看 TCU 发给网络系统的牵引变流器信息，如图 2-117 所示。

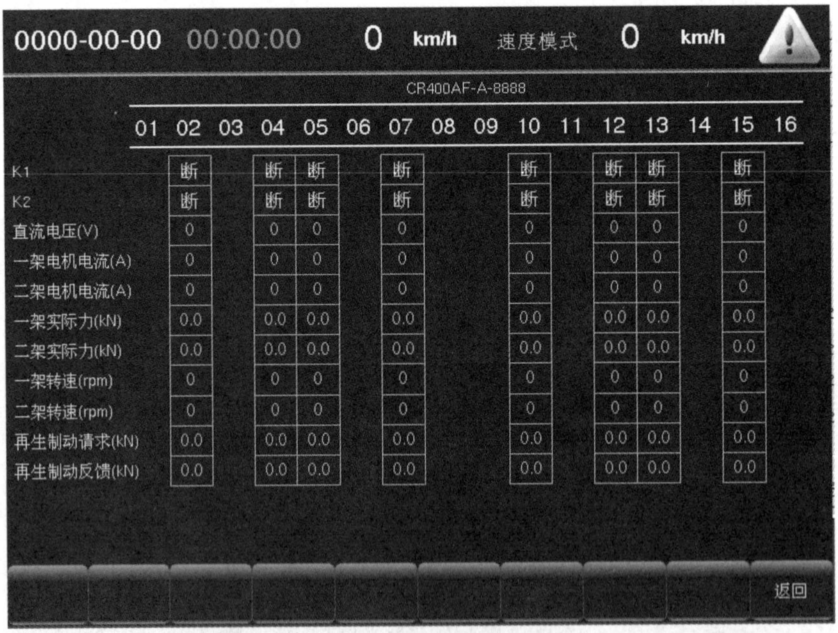

图 2-117 牵引系统变流器界面

变压器：通过点击维护模式下的【牵引系统】按键后，再点击【变压器】按键，可查看牵引变压器信息，如图 2-118 所示。其中变压器原边电流、温度为数值，油温高、油流停止、内压过大、油位低保护正常时为绿色，报警时为红色。

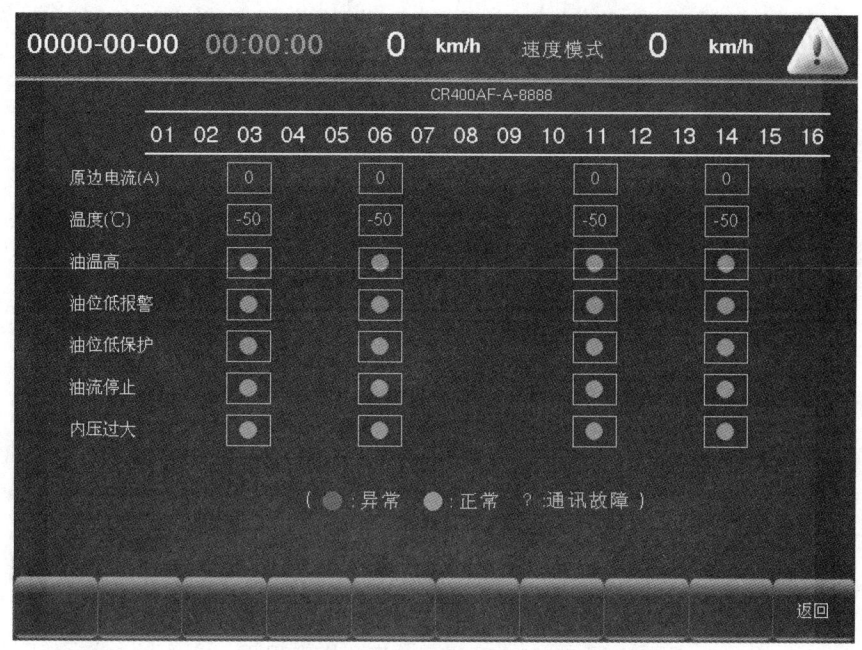

图 2-118 牵引系统变压器界面

冷却系统：通过点击维护模式下的【牵引系统】按键后，再点击【冷却系统】按键，可查看冷却系统信息，如图 2-119 所示。

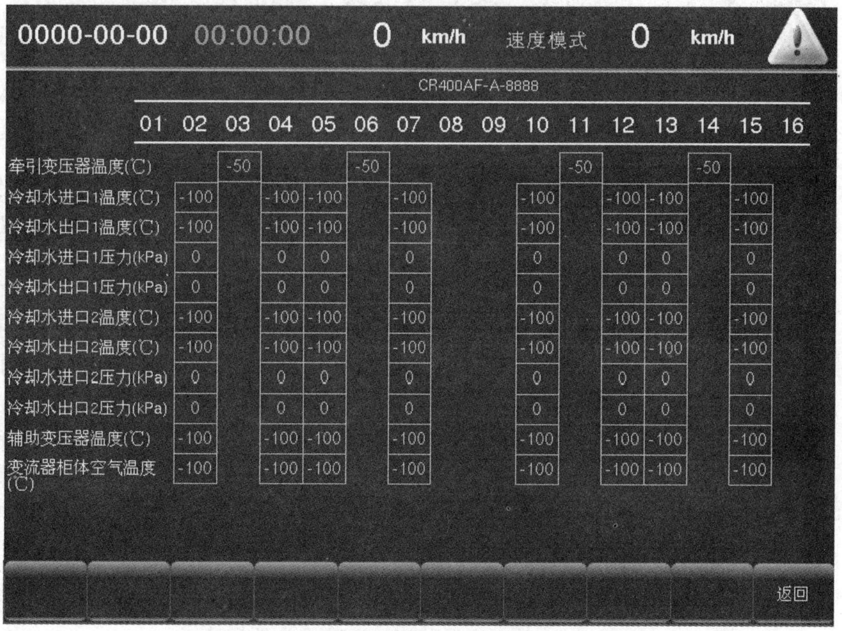

图 2-119 牵引系统冷却系统界面

牵引指令：通过点击维护模式下的【牵引系统】按键后，再点击【牵引指令】按键，可查看牵引指令信息，如图 2-120 所示。当重联车均为四方时，可显示重联界面。

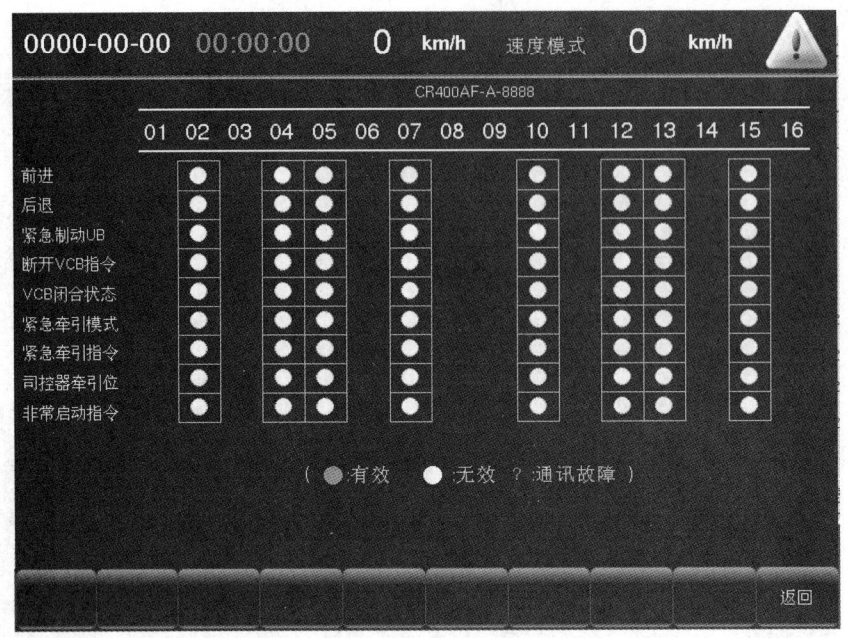

图 2-120 牵引系统牵引指令界面

牵引测试条件：通过点击维护模式下的【牵引系统】按键后，再点击【牵引测试条件】按键，可查看牵引测试条件信息，如图 2-121 所示。

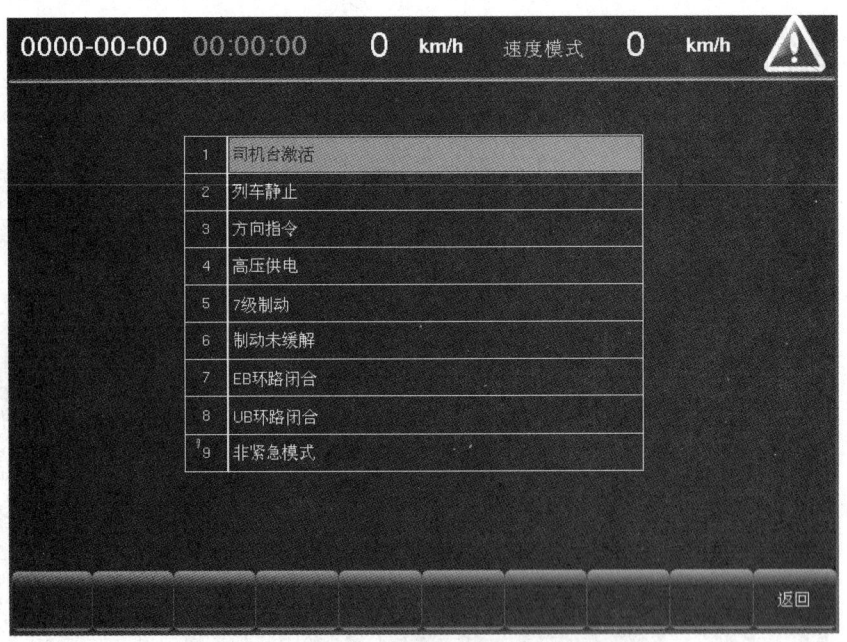

图 2-121 牵引系统牵引测试条件界面

冷却风机界面：通过点击维护模式下的【牵引系统】按键后，再点击【冷却风机】按键，可查看不同车厢的冷却风机菜单，点击任意车厢号，即可查看对应车厢的冷却风机状态，如图 2-122~图 2-124 所示。

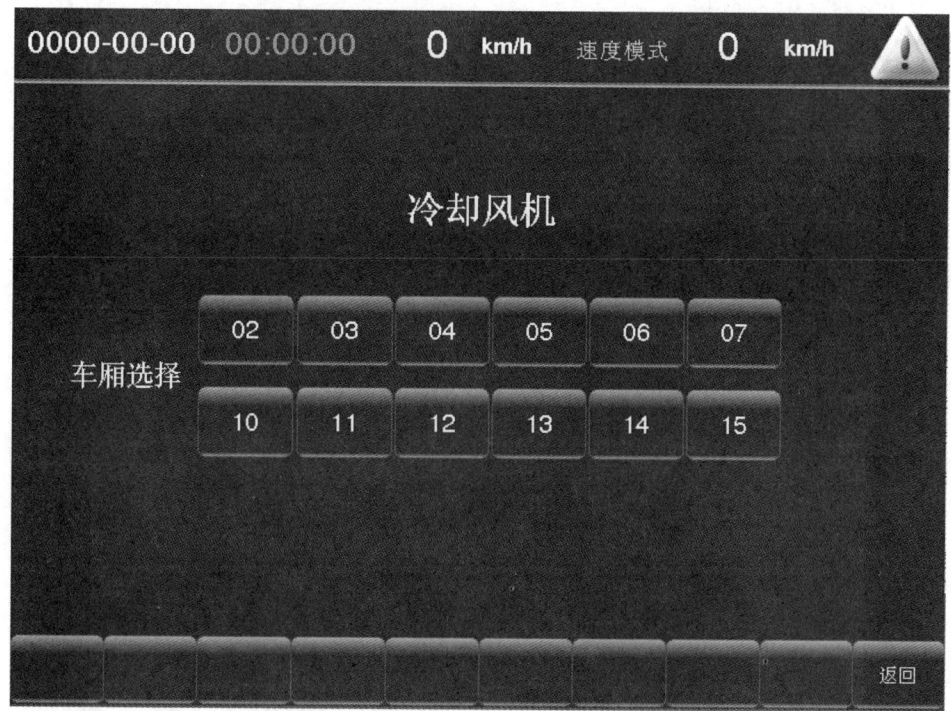

图 2-122 牵引系统冷却风机界面 1

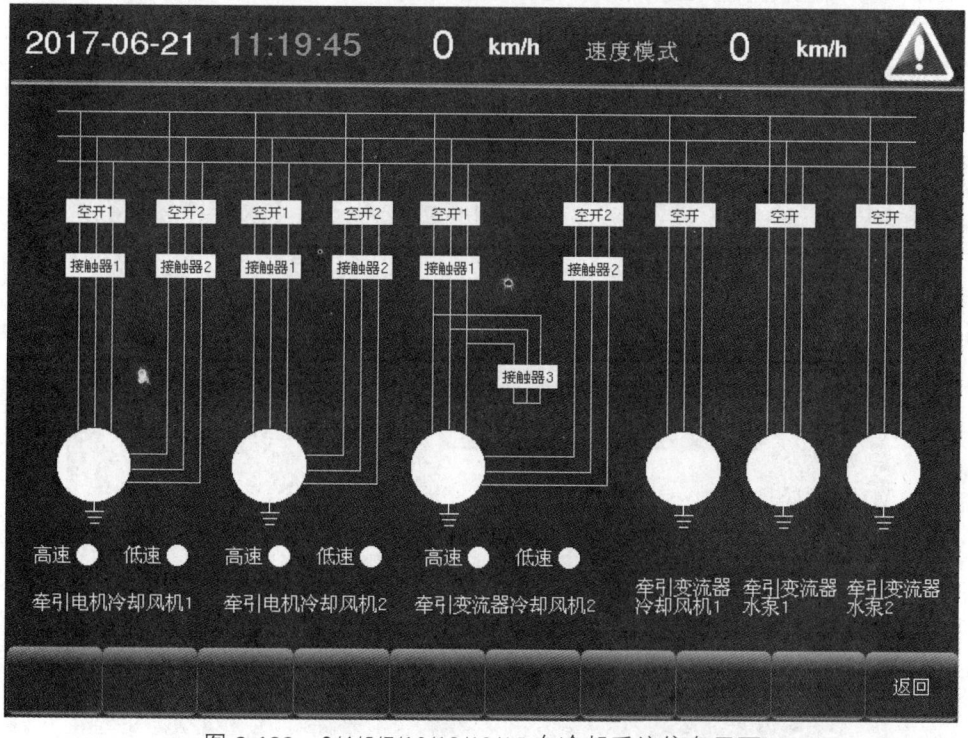

图 2-123 2/4/5/7/10/12/13/15 车冷却系统信息界面

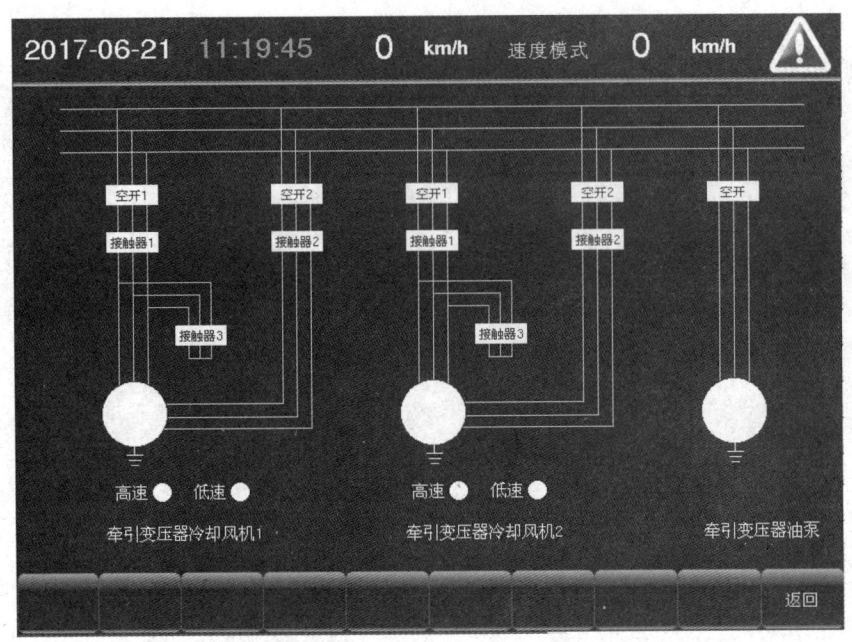

图 2-124　3/6/11/14 车冷却系统信息界面

（19）整备模式。

点击维护界面上的【整备模式】按键，可进入整备模式界面。在整备模式界面下，可以设定整备模式的时间，并查看各系统故障，如图 2-125 和图 2-126 所示。

注：整备模式界面仅在主控端显示。

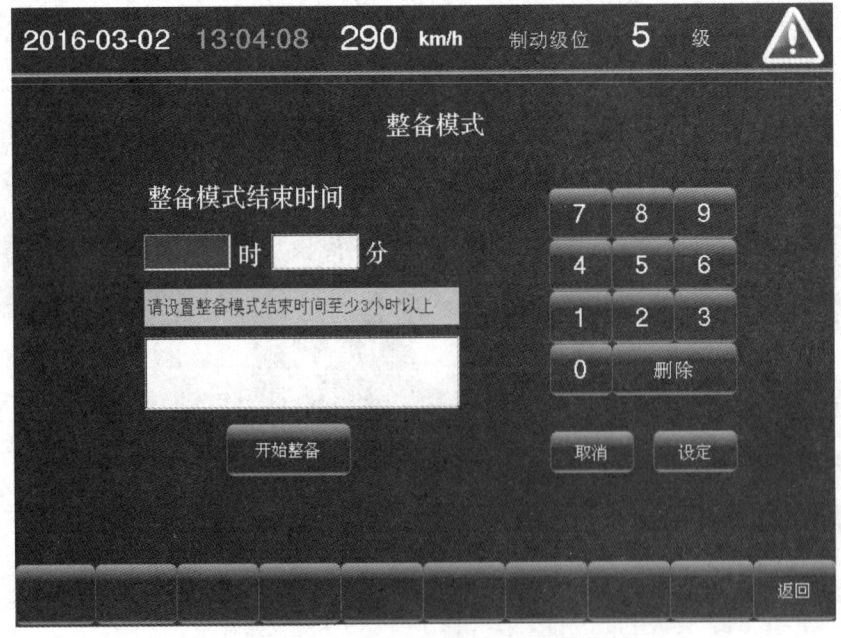

图 2-125　整备模式时间设置界面

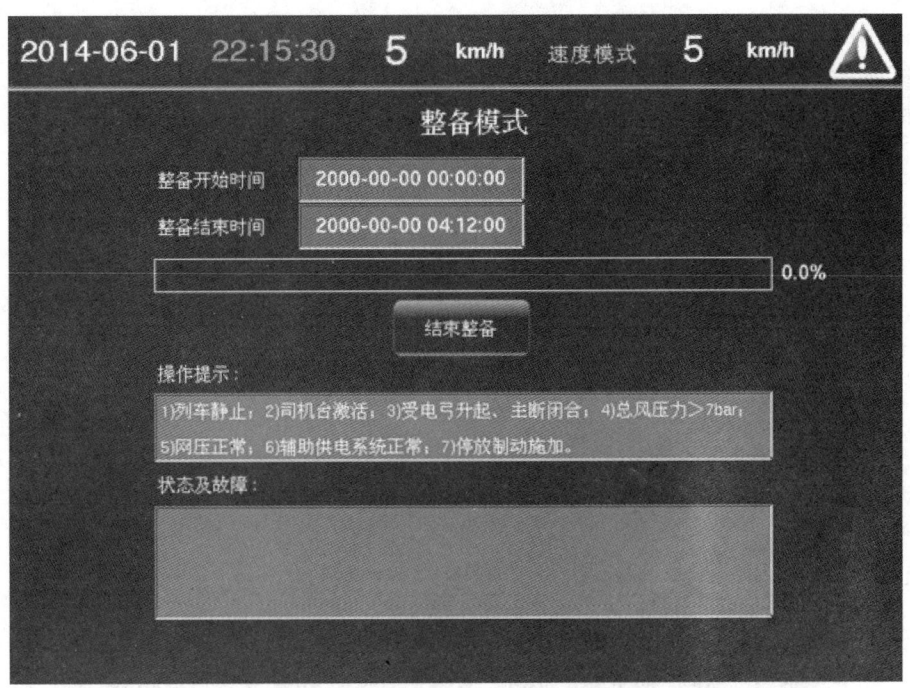

图 2-126 整备模式过程监控界面

（20）轮径设置。

点击维护界面上的【轮径设置】按键，进入轮径设置界面，可对每个转向架的轮径进行设置，如图 2-127 所示。

注：轮径设置界面仅在主控端显示。

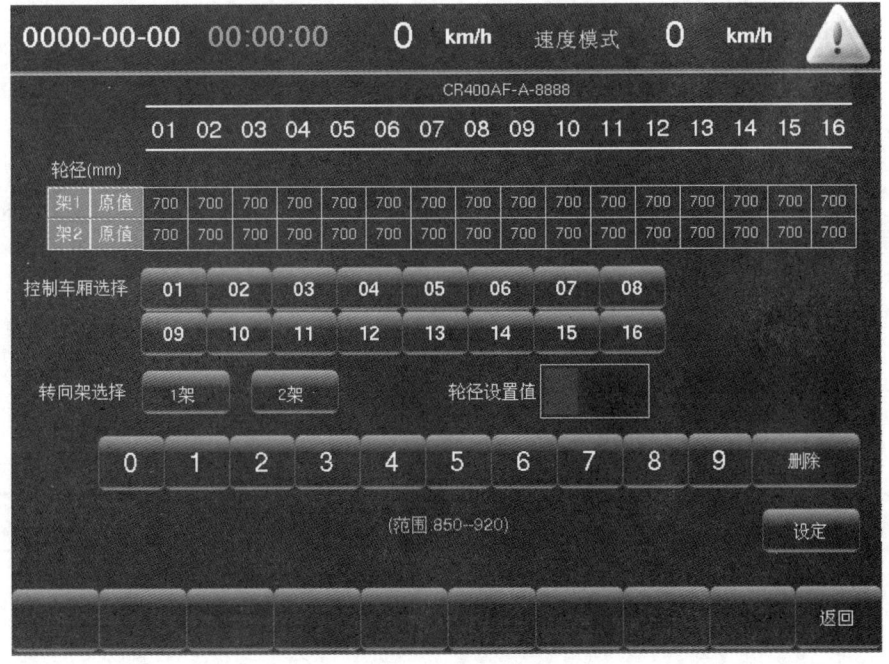

图 2-127 轮径设置界面

(21) 时间设置。

点击维护界面上的【时间设置】按键,可进入时间设置界面,如图 2-128 所示。

注:时间设置界面仅在主控端显示。

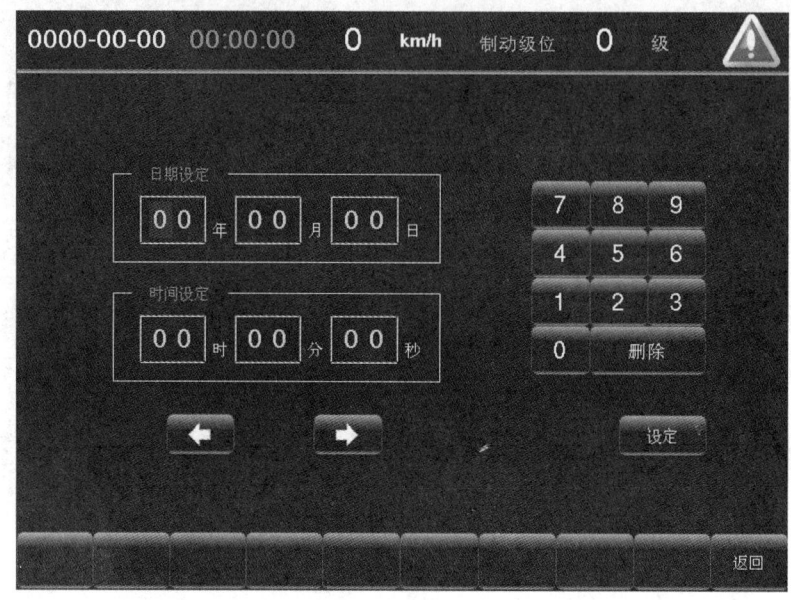

图 2-128 时间设置界面

(22) 编组编号。

点击维护界面上的【编组编号】按键,进入编组编号设置界面,如图 2-129 所示。

注:编组编号界面仅在主控端显示。

图 2-129 编组编号设置界面

（23）司控器测试界面。

点击维护界面上的【司控器测试】按键，进入司控器测试界面，司控器界面必须在列车静止的情况下才能进入，如图 2-130 所示。

注：司控器测试界面仅在主控端显示。

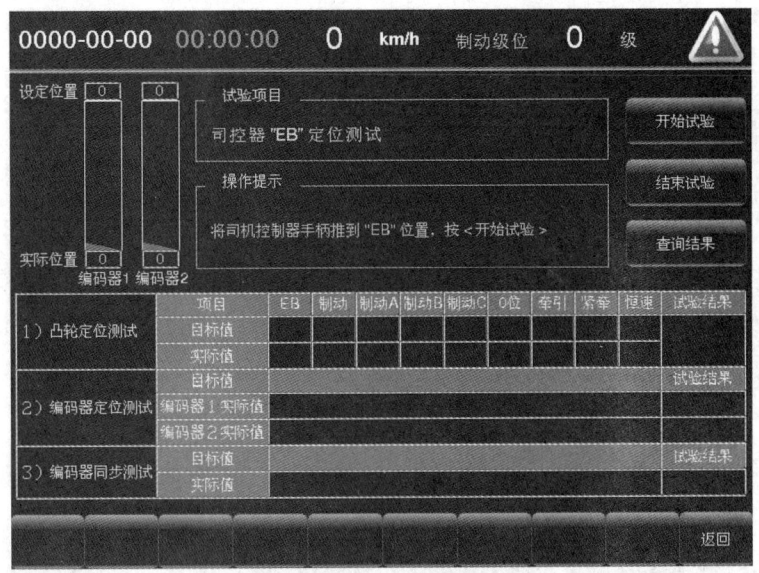

图 2-130　司控器测试界面

（24）ATP 状态。

点击维护界面上的【ATP 状态】按键，进入 ATP 状态界面，如图 2-131 所示。

注：ATP 状态界面仅在主控端显示。

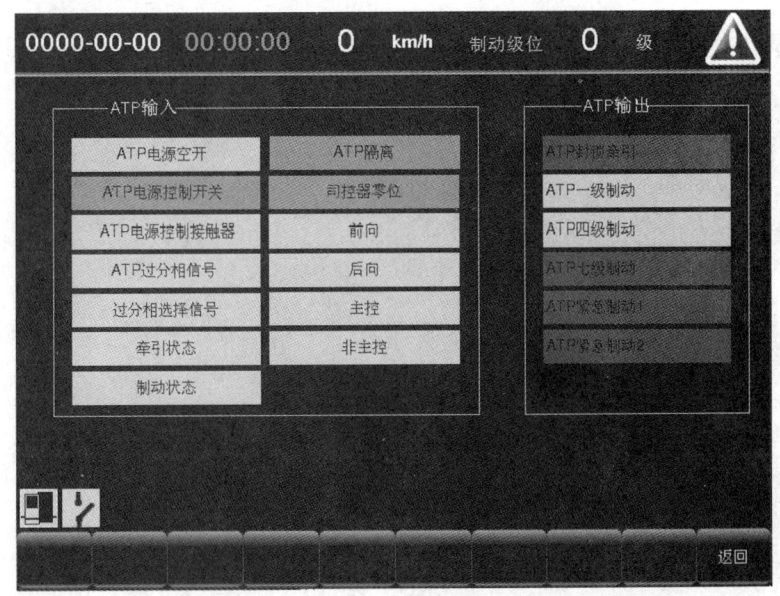

图 2-131　ATP 状态界面

当 ATP 系统无报警发生时，报警名称背景为绿色，报警发生时背景变为红色。

（25）控制逻辑。

点击维护界面上的【控制逻辑】按键，进入控制逻辑菜单界面。

注：控制逻辑界面仅在主控端显示。

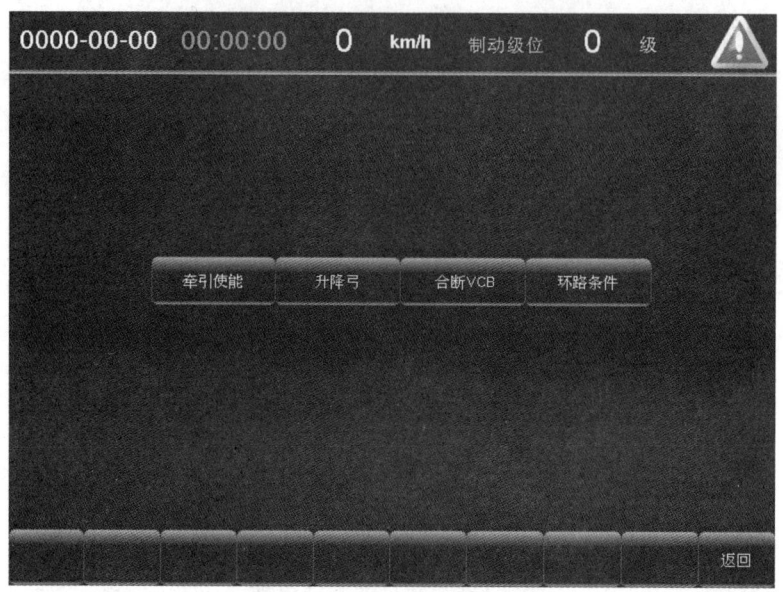

图 2-132　控制逻辑菜单界面

牵引使能：通过点击维护界面上的【控制逻辑】按键后，再点击【牵引使能】按键，可查看列车牵引使能条件信息。HMI 通过网络系统采集继电器反馈的状态进行显示，如图 2-133 所示。

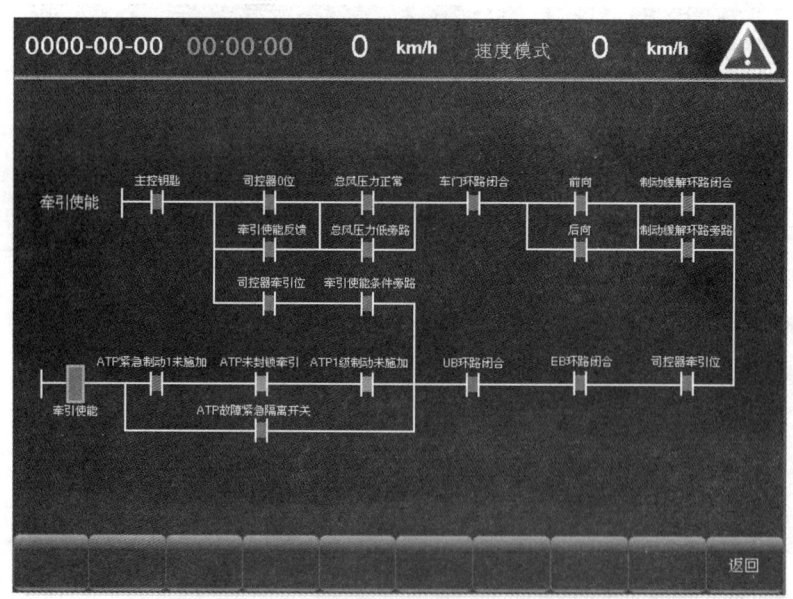

图 2-133　牵引使能条件界面

升/降弓：通过点击维护界面上的【控制逻辑】按键后，再点击【升降弓】按键，可查看列车受电弓升弓、降弓的条件信息。HMI通过网络系统采集继电器反馈的状态进行显示，当继电器触点反馈为高电平时显示为绿色，若为低电平则为灰色，如图2-134所示。

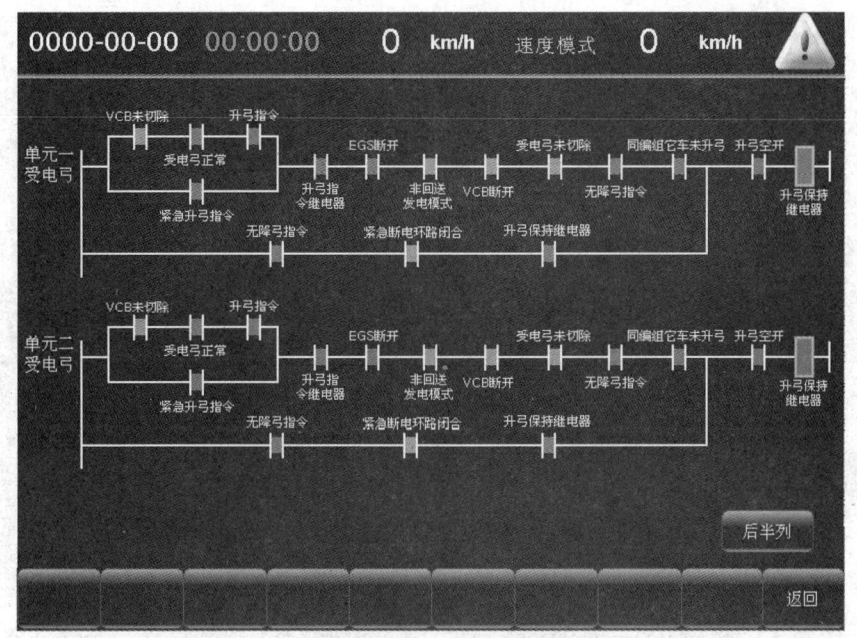

图 2-134 受电弓升降弓条件界面

合断 VCB：通过点击维护界面上的【控制逻辑】按键后，再点击【合断 VCB】按键，可查看列车 VCB 闭合条件信息。HMI 通过网络系统采集继电器反馈的状态进行显示，如图 2-135 所示。

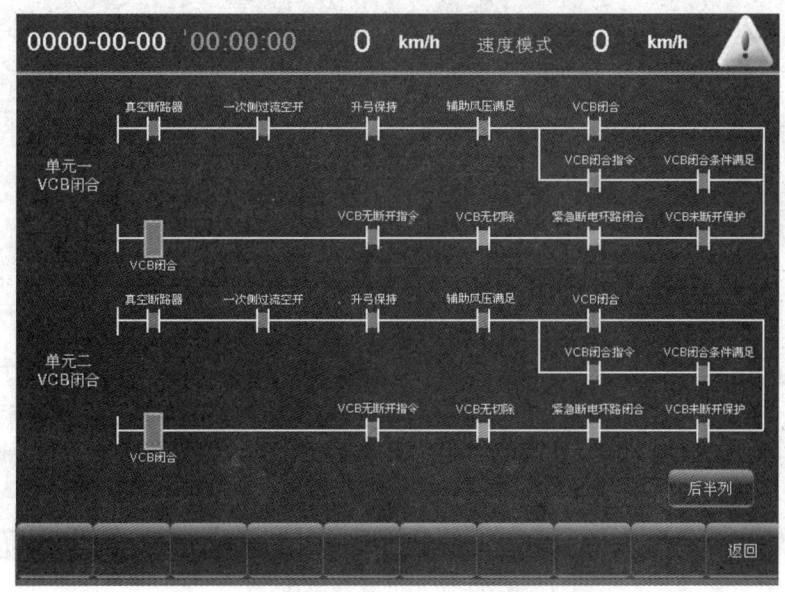

图 2-135 VCB 闭合条件界面

环路条件：通过点击维护界面上的【控制逻辑】按键后，再点击【环路条件】按键，可查看列车环路监控的信息。HMI通过网络系统采集继电器反馈的状态进行显示，如图2-136~图2-142所示。

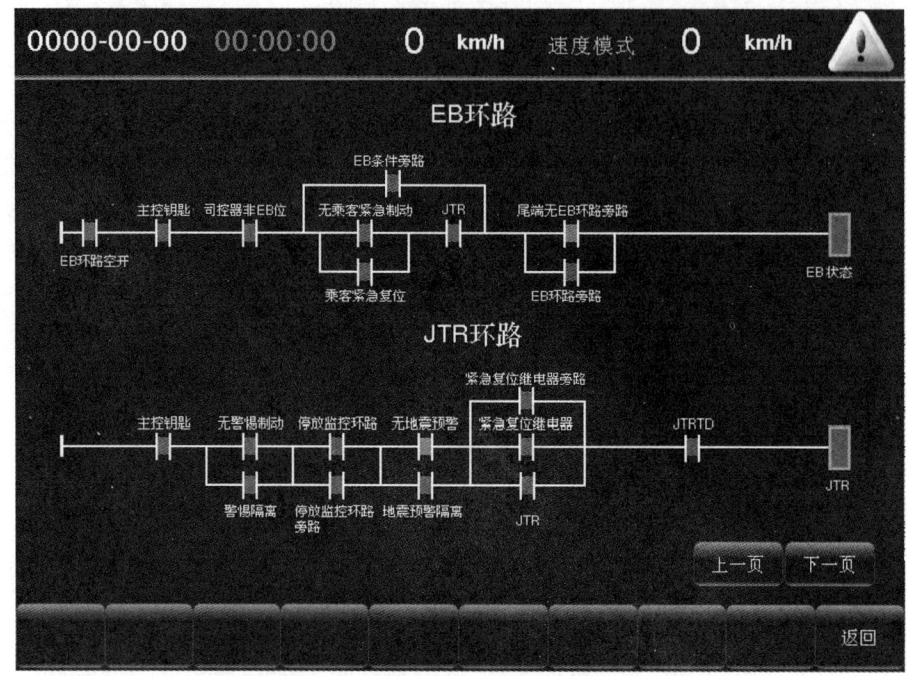

图 2-136　EB、JTR 环路界面

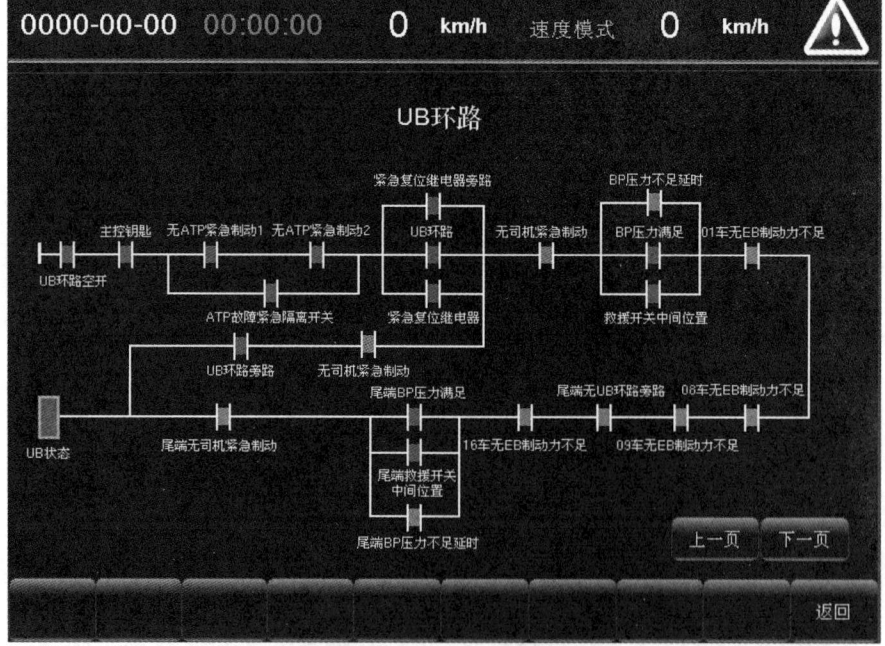

图 2-137　UB 环路界面

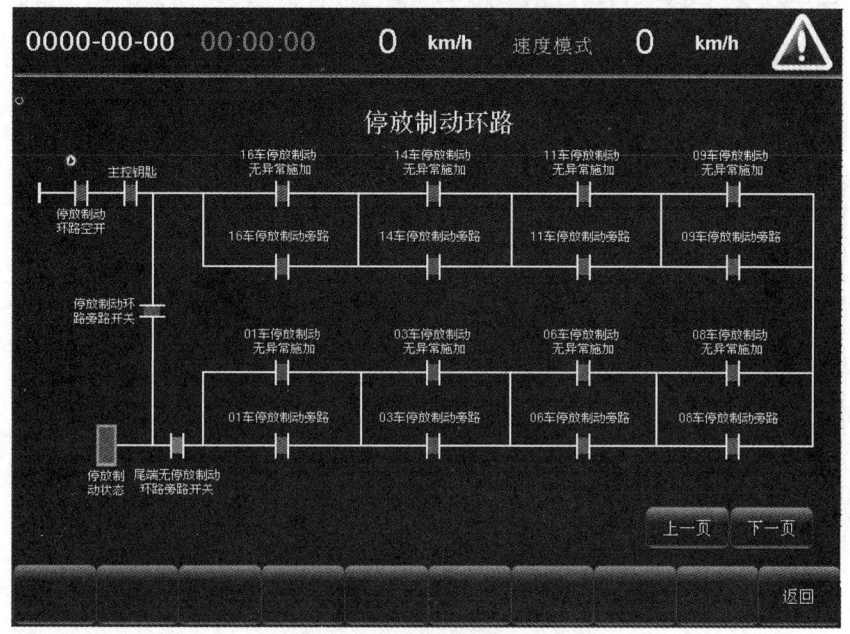

图 2-138 停放制动环路界面

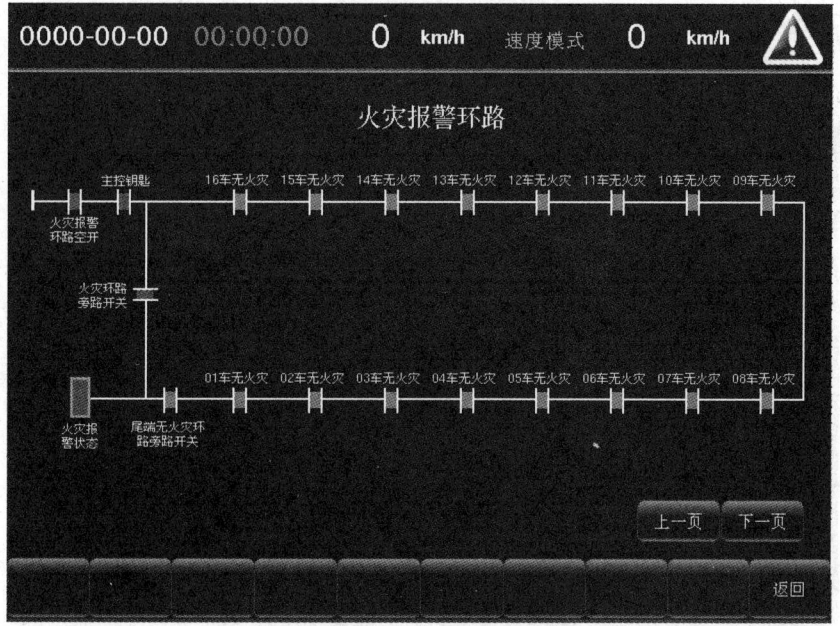

图 2-139 火灾报警环路界面

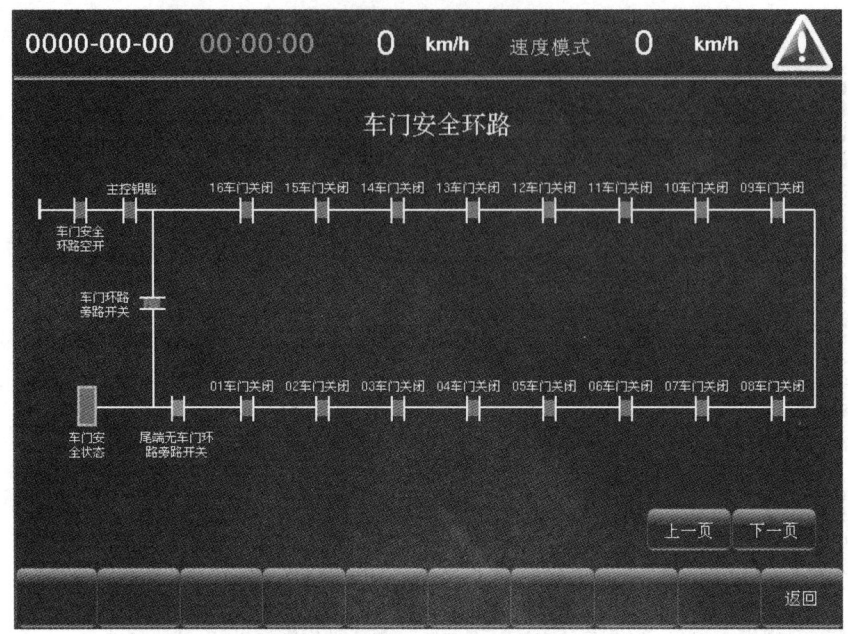

图 2-140　车门安全环路界面

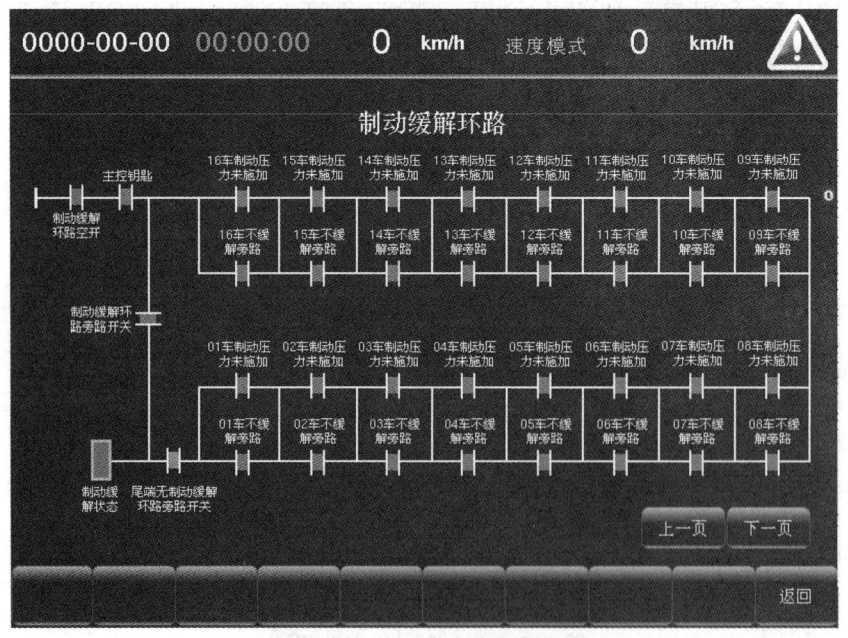

图 2-141　制动缓解环路界面

第十七节　车门操作

一、集控开关门操作

动车组两端司机室设置有塞拉门集控按钮，按钮分左右两侧设置，分别控制单侧车门集中开关（见图 2-142 和图 2-143）；每侧有 3 个按钮，分别为释放按钮、开门按钮和关门按钮，按钮均为自复位式。释放按钮带灯用于显示当前车门的释放状态，释放有效时，该灯点亮。

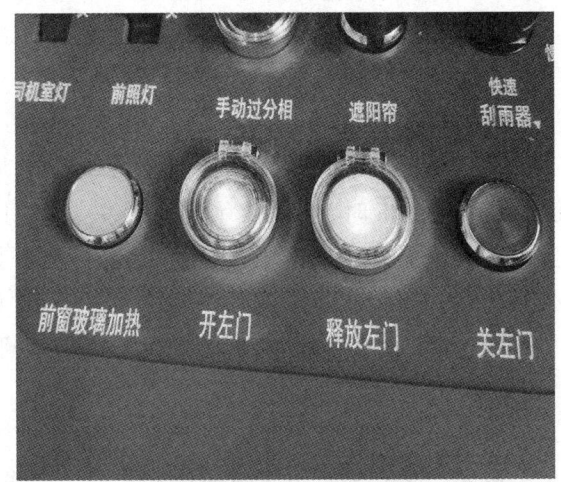

图 2-142　左门开关操作按钮

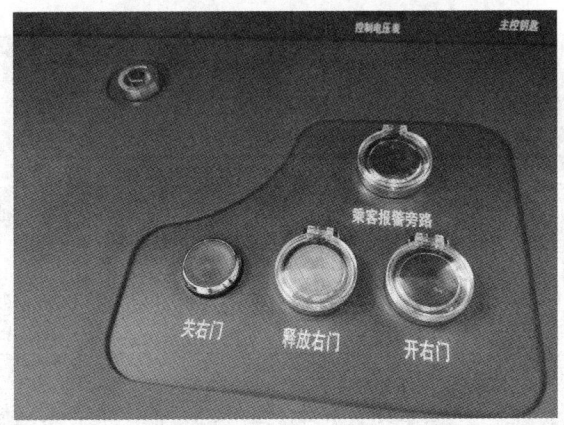

图 2-143　右门开关操作按钮

车门各操纵按钮应只能在主控端有效，在到达终点站换端操作时，司机拔掉主控钥匙后，所有车门保持当前状态不动，该司机室的各按钮失去对门的控制功能，但释放信号保持换端前的状态不变（如果处于释放状态，单控按钮仍可以控制车门动作）。司机达到另一端司机室，投入主控后，该司机室的门控按钮控制车门动作。

侧门在自动开、关门过程中有灯光提示，具体如下：

开门时：收到释放指令，开门按钮指示灯亮，关门按钮指示灯灭；车门开启过程中，开门按钮指示灯灭，关门按钮指示灯常亮；车门开到位后，开门按钮指示灯灭，关门按钮指示灯亮。

集控关门时（门释放信号变为无效）：收到关门指令，车门开始关闭，关门按钮指示灯灭，开门按钮指示灯灭；关门到位后，开门按钮指示灯灭，关门按钮指示灯灭。

本地关门时：操作关门按钮，车门开始关闭，关门按钮指示灯灭，开门按钮指示灯亮；关门到位后，开门按钮指示灯亮，关门按钮指示灯灭。

塞拉门通过设置在主控端司机室的开关门按钮进行集中控制。在车速小于 5 km/h 的条件下，主控端司机台操作对应侧的车门释放按钮，按钮指示灯点亮，全列该侧车门释放。此时全列车本地开关门按钮有效，司机台集控开门按钮有效，司机操作该侧"开门"按钮，集中控制该侧车门打开。

以动车组 5 km/h 信号作为零速判断。列车运行速度大于 5 km/h 时，动车组整车电路实现门释放信号自动切除（若车门未关闭，塞拉门门控器控制车门自动关闭，此时防挤压功能不起作用）。列车运行速度大于 5 km/h 时，即使操作开门开关，车门也不会打开。

运行中若车门关闭安全回路断开，则动车组失去牵引动力。在司机驾驶台上应设关门安全指示灯，用于显示全列车门的关闭情况。为防止在运用中单个车门隔离不能闭合安全回路的故障，动车组应设牵引互锁旁路功能，通过此功能可以不检测车门关闭状态直接闭合牵引回路。

当检测到障碍物时，车门停止关闭重新打开，停留约 1 s 后再次尝试关门，3 次后停留在开门位等，监控系统报车门故障。操作关门开关并关闭到位后，可解除故障状态。

HMI 显示器显示对应的车门状态信息，如图 2-144 所示。

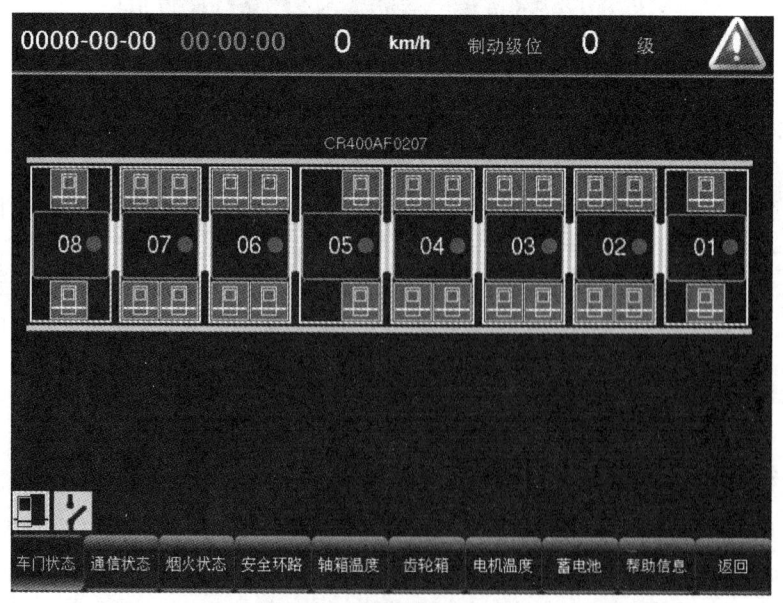

图 2-144　车门状态信息 HMI 显示

司机操作该侧"关门"按钮,集中控制该侧车门关闭。操作关门按钮后,车门释放信号自动取消。操作各按钮时,需保持按钮操作状态 1~2 s。

车门因障碍返回达到 3 次后会保持在打开状态,因此在操作关门指令约 30 s 后,若 HMI 屏上仍显示个别车门处于打开状态(原因是障碍返回达到 3 次,保持常开),则可再次操作关门按钮进行关门,并通知机械师查看,同时可人工助力辅助进行关门。

二、单控开关门操作

司机操作车门释放后,每个车门的本地开门按钮灯亮,此时司机不操作司机室操纵台开门按钮,全列车门保持不动,乘客可自行操作每个门口处本地开关打开单个车门(见图 2-145)。

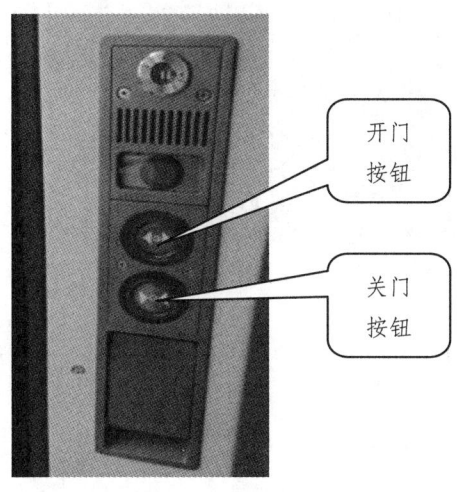
(a)车内开关门按钮

(b)车外开门按钮

图 2-145 车门按钮

司机操作具有最高的权限,司机室操纵关门按钮后,所有车门均执行关门指令,本地开关门按钮失效。

第十八节 刮雨器、风笛操作

一、刮雨器操作

司机操纵台设置刮雨器开关,如图 2-146 所示。刮雨器开关具有洗车、停止、间歇、慢速、快速 5 个挡位,开关按下为冲洗。刮雨器开关打到"洗车"挡位时,刮片停在玻璃中间;开关打到"停止"位时,刮片自动调整到左侧(从车内向车外看)。

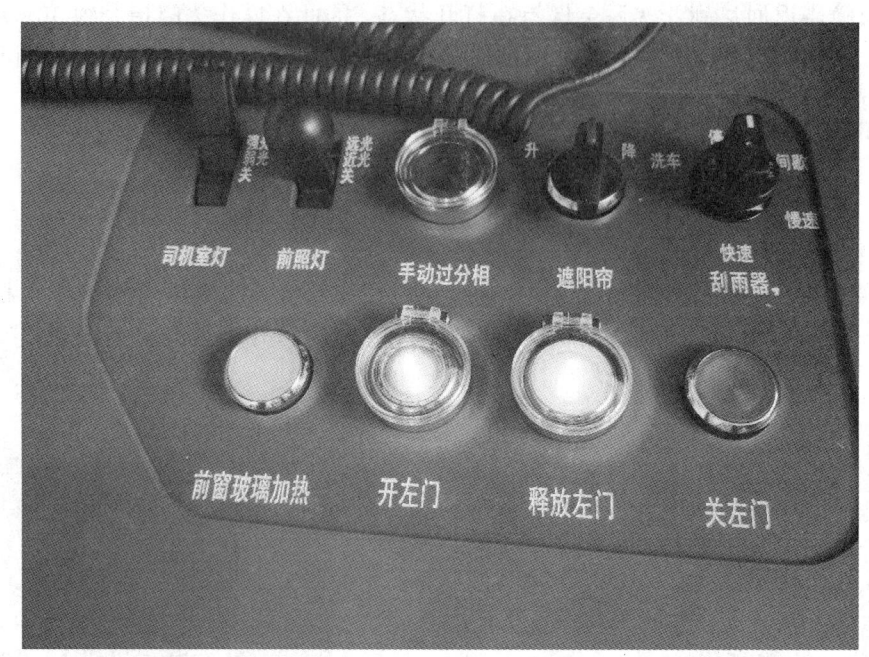

图 2-146　刮雨器控制开关

二、风笛操作

司机操纵台设置风笛拨键开关，开关置于"前"位时高音风笛鸣响，开关置于"后"位时低音风笛鸣响，如图 2-147 所示。

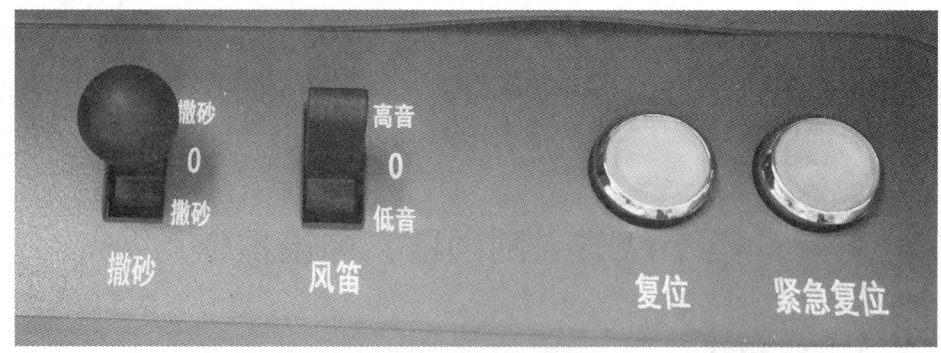

图 2-147　风笛拨键开关

操纵台下部脚踏区域设置风笛脚踏开关，脚踩脚踏开关，高音风笛和低音风笛同时鸣响，如图 2-148 所示。

图 2-148　风笛脚踏开关

第十九节　司机警惕装置操作

当司机台激活时该功能被启动，并且在检测到列车速度大于 5 km/h 时开始执行监控。通过操作司控器手柄、司机台警惕按钮及司机脚踏板的动作都可以复位司机警惕功能（见图 2-149 和图 2-150），当 TCMS 监测到警惕功能 30 s 未动作时，开始声光报警，10 s 后，触发紧急制动（EB）。一旦紧急制动实施，速度降到 0 km/h 后才能重新施加牵引。

当列车速度低于 5 km/h 时，司机警惕装置停止工作。列车设置旁路开关，在司机警惕装置发生故障时，可以实现旁路功能，如图 2-151 所示。

图 2-149　警惕按钮

图 2-150　脚踏警惕开关

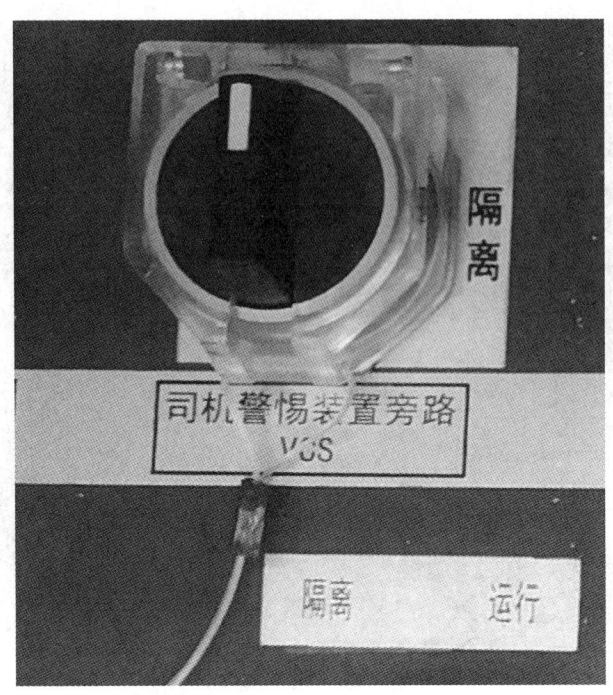

图 2-151 司机警惕装置旁路开关

在 HMI 显示屏的【警惕装置】界面点击【警惕试验开始】按键：

（1）等待 30 s 后，确认 HMI 扬声器播报"警惕"中文语音，HMI 屏【警惕装置】界面中【司机警惕报警】显示报警。按下【无人警惕】按钮，确认扬声器停止播报、【司机警惕报警】显示正常。

（2）再次等待 30 s 后，确认 HMI 扬声器再次播报"警惕"中文语音，HMI 屏【警惕装置】界面中【司机警惕报警】显示报警。脚踩操纵台下方脚踏开关，确认扬声器停止播报，【司机警惕报警】显示正常。

（3）再次等待 30 s 后，确认 HMI 扬声器再次播报"警惕"中文语音，HMI 屏【警惕装置】界面中【司机警惕报警】显示报警。移动司控器手柄，确认扬声器停止播报，【司机警惕报警】显示正常。

（4）再次等待 30 s 后，确认 HMI 扬声器再次播报"警惕"中文语音，HMI 屏【警惕装置】界面中【司机警惕报警】显示报警，继续等待 5 s，通过 HMI 屏幕确认【警惕最大常用制动】显示报警，再继续等待 5 s，确认 HMI 扬声器播报"紧急制动"中文语音，HMI 屏【警惕装置】中的【警惕紧急制动】显示报警。按下【无人警惕】按钮，确认扬声器停止播报、报警显示正常。主控手柄置于制动位，按下司机台【紧急复位】按钮将紧急制动复位。

（5）再次等待 30 s 后，确认 HMI 扬声器再次播报"警惕"中文语音、HMI 屏【警惕装置】界面中【司机警惕报警】显示报警，继续等待 5 秒，通过 HMI 屏幕确认【警惕最大常用制动】显示报警，再继续等待 5 s，确认 HMI 扬声器播报"紧急制动"中文语音、HMI 屏【警惕装置】中的【警惕紧急制动】显示报警。脚踩操纵台下方脚踏开关，确认扬声器停止播报、报警显示正常。主控手柄置于制动位，按下司机台【紧急复位】按钮将紧急制动复位。

（6）再次等待 30 s 后，确认 HMI 扬声器再次播报"警惕"中文语音、HMI 屏【警惕装置】界面中【司机警惕报警】显示报警，继续等待 5 s，通过 HMI 屏幕确认【警惕最大常用制动】显示报警，再继续等待 5 s，确认 HMI 扬声器播报"紧急制动"中文语音、HMI 屏【警惕装置】中的【警惕紧急制动】显示报警。移动司控器手柄，确认扬声器停止播报、报警显示正常。主控手柄置于制动位，按下司机台【紧急复位】按钮将紧急制动复位。

（7）在 HMI 显示器的【警惕装置】界面点击【警惕试验结束】按键。

第二十节　紧急牵引操作

动车组网络系统出现重大故障，列车不能正常驾驶，且列车处于危险轨道段（例如在隧道或桥上），使用紧急牵引模式，可在紧急情况下开动列车至下一站，使轨道畅通，以便让旅客撤离列车。

当司机按下紧急牵引模式开关（在司机台左侧转换开关盘内，见图 2-152）时，通过硬线将紧急牵引模式信号及前向、后向传递给各车牵引变流器，当司机再次将牵引手柄放置在牵引区时，各车牵引变流器按照设定牵引功率的 50% 输出牵引力。当司机控制器离开牵引区时，牵引变流器卸载。此时动车组不具备再生制动功能及过分相再发电等功能。

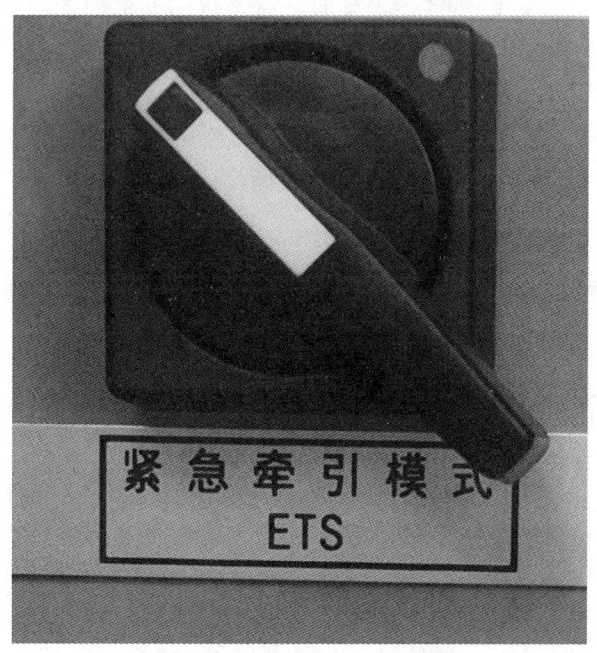

图 2-152　紧急牵引模式开关

一、操作步骤

（1）司机确认仅有一个司机室被占用，断开 VCB、降下受电弓，施加停放制动。
（2）随车机械师断开两头车控制柜内网络系统控制 1、网络系统控制 5 断路器。
（3）随车机械师在司机室配电盘 3 转换开关盘面板上将"紧急牵引模式"开关打到"红点"位。
（4）将主控车"停放制动状态旁路"开关打到"红点"位（0207/0208 位于直流柜，2001 列后位于司机室配电盘 3）。
（5）随车机械师通知司机操作升弓，闭合 VCB。
（6）司机缓解停放制动，滚动试验正常后，限速 80 km/h 行车。
（7）随车机械师监控各车转向架状态，是否有异音、异常振动。

二、注意事项

（1）紧急牵引模式主要适用于主控或非主控司机室 2 个 CCU 或 2 个网关故障，或 WTB 通信中断的情况。列车正常运行时，严禁将紧急牵引开关置"红点"位。
（2）需要采用手动断开/闭合 VCB 的方式进行过分相操作。
（3）启用紧急模式，由于所有空气制动施加、缓解、隔离及停放制动状态通过 HMI 屏均无法观察，司机应谨慎行车。
（4）操纵紧急牵引模式行车闭合 VCB 前，需要将全列空调手动调至半载工况。
（5）司机对讲和人工广播仍可用。
（6）此操作仅适用于单编组。
（7）紧急牵引模式开关的操作（激活和复位）不允许在 VCB 闭合的情况下操作。
（8）仅适用于类似需紧急疏散必须行车的场景。

第二十一节　复位及紧急复位操作

一、复位（牵引辅助复位）

对于牵引、辅助等子系统报出的轻微故障，如牵引变流器、辅助变流器、充电机、受电弓的故障，操作"复位"按钮，网络将复位指令传输给子系统，子系统将对该故障进行复位。

复位仅对非锁死子系统故障起作用，对于锁死的故障只有在故障处理完毕后才能复位成功。

操作：按压主控端操纵台上的"复位"按钮并保持 3 s。

对于 CR400AF-0207、0208 车：

（1）在主控端断开 VCB，维持车辆惰行或停车状态。
（2）按压操纵台上的"复位"按钮并保持 3 s。

二、紧急复位

当车辆发生紧急制动 EB 或紧急制动 UB 时，全列施加停放制动，司控器手柄置制动位（注：为防止在大坡道上溜车，建议手柄置 B4 或 B4 以上制动位），操作司机台上的"紧急复位"按钮（见图 2-153），进行紧急制动复位操作。其操作步骤如下：

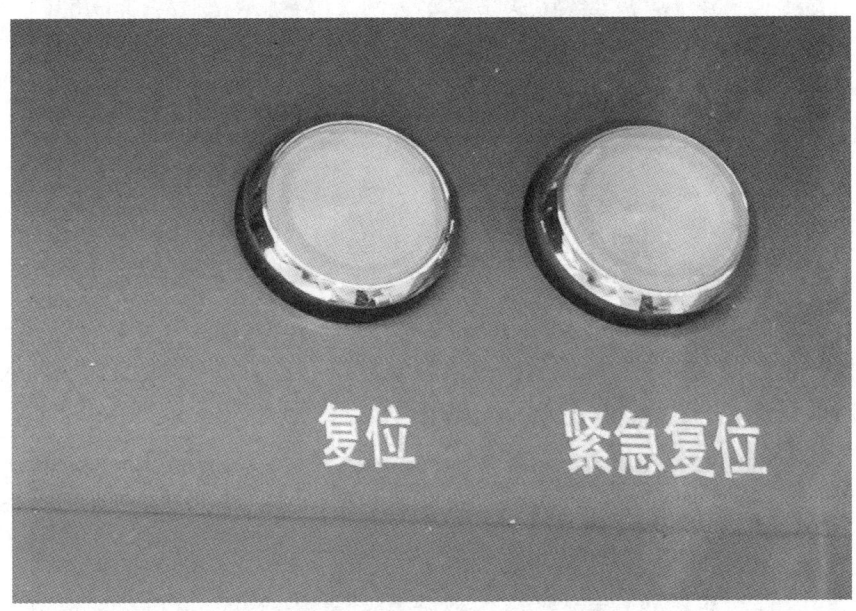

图 2-153　复位和紧急复位按钮

（1）司机按下主控端"停放施加"按钮（见图 2-154）并保持 3 s，通过 HMI 屏【制动主界面】或停放施加按钮指示灯确认全列车停放制动施加。

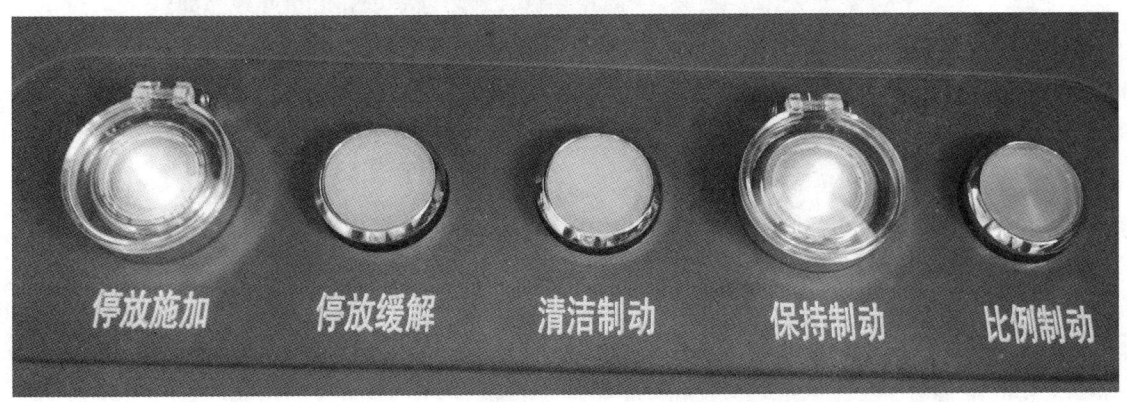

图 2-154　停放施加

（2）司机施加常用制动（见图2-155）。

图2-155 主手柄常用制动位

（3）司机按压主控端司机室操纵台上的"紧急复位"按钮（见图2-156）并保持3 s，确认全列紧急制动缓解。

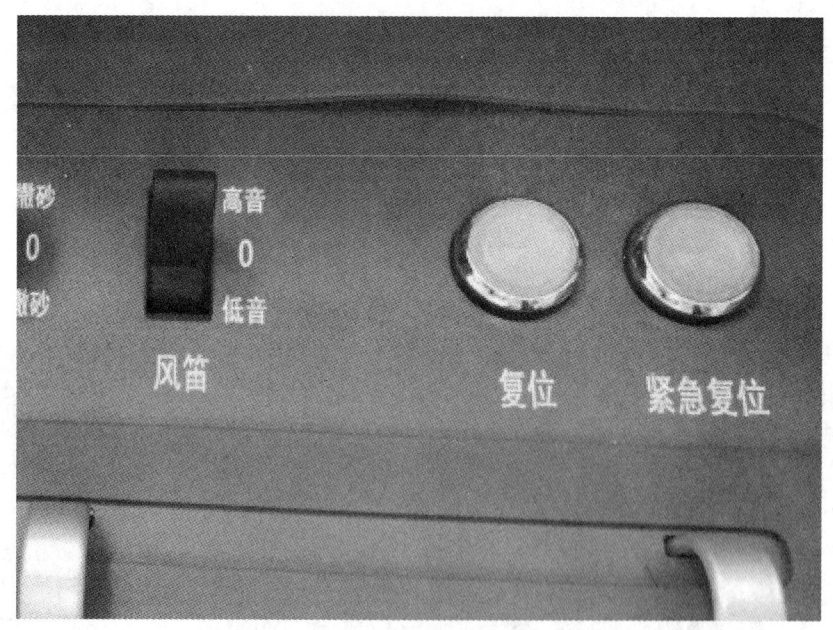

图2-156 紧急复位

（4）点击HMI屏"设备状态"→"安全环路"页面，司控器手柄置于"B4"位，按压"紧急复位"按钮，复位紧急制动，在"安全环路"界面或双针压力表确认紧急制动缓解（见图2-157）。

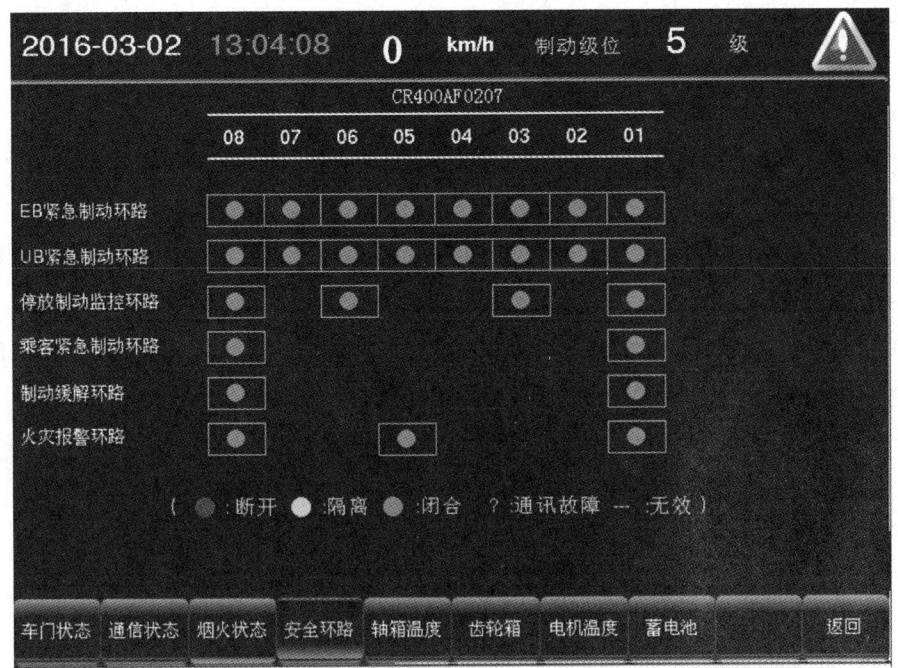

图 2-157　查看紧急复位情况

三、大复位

大复位，也称为"蓄电池接触器断电复位"。在停车状态下，断开 VCB、降下受电弓，施加停放制动，司控器置"0"位，将蓄电池开关打"关"位保持 3 s，拔取主控钥匙（退出司机室激活），30 s 后重新投入主控钥匙和蓄电池。

具体操作步骤如下：

（1）司机通知列车长，列车长通知乘客远离车门。

（2）司机断开 VCB 并降弓。

（3）司机施加制动。

（4）方向开关置"0"位。

（5）操作两侧"关门"按钮，确认全列塞拉门关闭。

（6）司机将主控钥匙旋转至"0"位，将转换开关盘 1 内"蓄电池"开关打至"关"位并保持 3 s，等待 HMI 屏设备断电。

（6）HMI 屏设备断电 5 s 后（建议 30 s），将主控钥匙旋转至"司机室占用"位，并将"蓄电池"开关打至"开"位并保持 3 s，重新投入蓄电池。

（7）司机重新占用司机室，将司控器置"EB"位，确认制动可用性。

注意事项如下：

（1）复位操作只对牵引辅助系统的轻故障起复位作用。

（2）对锁死的故障进行复位操作只有在重要故障处理完毕后进行操作。大复位操作前须关闭全列塞拉门，复位之后须重新输入车次。

（3）大复位断电时，车门可手动紧急解锁开门；大复位上电时，所有开启的车门将自动关闭。

（4）大复位前，司机通知列车长做好边门防护。

（5）大复位条件：同时满足停车状态、VCB 断开、无火警报警。

四、小复位

司机在主控端司机室操作断 VCB、降下受电弓，操作"VCB"开关置"VCB 断"位并保持至少 8 s，如图 2-158 所示。

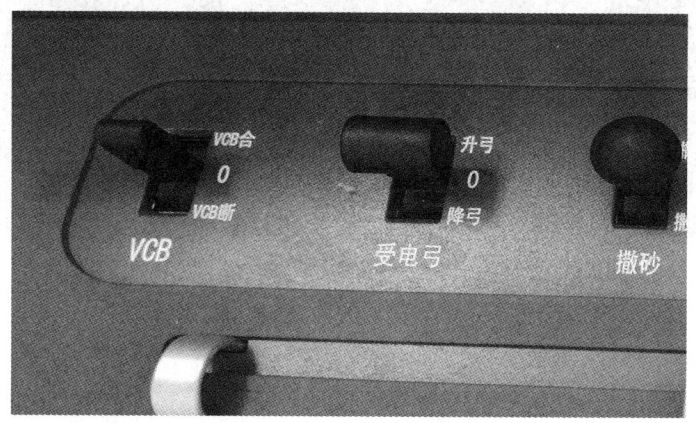

图 2-158　VCB 开关

注意：小复位时需断开 VCB、降下受电弓。CR400 AF 和 CR400BF 重联运行进行小复位操作时，该指令仅对 CR400BF 有效。

五、CCU 复位及 CCU 主从切换操作办法

CCU 复位操作要在停车、VCB 断开、受电弓降下的状态下进行。操作步骤如下：

（1）在主控端操作断主断、降弓，操作完成后通知随车机械师。

（2）随车机械师处置。

第二十二节　司机室空调操作

司机室转换开关盘 1 内设有冷气开关和暖气开关对空调装置及暖风机进行控制，冷气切换开关设置了温度设定旋钮和风量调节开关，通过设定旋钮进行调节温度和风量，如图 2-159 所示。各旋钮功能说明见表 2-18。司机室人员可以根据自身要求对空调装置及暖风机进行控制，从而保证司机室的温度和环境。

表 2-18 旋钮功能说明

序号	名称	功能
1	电暖气 1	暖风开关：强、中、弱、切
2	电暖气 2	暖风开关：强、中、弱、切
3	温度调节	温度调节范围：19～28 ℃
4	模式调节	模式：停止、通风、制冷、强冷

图 2-159 司机室空调开关

司机室空调包括"工作模式开关"和"温度设定开关"，可进行工作模式切换及温度设定。工作模式开关分为停止、通风、弱冷和强冷四挡。

通风：没有制冷或制暖需求，仅通风机运行；

弱冷：通风机低速运行，冷凝风机及压缩机根据制冷需求运行；

强冷：通风机高速运行，冷凝风机及压缩机根据制冷需求运行；

停止：所有部件停止运行。

温度设定开关调节范围为 19～28 ℃共十挡，梯度为 1℃。

司机室空调由端车客室空调控制器控制，通过对室内温度和设定温度进行比较，控制司机室空调工作在通风、弱冷和强冷等工作模式，调节司机室内处于舒适的温度环境。

司机室暖风系统包括两个暖风机装置和两个电暖气开关，当操作电暖气开关 1 和电暖气开关 2 后，司机室电暖气开始工作。

第二十三节　司机座椅

司机室座椅主要集成 9 项状态调节功能（见图 1-9），能够有效地提高司机乘坐舒适度。具体操作方法如下：

1. 体重调节

在座椅空载状态下，通过转动座椅的体重调节杆可将座椅调至适合驾驶员体重的最佳使用状态。

为了防止对驾驶员的健康造成伤害，有必要在车辆起动前对体重调节进行检查并适当调整。调节范围为 60～130 kg。

2. 高度倾角调节

扳动座椅前后的高度-倾角调节手柄，可调节座椅前后倾角，该倾角调节可固定在调节范围内的任意位置。通过配合调节前后的倾斜量可同时调节座椅的高度。

3. 坐深调节

可单独对坐垫的前后坐深方向进行调节。上抬手柄按钮可将坐垫沿前后方向拉出或缩进于所需位置上。

4. 靠背倾角调节

通过调节座椅右侧的按钮可调节靠背的角度。

5. 前后调节

通过调节座椅右侧的按钮可实现座椅整体的前后调节。

6. 左右旋转调节

通过调节座椅左侧的按钮可实现座椅整体的旋转调节。

7. 扶　手

扶手下方靠近旋转轴处有一个调节旋钮，可以通过旋转调节旋钮调节扶手的角度，直至达到舒适的位置。需要时可将扶手竖起。

8. 头　枕

向上拉出头枕即可调节头枕高度，将头枕拉高至最高一挡，再用力抽出即可取下头枕，直接往前或往后扳动头枕可改变头枕倾角。

9. 腰撑机构

通过旋转腰撑机构旋钮调整座椅靠背下部的腰撑机构高度，直至达到舒适位置。

第二十四节　司机室照明操作

司机室操纵台左操作区设置司机室灯拨键。司机室灯分为关、强光和弱光三挡（见图2-160），可分别选择不同挡位调节司机室灯亮度。

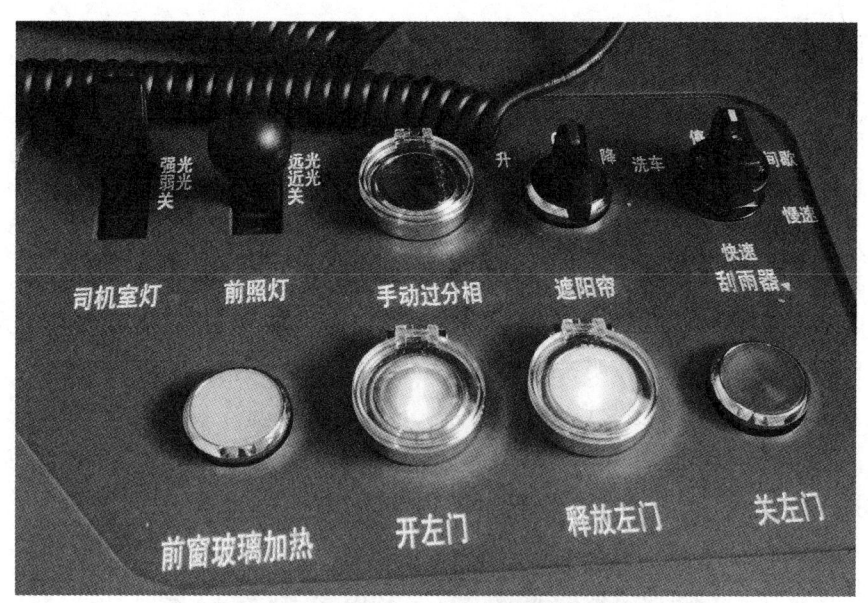

图 2-160　司机室灯开关

第二十五节　前照灯及标志灯操作

司机室操纵台左操作区设置前照灯拨键。前照灯开关分为关、远光和近光三挡（见图2-161），可分别选择不同挡位调节前照灯远光或近光的点亮。

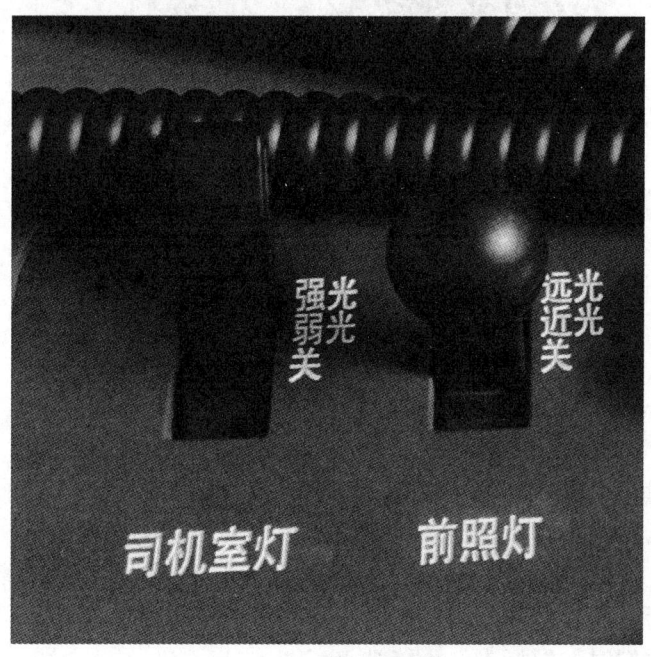

图 2-161　前照灯开关

一、前照灯点亮操作

满足以下条件时,前照灯将被点亮:
(1)司机室激活;(2)司机室为非重联端;(3)方向开关打在前向。

在满足上述(1)、(2)、(3)条件下,通过前照灯选择开关选择近光、远光来控制前照灯的近光照明和远光照明,当开关转至"关"位时,前照灯不得电。

当在司机室激活且为非重联端打后向时,从控车通过前照灯选择开关选择近光、远光来控制前照灯的近光照明和远光照明,当开关转至"关"位时,前照灯不得电。

当司机室为重联端时,前照灯不能被点亮。司机室配电盘3设置前照灯强制开关(见图2-162),当开关打到"红点"位后,前照灯选择开关和白标志灯电路被加压,前照灯和白标志灯可以被点亮。

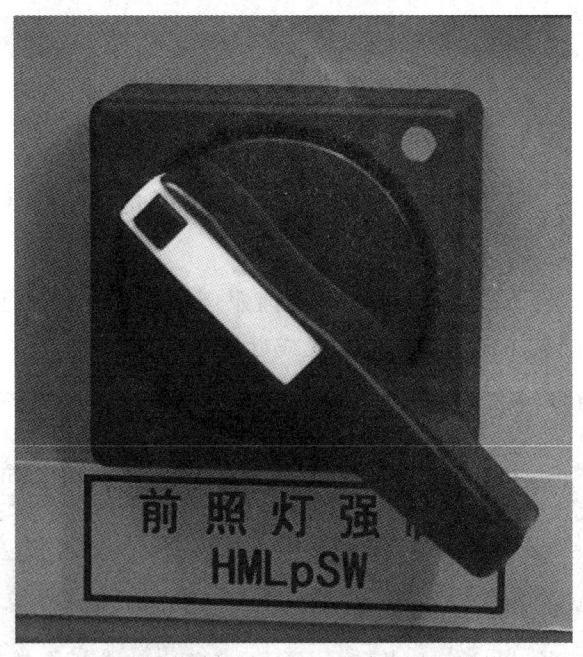

图 2-162 前照灯强制开关

二、白标志灯点亮操作

满足以下条件时,白标志灯将被点亮:
(1)司机室激活;(2)司机室为非重联端;(3)方向开关打在前向。

在满足上述(1)、(2)、(3)条件下,白标志灯被点亮。

当在司机室激活且为非重联端打后向时,从控车白标志灯被点亮。

当司机室为重联端时,白标志灯不能被点亮。

三、红标志灯点亮操作

（1）本司机室后向继电器 DRR 得电或另一端司机室前向继电器 DFR 得电时，本司机室红标志灯被点亮；

（2）当车辆供电正常但是无主控、无方向信号、非重联端时，两端司机室红色标志灯均被点亮。

当司机室为重联端时，红标志灯不能被点亮。

第二十六节　换端操作

在拔出司机钥匙前，在 HMI 的【换端条件】画面上确认换端条件（见图 2-163）满足时，拔出司机钥匙，进行换端操作，在主界面显示换端模式，通过牵引主界面确认受电弓升起、VCB 闭合（见图 2-164）。

（1）车辆停稳后，操作"停放制动"按钮 3 s 施加停放制动，确认停放制动灯亮。

（2）确认 ATP 等级为 C2，断开"ATP 系统电源"开关，确认 ATP 关闭。

（3）将司控器手柄置于"0"位，方向开关置"0"位。在 HMI 显示屏的"设备控制"下的"换端条件"界面确认换端条件满足。退出司机室占用前确认 HMI 屏"换端标识"显示绿色，如无换端标识，拔电钥匙会造成断电降弓。

（4）将主控钥匙旋至"0"位，拔取主控钥匙，确认 HMI 显示换端标识变白色，离开司机室，锁闭司机室门，检查确认后部标志灯点亮。

图 2-163　换端条件

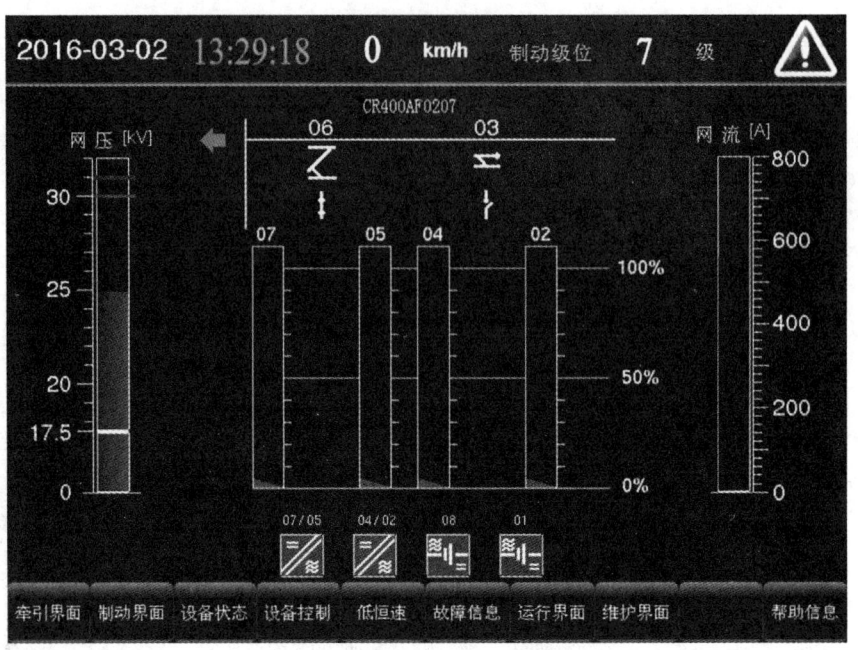

图 2-164 牵引主界面

注意：换端条件不满足，退出换端模式，断开 VCB、降下受电弓，须在任意一端重新投入了主控钥匙，进行升弓。

第二十七节 辅助空压机操作

将"升弓"拨键扳至升弓位，当升弓车辅助风压低于 640 kPa 时，辅助空压机启动；当辅助风压达到 750 kPa 时，辅助空压机自动停止工作。03 车/06 车直流柜内设置"辅助空压机启动"旋钮，右旋"辅助空压机启动"旋钮，当本车辅助风压低于 640 kPa 时，ACMGV 调压器接通，辅助空压机启动；当辅助风压达到 750 kPa 时，ACMGV 调压器断开，辅助空压机自动停止工作。

若发现辅助空压机不能继续工作时，须再次闭合一次"升弓"拨键至升弓位。

第二十八节 远程设备切除操作

远程切除/恢复设备包括受电弓、VCB、高压隔离开关、牵引变流器、牵引逆变器、辅助变流器、充电机、空压机。操作步骤如下：

（1）司机在主控端司机室操作 VCB 断开，降下受电弓（该操作仅适用于受电弓切除，切除时列车速度应小于 200 km/h）。

（2）司机点击主界面上的【设备控制】，进入【设备切除】界面，选择要切除/恢复的设备,按下【切除/恢复】按键,即:【选定设备】+【切除/恢复】。

(3)在 HMI 屏【设备切除】界面(见图 2-165),确认相应设备的切除/恢复状态。设备切除时,HMI 屏界面状态显示 ⊠。

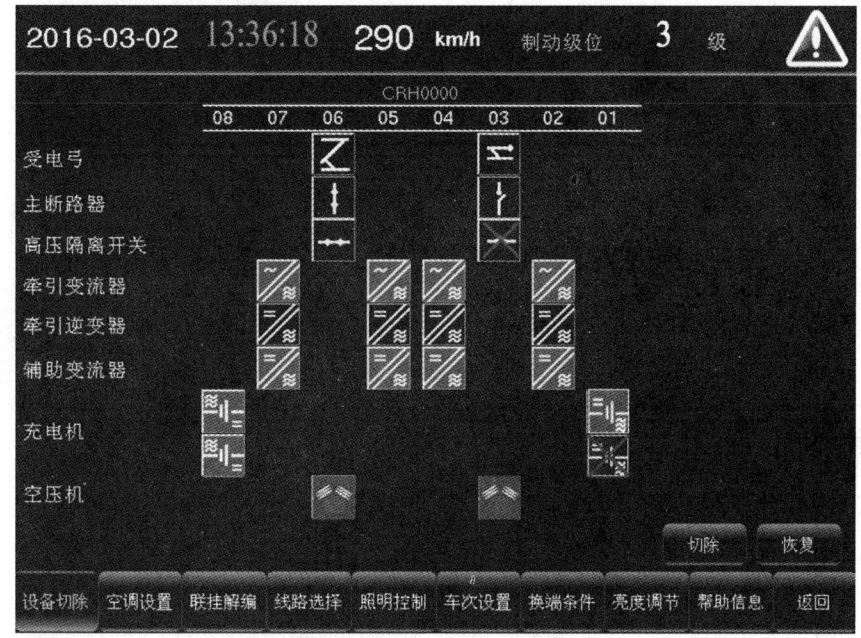

图 2-165 远程设备切除操作

第二十九节 分相区闭合 VCB 操作

(1)司机操作升弓,确认网压正常,操作闭合 VCB。
(2)辅助变流器正常启动后,操作司机控制器驶出分相区。
注:牵引无流时,操作"复位"按钮后再牵引。

第三章 CR400BF 动车组司机室

司机台主要分为司机操纵台、司机台左柜、司机台右柜和司机脚踏，如图 3-1 所示。

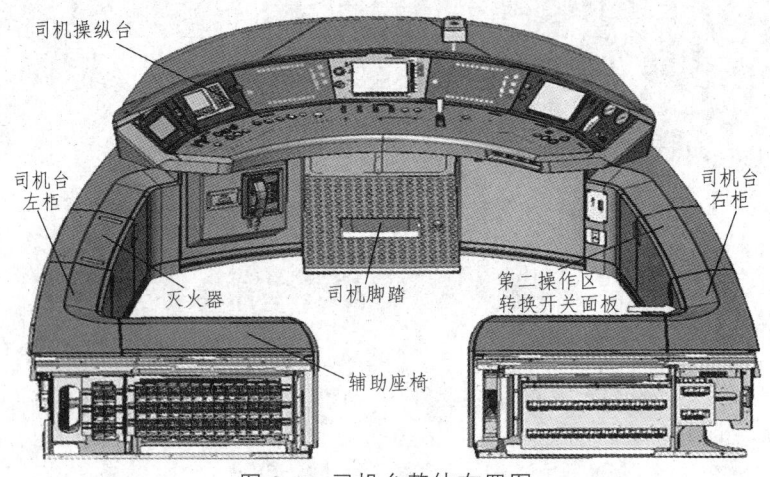

图 3-1 司机台整体布置图

第一节 司机操纵台

司机操纵台布置有各系统显示设备、司机控制器、CIR 话筒、仪表、指示灯等部件以及行车过程中司机必须操作的按钮、开关等元器件，如图 3-2～图 3-8 所示。

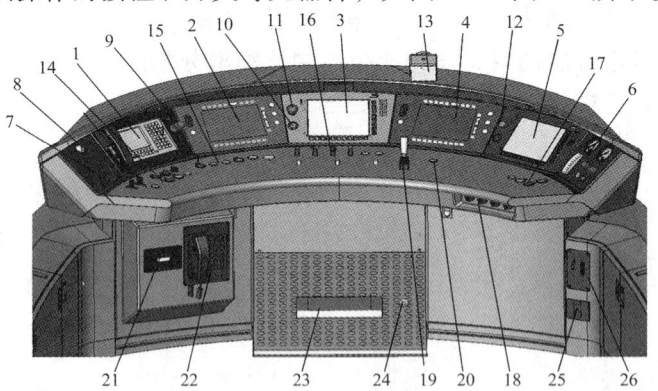

1—CIR 显示器及话筒；2—TCMS 显示 2；3—ATP 显示器 1；4—TCMS 显示器 1；5—ATP 显示器 2；
6—仪表区；7—预留横向 7 寸显示屏安装接口；8—EOAS 前置摄像头；9—紧急断电按钮；
10—拾音器；11—紧急制动按钮；12—门关闭指示灯；13—线路摄像机；14—左操作区；
15—左侧制动按钮区；16—中央操作区；17—右操作区；18—气候区；19—主操纵手柄；
20—操纵模式选择按钮；21—CIR 打印机；22—PIS 电话；23—DSD 脚踏开关；
24—风笛脚踏开关；25—220 V 电源插座；26—转储装置

图 3-2 司机操纵台整体布置图

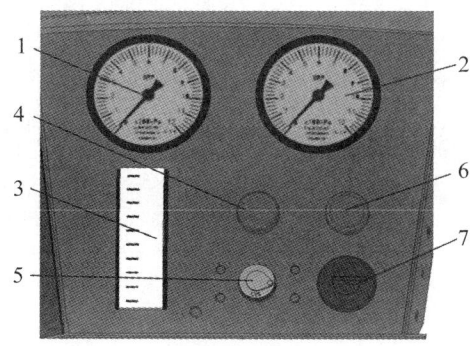

1—双针压力表；2—BP压力表；3—控制电压表；4—GFX过分相故障指示灯；
5—主控钥匙；6—烟火报警器；7—方向选择开关

图 3-3　仪表区布置图

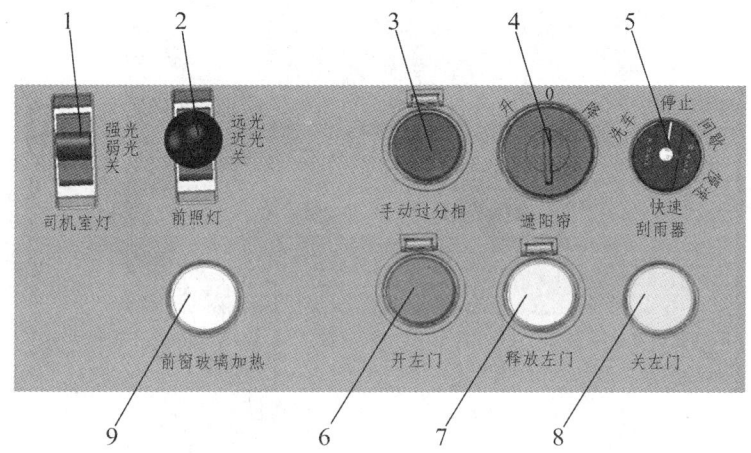

1—司机室灯转换开关；2—前照灯转换开关；3—手动过分相按钮开关（带保护罩）；4—遮阳帘转换开关；
5—刮雨器转换开关；6—开左门按钮开关（带保护罩）；7—释放左门按钮开关；
8—关左门按钮开关（带保护罩）；9—前窗玻璃加热开关

图 3-4　左操作区布置图

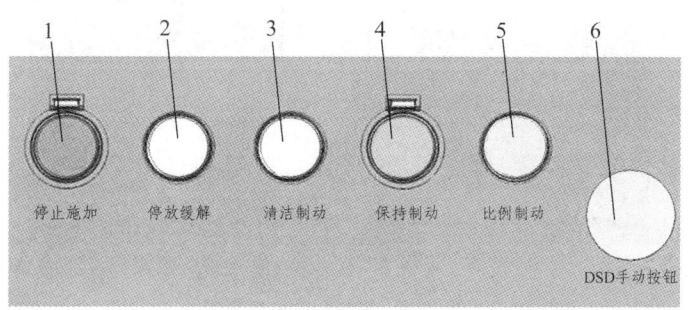

1—停放制动施加按钮开关；2—停放制动缓解按钮开关（带保护罩）；3—清洁制动按钮开关；
4—保持制动按钮开关（带保护罩）；5—比例制动按钮开关；6—DSD手动按钮开关

图 3-5　左侧制动按钮区布置图

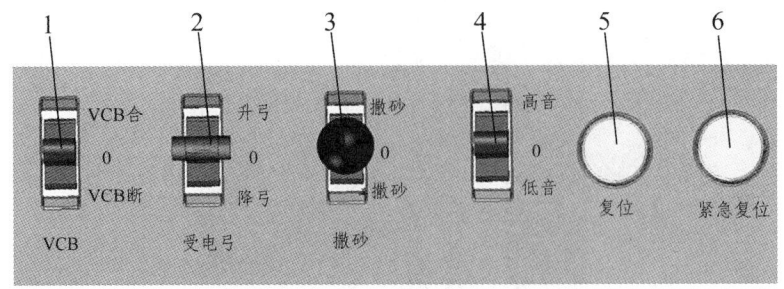

1—VCB拨键开关；2—受电弓拨键开关；3—撒砂拨键开关；4—风笛拨键开关（手动）；
5—复位按钮开关；6—紧急复位按钮开关

图 3-6　中央操作区布置图

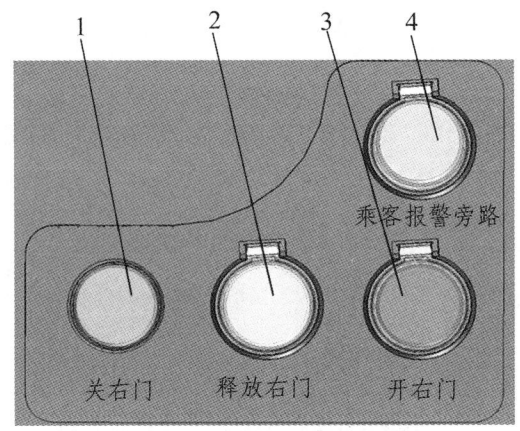

1—关右门按钮开关；2—释放右门按钮开关（带保护罩）；3—开右门按钮开关（带保护罩）；
4—乘客报警旁路按钮开关（带保护罩）

图 3-7　右操作区布置图

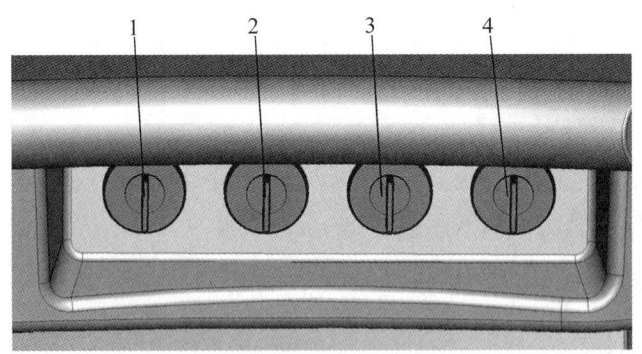

1—空调模式开关；2—温度调节开关；3—腿部加热开关；4—风扇转速开关

图 3-8　气候区布置图

第二节　第二操作区

第二操作区布置有司机需要经常操作的开关，如图 3-9 所示。

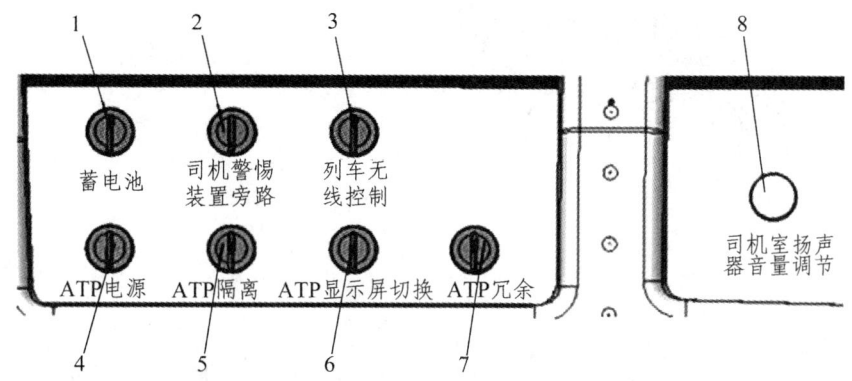

1—蓄电池开关；2—警惕装置旁路开关；3—列车无线控制开关；4—ATP 电源开关；5—ATP 隔离开关；
6—ATP 显示屏切换开关；7—ATP 冗余开关；8—扬声器音量调节旋钮

图 3-9　第二操作区布置

第三节　转换开关面板

转换开关面板位于司机台右柜，主要布置维修期间或故障发生时需要操作的开关，如图 3-10 所示。

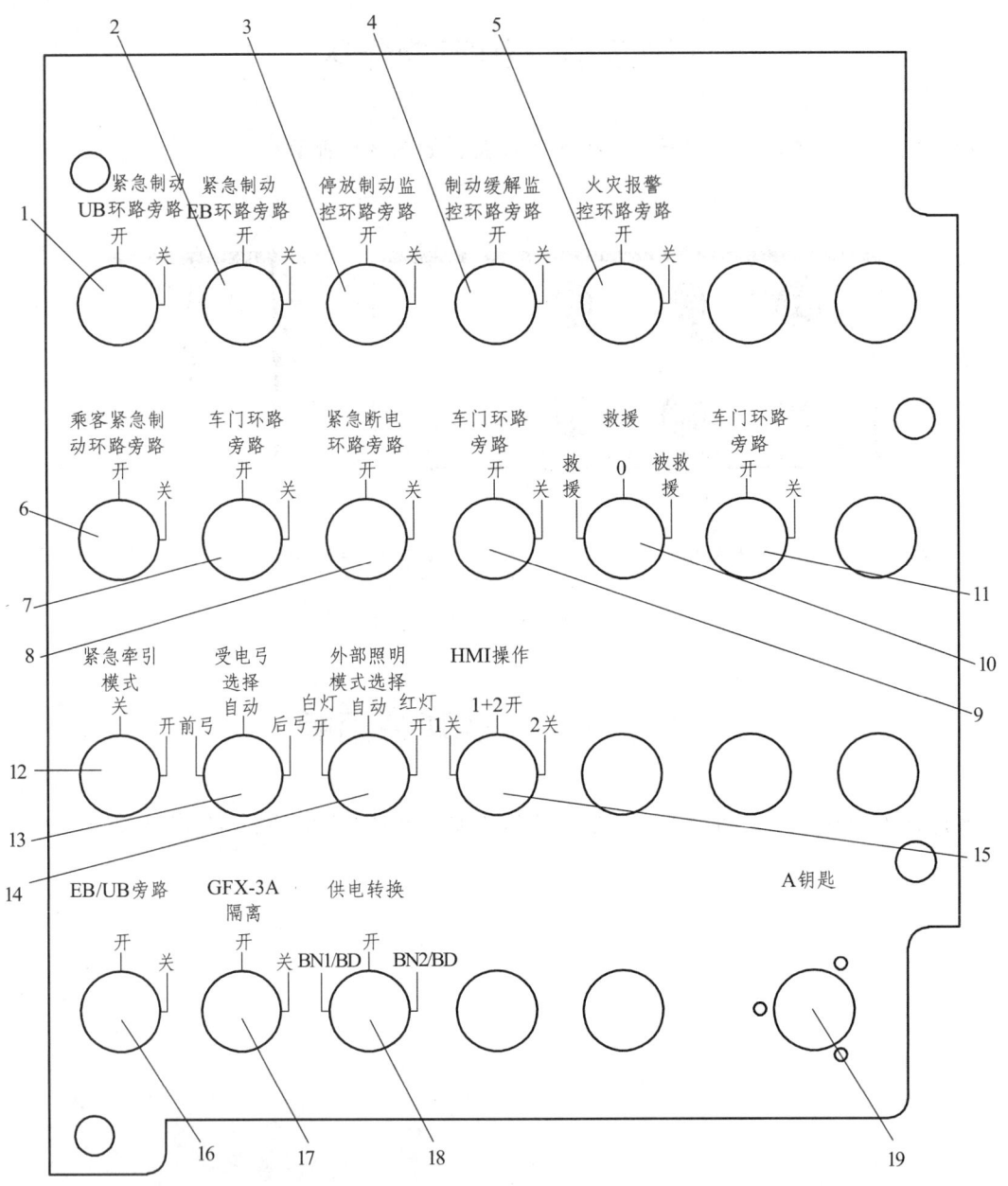

1—紧急制动 UB 环路旁路开关（黑色）；2—紧急制动 EB 环路旁路开关（黑色）；3—停放制动监控环路旁路开关（红色）；4—制动缓解监控环路旁路开关（黑色）；5—火灾报警环路旁路开关；6—乘客紧急制动环路旁路开关（黑色）；7—车门环路旁路开关（红色）；8—紧急断电环路旁路开关（黑色）；9—保持制动隔离开关（黑色）；10—救援开关（红色）；11—地震预警隔离开关（黑色）；12—紧急牵引模式开关（黑色）；13—受电弓选择开关（黑色）；14—外部照明模式选择开关（黑色）；15—HMI 操作开关（黑色）；16—EB/UB 旁路开关（黑色）；17—GFX-3A 隔离开关（黑色）；18—供电转换开关（黑色）；19—A 钥匙

图 3-10 转换开关面板布置图

第四章　整备作业

第一节　上车准备

一、钥匙检查

上车前,检查是否已随身携带表 4-1 中所示的钥匙。

表 4-1　钥匙检查

条　目	名　　称	实物图
1	外门钥匙	
2	四角钥匙	
3	司机室门钥匙	
4	主控钥匙	

二、外门解锁（见表4-2）

表4-2 外门解锁步骤

序号	操作步骤及说明
1	首先，翻转外门门扇上保险锁的盖板，露出锁芯，通过外门钥匙操作锁芯的指示标记向绿点方向旋转，对保险锁进行解锁，然后回正锁芯，拔出外门钥匙；然后翻转外门门扇上隔离锁的盖板，通过四角钥匙使锁芯的标记指向绿点，即可将隔离锁解锁，最后通过拉紧急缓解手柄从外侧打开车门
2	进入列车，插入司机室门钥匙顺时针转动90度，打开司机室门
3	进入司机室

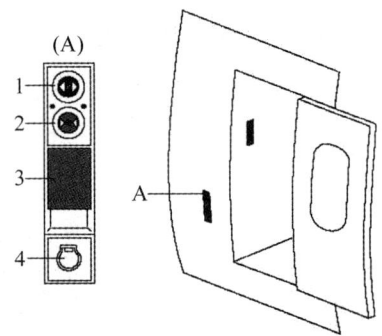

1—乘客按钮"打开本地外门"；2—乘客按钮"关闭本地外门"；
3—紧急解锁手柄；4—钥匙操控开关

图4-1 紧急开门装置

三、进入司机室

1. 非出库端（见表4-3）

表4-3 进入司机室步骤（非出库端）

序号	操作步骤及说明
1	确认动车组型号正确，前窗玻璃、刮雨器、前照灯、导流罩及裙板外观状态良好，进入司机室
2	在司机室左侧，检查断路器面板1内所有开关均在闭合位，灭火器检查（铅封良好、指针绿（或黄）区、有效期范围内）。左侧中间开关柜内各开关均在闭合位（若车辆未安装"ATP专用供电开关"44-S06，确认"列控车载设备系统电源"开关【44-F01】处于断开位；若已安装有"ATP专用供电开关"44-S06，确保"列控车载设备系统电源"开关【44-F01】处于闭合位）

续表

序 号	操作步骤及说明
3	司机操纵台上各仪表、显示器（地震预警（若有）、CIR、网络、ATP）外观良好，刮雨器开关"停止"位，"停放施加"按钮指示灯长亮，司控器主手柄"0"位、方向开关"0"位，紧急制动按钮（ATP显示屏左上方）拔出位置正确，紧急断电按钮（CIR显示器右侧）左旋位置正确。打印机终端打印纸齐全、广播电话外观状态良好；检查确认操纵台右下侧司机室空调开关位置。检查EOAS车载设备确认外观状态良好，并插入EOAS转储卡
4	检查第二操作区：打开第二操作区盖板，检查蓄电池开关"0"位，火灾报警指示灯不亮，音量调节器作用良好。 司机台右侧"蓄电池电压表"（=32 P01）低于100 V时在有电区应及时升弓充电或通知随车机械师采用外部电源充电检查
5	司机室右侧转换开关面板各开关位置正确（接地钥匙开关在"开"位，其余各开关均在竖直位）。检查ATP相关开关位置，ATP隔离开关在"运行"位、DMI转换开关在"DMI1 开"位、ATP冗余开关在"ATP1"位或者"ATP2"位（默认"ATP1"位）、ATP专用供电开关在"关"位（若有）
6	司机台右侧投入司机室主控钥匙按压并右旋，打开第二操作区盖板，将第二操作区的"蓄电池开关"旋钮左旋2~3 s，激活蓄电池。确认HMI启动正常（左侧显示屏默认显示牵引主页面，右侧显示屏默认显示制动主页面）、CIR启动正常（若发现启动失败时，应及时通知随车机械师或动车所调度）
7	HMI屏启动后，通过"故障信息""通信状态""安全环路""设备控制"等界面查看动车组的设备状态。通过"设备控制"界面，确认无高压牵引设备切除。通过压力表、电压表确认总风压力不低于500 kPa、蓄电池电压不低于100 V，根据随车机械师的要求选择相应的受电弓，操作受电弓扳键至"升弓"位保持2 s，确认受电弓升起、网压正常（总风管压力低于500 kPa时，操作受电弓扳键至"升弓"位保持2 s，启动辅助空压机，在"制动信息"界面确认辅助空压机启动结束（状态由绿色转为白色）后再进行升弓操作），待HMI屏"主断使能"图标变蓝后，操作VCB开关置"VCB合"位，确认全列牵引变流器、辅助变流器和充电机工作正常
8	若车辆未安装"ATP专用供电开关"44-S06，闭合"列控车载设备系统电源"开关【44-F01】；若已安装有"ATP专用供电开关"44-S06，将"列控车载设备系统电源"开关转至"开"位，确认ATP启动正常
9	300T、300T自主化型ATP，在上电后的待机状态下先进行车辆制动试验。车辆制动试验完毕后，确认全部车辆制动试验通过，再进行ATP制动测试和操作
10	进行牵引测试：司控器主手柄放置常用制动"B7"级，方向开关置"前"位，在司机显示屏"牵引界面"操作"测试开始"按键，然后并在该界面下查看每个动车牵引力柱状条是否达到5%，全列牵引变流器状态是否为绿色OK，如图4-2所示。（全列动车组牵引力柱状条达到5%，并且全列牵引变流器状态为绿色OK，说明牵引测试成功）

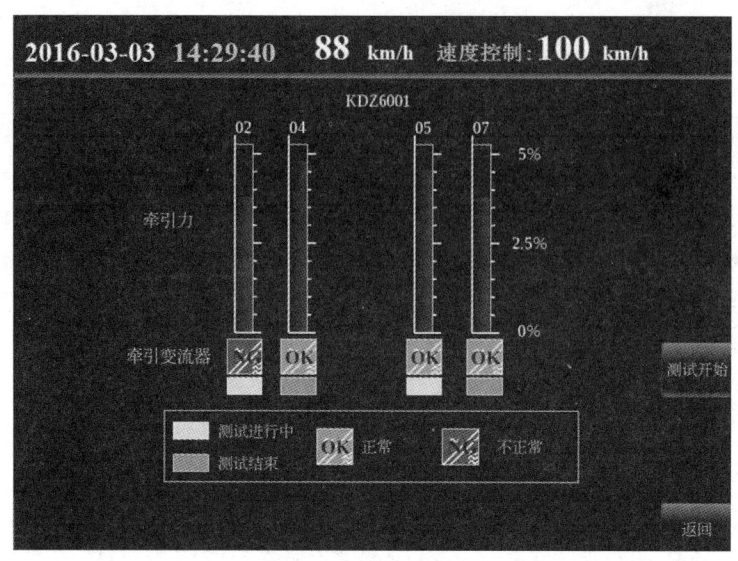

图 4-2 牵引测试

2. 出库端（见表 4-4）

表 4-4 进入司机室步骤（出库端）

序号	操作步骤及说明
1	确认动车组型号正确，前窗玻璃、刮雨器、前照灯、导流罩及裙板外观状态良好，进入司机机室
2	在司机室左侧，检查断路器面板 1 内所有开关均在闭合位，灭火器检查（铅封良好、指针绿（或黄）区、有效期范围内）。左侧中间开关柜内各开关均在闭合位（若车辆未安装"ATP 专用供电开关"44-S06，确认"列控车载设备系统电源"开关【44-F01】处于断开位；若已安装有"ATP 专用供电开关"44-S06，确保"列控车载设备系统电源"开关【44-F01】处于闭合位）
3	司机操纵台上各仪表、显示器（地震预警（若有）、CIR、网络、ATP）外观良好，刮雨器开关"停止"位，"停放施加"按钮指示灯长亮，司控器主手柄"0"位、方向开关"0"位，紧急制动按钮（ATP 显示屏左上方）拔出位置正确，紧急断电按钮（CIR 显示器右侧）左旋位置正确。打印机终端打印纸齐全、广播电话外观状态良好；检查确认操纵台右下侧司机室空调开关位置。检查 EOAS 车载设备确认外观状态良好，并插入 EOAS 转储卡
4	检查第二操作区：打开第二操作区盖板，检查蓄电池开关"0"位，火灾报警指示灯不亮，音量调节器作用良好。 司机台右侧"蓄电池电压表"（=32 P01）低于 100 V 时在有电区应及时升弓充电或通知随车机械师采用外部电源充电检查
5	司机室右侧转换开关面板各开关位置正确（接地钥匙开关在"开"位，其余各开关均在竖直位）。检查 ATP 相关开关位置，ATP 隔离开关在"运行"位、DMI 转换开关在"DMI1 开"位、ATP 冗余开关在"ATP1"位或者"ATP2"位（默认"ATP1"位）、ATP 专用供电开关在"关"位（若有）

续表

序号	操作步骤及说明
6	司机台右侧投入司机室主控钥匙按压并右旋，将第二操作区的"蓄电池开关"旋钮左旋2~3 s，激活蓄电池。确认HMI启动正常（左侧显示屏默认显示牵引主页面，右侧显示屏默认显示制动主页面）、CIR启动正常（若发现启动失败时，应及时通知随车机械师或动车所调度）
7	HMI屏启动后，通过"故障信息""通信状态""安全环路""设备控制"等界面查看动车组的设备状态。通过"设备控制"界面，确认无高压牵引设备切除。通过压力表、电压表确认总风压力不低于500 kPa、蓄电池电压不低于100 V，根据随车机械师的要求选择相应的受电弓，操作受电弓扳键至"升弓"位保持2 s，确认受电弓升起、网压正常（总风管压力低于500 kPa时，操作受电弓扳键至"升弓"位保持2 s，启动辅助空压机，在"制动信息"界面确认辅助空压机启动结束（状态由绿色转为白色）后再进行升弓操作），待HMI屏"主断使能"图标变蓝后，操作VCB开关置"VCB合"位，确认全列牵引变流器、辅助变流器和充电机工作正常
8	若车辆未安装"ATP专用供电开关"44-S06，闭合"列控车载设备系统电源"开关【44-F01】；若已安装有"ATP专用供电开关"44-S06，将"列控车载设备系统电源"开关转至"开"位，确认ATP启动正常
9	300T、300T自主化型ATP，在上电后的待机状态下先进行车辆制动试验。车辆制动试验完毕后，确认全部车辆制动试验通过，再进行ATP制动测试和操作
10	按规定输入列控车载设备参数，注册CIR、GSM-R手持终端车次功能号
11	按调车方式出发：ATP转入C2级【调车】模式； 按列车方式出发：将ATP退出【调车】模式，按ATP提示对各项数据进行确认后进入【部分监控】模式
12	进行牵引测试：司控器主手柄放置常用制动"B7"级，方向开关置"前"位，在司机显示屏"牵引界面"操作"测试开始"按键，然后并在该界面下查看每个动车牵引力柱状条是否达到5%，全列牵引变流器状态是否为绿色OK

第二节　段（所）内检查作业

一、制动试验

制动试验包括：

（1）全自动制动测试（ABT）。适用于整备模式。

（2）菜单引导制动试验（MBT）。适用于上次试验结果超过 24 小时。

（3）短制动试验（SBT）。适用于制动可用测试的基本试验。

（4）手动的制动试验（HBT）。适用于无动力回送等情况下。

（5）主制动手柄紧急位确认试验。

1. 制动试验前提条件

在制动可以开始试验前，必须满足下列条件：

表 4-5　制动试验前提条件

编号	条　件	负责执行	负责监督
1	总风压力处于正常工作压力（800～950 kPa）	司机，乘务员	司机，乘务员
2	停放制动监控环路 PBML 与紧急制动环路（UB 和 EB）未被旁路	司机，乘务员	司机，乘务员
3	应该施加停放制动	司机，乘务员	司机，乘务员
4	司机必须确认列车配置，即列车是单编组或多编组的	司机，CCU	司机，CCU
5	仅有一个司机室处于占用状态	司机，乘务员	CCU
6	空气制动处于缓解状态（保持制动除外）	司机，乘务员	司机，乘务员
7	主 BCU（TBM）从 HMI 收到执行菜单引导的制动试验（MBT）的指令	TD-HMI	TBM

2. 全自动制动测试（ABT）

全自动制动测试（ABT）的目的是验证制动系统的运转性，以保证安全和可用性。司机要通过司机的 HMI 确定列车再次投入运行的时间。CCU 将计算启动时间并开始 ABT。

ABT 可以开始前，必须实现下列条件：

（1）动车组管路未通过辅助装置供风；

（2）未启用牵引方式；

（3）从 CCU 至列车制动管理器，请求开始全自动制动测试。

注意：在 ABT 期间，控制直通制动的"司控器主手柄"（=22-S01）必须在缓解位。如果司机制动阀在常用制动位，列车制动管理器会忽视常用制动命令。如果司机制动阀在紧急制动位，那么紧急制动回路被中断并取消 ABT。

在 ABT 期间要进行下列试验：

（1）总风管贯通试验；

（2）空压机试验（每台主空压机是否可以增加总风压力）；

（3）直接制动试验，包括高/低压方式（实施和缓解；在高/低压阶段实施适当摩擦制动的试验）；

（4）防滑试验运行；

（5）本地 BCU 对停放制动监控回路中断的试验；

（6）停放制动监控回路对紧急制动回路中断的试验。

3. 菜单引导的制动试验（MBT）

菜单引导制动试验是通过司机显示屏（HMI）"制动试验"页面实施的制动试验，设有人机配合试验程序。

MBT 包括下列程序：

（1）直通制动试验：检查直通电空制动的施加、缓解状态；

（2）紧急制动 EB 试验/EB 转 UB 试验：检查紧急制动 EB 的施加和缓解状态，EB 转 UB 试验功能；

（3）紧急制动 UB 试验：检查紧急制动功能；

（4）防滑系统试验：防滑系统功能检查；

（5）总风管贯通性试验：检查总风管路的连续性。

其操作步骤如下：

（1）按制动主界面的"制动试验"键进入，如图 4-3 所示，菜单引导的制动试验界面；

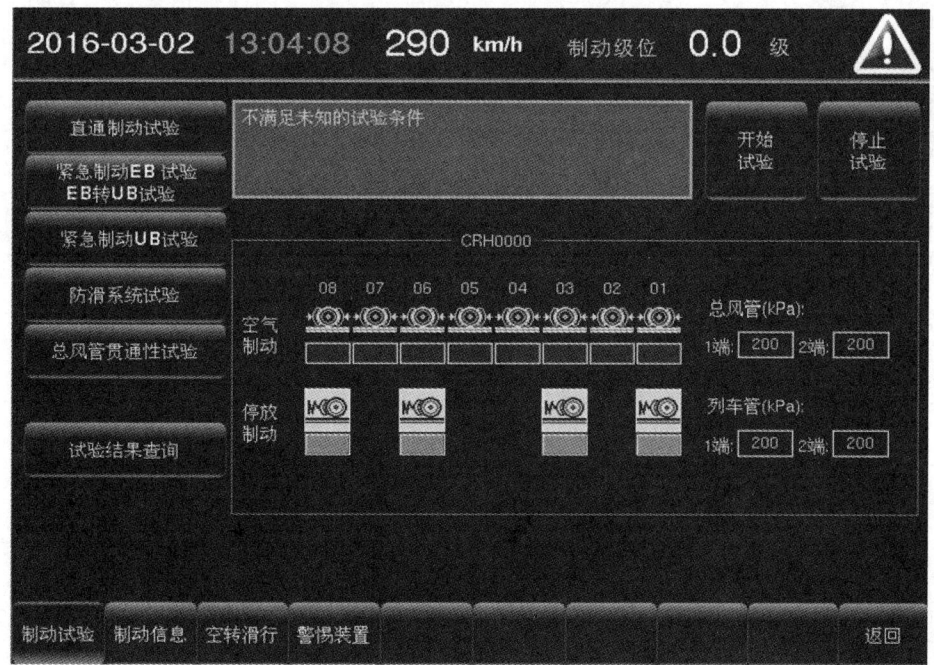

图 4-3 制动试验界面（单列）

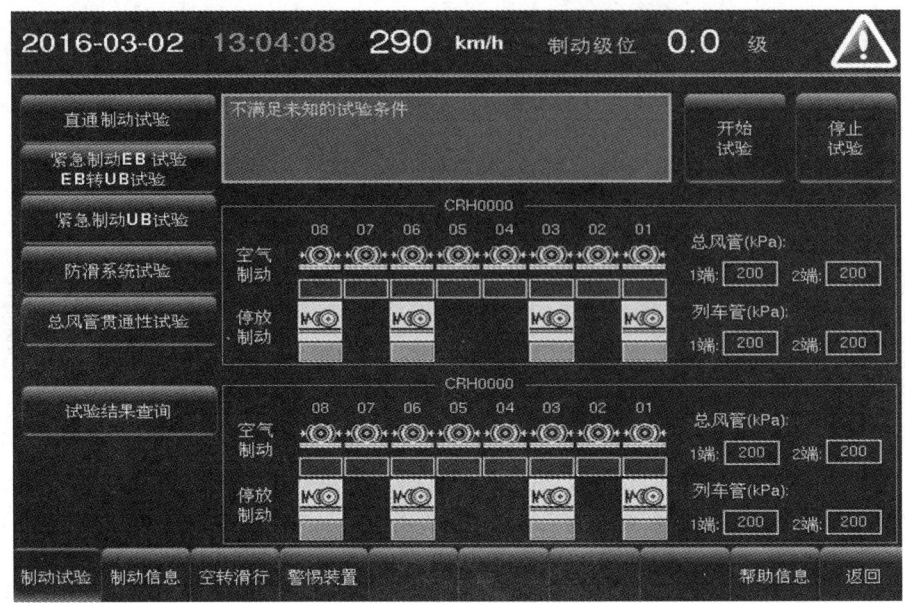

图 4-4　制动试验界面（重联）

（2）在制动试验界面，通过【直通制动试验】【紧急制动 EB 试验/EB 转 UB 试验】【紧急制动 UB 试验】【防滑系统试验】【总风管贯通性试验】可分别进入分项试验界面，通过【开始试验】可开始单项制动试验，通过【停止试验】可结束单项制动试验，通过【试验结果查询】可查询试验结果，通过【返回】可回到制动界面。

① 直通制动试验（见表 4-6）。

表 4-6　直通制动试验步骤

序号	操作步骤及说明
1	操作显示页面"制动试验"中的软键"直通制动试验"
2	按显示页面的提示"请按开始键开始直接制动试验"，操作按键"开始试验"
3	根据显示"请在 5 s 内施加最大常用制动"，操作"司控器主手柄"（=22　S01）至最大常用制动位
4	显示"正在判断是否所有制动施加，请保持施加"
5	显示"请在 5 s 内缓解最大常用制动"，操作"司控器主手柄"（=22　S01）缓解位
6	显示"正在判断是否所有制动缓解，请保持缓解"
7	若显示"直通制动试验成功"可进行其他试验；若显示"直通制动试验失败"可重新试验或进行其他试验
8	试验完成后，操作"停止试验"返回试验界面

② 紧急制动 EB 试验，EB 转 UB 试验（见表 4-7）。

表 4-7 紧急制动 EB，EB 转 UB 试验步骤

序号	操作步骤及说明
1	在显示页面"制动试验"中操作软键"紧急制动 EB，EB 转 UB 试验"
2	通过显示页面提示"制动试验；紧急制动 EB 试验"，操作按键"开始试验"开始紧急制动 EB，EB 转 UB 试验
3	根据 HMI 提示"5 s 内移动手柄至 EB 位"，操作"司控器主手柄"（=22 S01）至 EB 位
4	显示"EB 试验结束，开始进行 EB 转 UB 试验，保持 EB 位"
5	若显示"EB 转 UB 试验成功"，缓解 EB 后可进行其他试验； 若显示"EB 转 UB 试验失败"，缓解 EB 后可重新试验或进行其他试验
6	试验完成后，操作"停止试验"返回试验界面

③ 紧急制动 UB 试验（见表 4-8）。

表 4-8 紧急制动 UB 实验步骤

序号	操作步骤及说明
1	在显示页面"制动试验"中操作软键"紧急制动 UB 试验"
2	通过显示页面的提示"请按开始键开始紧急制动试验"，操作按键"开始试验"开始紧急制动 UB 试验
3	根据 HMI 提示"请司机在 10 s 内断开 UB 环路"，操作红色"紧急制动阀"（=28-S01）蘑菇头至 UB 位
4	若显示"紧急制动 UB 试验成功"，缓急 UB 后可进行其他试验； 若显示"紧急制动 UB 试验失败"，缓解 UB 后可重新试验或进行其他试验
5	试验完成后，操作"停止试验"返回试验界面

④ 防滑试验（见表 4-9）。

表 4-9 防滑试验步骤

序号	操作步骤及说明
1	在显示页面"制动试验"中操作软键"防滑系统试验"
2	通过显示页面的提示"请按开始键开始防滑试验"操作按键"开始试验"开始防滑试验
3	显示"正在进行防滑系统试验"
4	显示"防滑系统试验结束"
5	若显示"防滑系统试验成功"，可进行其他试验； 若显示"防滑系统试验失败"，可重新试验或进行其他试验
6	试验完成后，操作"停止试验"返回试验界面

⑤ 总风管（MRP）贯通性试验（见表4-10）。

表4-10　总风管（MRP）贯通性试验步骤

序号	操作步骤及说明
1	在显示页面"制动试验"中操作软键"总风管贯通性试验"
2	通过显示页面提示"制动试验；总风管贯通性试验"，操作按键"开始试验"开始总风管贯通性试验
3	根据HMI提示"将MR压力降至900 kPa以下"，实施并缓解几次最大常用制动（操作"司控器主手柄"（=22 S01）数次至最大常用制动位，施加制动后等待3 s，缓解制动后等待3 s，不允许快速操作）降低总风压力
4	根据HMI提示"MRP试验运行"，等待1 min空压机使两个端车的总风压力上升至最少30 kPa
5	若显示"MRP贯通性试验成功"，可进行其他试验； 若显示"MRP贯通性试验失败"，可重新试验或进行其他试验
6	试验完成后，操作"停止试验"返回试验界面

4. 短制动试验（SBT）

在下列情况下必须进行短制动试验：仅实施MBT中的"直通制动试验""紧急制动EB试验/EB转UB试验"和"紧急制动UB试验"三个步骤制动试验，此试验为测试制动可用性的短制动试验。

通过左侧司机的HMI开始SBT，司机必须检查SBT试验步骤的结果。

SBT包括下列程序：

（1）直通制动试验；

（2）紧急制动EB试验/EB转UB试验；

（3）紧急制动UB试验。

5. 手动的制动试验（HBT）

此试验不以网络功能为基础，必须通过目视控制双针压力表"总风管和制动缸"和外部制动显示器检查HBT的结果。为一种备用的人工确认试验，用于无动力回送等情况下。

注意：必须由操作人员规定HBT。它不是以BCU的功能性为基准的。

HBT包括下列程序：

（1）使用双针压力表"总风管和制动缸"确认总风管压力；

（2）使用压力表"列车管压力"确认列车管压力；

（3）使用外部制动显示器确认每辆车制动的施加与缓解状态。

6. 司控器主手柄位确认试验

动车组在当日运营启车前已成功完成完整的菜单引导的制动试验（MBT）的前提下，正常的技术状态变更，如换端、重新激活（断电30 min内）等，不需做制动试验，通过"司控器主手柄"施加紧急制动EB，在EB位置并保持至少10 s。通过HMI屏或风表检查制动施加，在等待10 s后，司机须移动司控器主手柄回到缓解位置并持续至少10 s，通过HMI屏或风表检查制动缓解,并确认制动可用即可。

若制动可用性仍然未恢复,司机按下紧急制动 UB 按钮,通过 HMI 屏或风表检查制动施加。旋起紧急制动 UB 按钮,按下"紧急复位"按钮,通过 HMI 屏或风表检查制动缓解,并确认制动可用即可。

若制动可用性仍然未恢复,进行制动试验中的"直通制动试验""紧急制动 EB 试验/EB 转 UB 试验"和"紧急制动 UB 试验",并确认空气制动可用恢复。

7. 试验结果

操作显示页面"制动试验"中的软键"试验结果查询",司机室 HMI 显示最后自动、菜单引导的和短制动试验的结果。

图 4-5　制动试验查询界面

二、司机警惕装置(ASD)

动车组司机警惕装置的作用是监控司机在动车组运行中的工作状态。如司机未在规定时间内进行有效操作,将依次触发警惕报警,施加紧急制动指令。

1. 司机警惕装置检测

表 4-11　司机警惕装置检测步骤

序号	操作步骤及说明
1	打开司机室右侧转换开关面板
2	确认自动安全装置旁路开关(43-S28 开关)在"开"位

2. 司机警惕装置操作

表 4-12 司机警惕装置操作步骤

序号	操作步骤及说明
1	列车速度大于等于 5 km/h 时，司机警惕装置激活
2	从 T 时刻（每次有效操作后的警惕功能启用时刻）如果警惕操作装置未被有效操作（操作警惕踏板、警惕按钮或司控器主手柄），则按以下顺序进行报警及触发制动：T+30 s 时，列车同时触发音视觉报警
3	若此时司机在 5 s 内有效操作警惕操作装置，则取消音视觉报警，并重新开始 T 时刻；如此时司机在 5 s 内仍未有效操作警惕操作装置，则 T+35 s 时，列车触发最大常用制动，同时封锁牵引，此时列车最大常用制动可通过司机有效操作进行缓解，并重新开始 T 时刻
4	若此时司机在 5 s 内仍未有效操作警惕操作装置，则 T+40 s 时，各型动车组均应触发紧急制动，此时列车需要停车后才能缓解紧急制动
5	警惕装置的有效操作： （1）警惕脚踏动作：从放开到踩下（自由位到下踏位），或从踩下到放开（下踏位到自由位）； （2）警惕按钮动作：从松开到按下，或从按下到松开； （3）司控器主手柄动作：移动司控器主手柄超过 5%。

三、ATP、CIR 系统检测

表 4-13 ATP、CIR 系统检测步骤

序号	操作步骤及说明
1	列车启动后，检查 ATP、CIR 均得电且显示正常
2	通过 ATP 正确输入车辆和司机信息
3	通过 CIR 正确注册车次信息
4	确认 CIR、列控车载设备启动正常，列控车载设备的 DMI 无"隔离"字样显示。确认 ATP 显示器上的数据"版本号"与实际一致。正确输入参数

注意：信号系统车载控制设备（ATP、CIR 等）操作，根据铁总和路局电务部门下发的相关操作规范执行，本书仅说明了简要内容。

四、外门测试

表 4-14 外门测试步骤

序号	操作步骤及说明
1	按动"车门释放"按钮"左车门释放"或"右车门释放"，释放左侧或右侧列车车门
2	按动"开门"按钮"左开门"或"右开门"，打开已释放的左侧或右侧列车车门
3	使用显示屏"车门状态"菜单检查所有车门状态 车门显示界面 车门显示帮助界面
4	按动"关门"按钮"左关门"或"右关门"，关闭已打开的左侧或右侧列车车门

注意：列车静止时方可进行外门测试操作，操作时注意车上人员安全，行驶时严禁操作；操作门释放、开门、关门按钮时，相关操作必须保持 2 秒以上。

五、雨刷器检查

通过司机操纵台上的刮雨器控制开关（=71－S03）可起动以下功能：

表 4-15　雨刷器检查步骤

序号	操作步骤及说明
1	"洗车"位置：雨刷器停在风挡玻璃中间。
2	"停止"位置：雨刷器保持在停止位置（从司机室内向外看，刮臂位于左侧）。
3	"间歇"位置：雨刷器开始间歇动作，时间间隔 4-8 秒。
4	"慢速"位置：雨刷器臂持续慢速刮水。
5	"快速"位置：雨刷器臂持续快速刮水。
6	按下刮雨器控制开关（=71　S03），刮雨器喷嘴喷射雨刷液至前挡风玻璃上。

注意：列车时速超过 200 km/h 时，无法保证彻底清洁前挡风玻璃。
雨刷器动作时需保持挡风玻璃湿润，不允许长时间干刷。

六、外部照明检查

1. 前照灯检查

在主控司机室端，通过拨动司机操纵台台面上的扳键开关"前照灯开关"（=51－S11），可控制本车前照灯。"前照灯开关"有三个操作挡位，分别是"远光""近光""关"。

表 4-16　前照灯检查步骤

序号	操作挡位及说明			
1	远光	远光挡位状态	中央前照灯	亮
			左右前照灯	远光亮
2	近光	近光挡位状态	中央前照灯	亮
			左右前照灯	近光亮

续表

序号	操作挡位及说明			
3	D 关闭	关闭挡位状态	中央前照灯	灭
			左右前照灯	灭

注意：

（1）前照灯的控制，需要将 旋转开关旋转到"自动"位才有效；

（2）由于前照灯采用氙气灯泡作为光源，其光源特性要求，司机不可快速反复切换挡位，这样会造成氙气灯泡性能损耗，影响光源寿命。建议各挡位切换时，各挡位停留 3 s 后，再切换到其他挡位。

2. 信号灯和装饰灯检查

转动司机转换开关面板区的旋转开关"信号灯开关"（=51‐S12） ，控制标志灯和装饰灯的状态。"信号灯开关"有三个操作挡位，分别是"白灯开""红灯开""自动"。

当选择"自动"挡位时，标志灯、装饰灯的颜色随列车的运行方向变化，即由仪表区的"方向转换开关"（=22-S02）控制。"方向转换开关"有三个操作挡位，分别是"前""后""零"。

表 4-17　信号灯和装饰灯检查步骤

序号	操作挡位及说明
1	当 旋转开关选择"白灯开"时，本车标志灯显示白色
2	当 旋转开关选择"红灯开"时，本车标志灯显示红色，装饰灯点亮（红色）
3	当 旋转开关选择"自动"时，标志灯颜色、装饰灯点亮由 旋转开关控制
3.1	当 旋转开关选择"前"时，主控司机室端标志灯显示白色，非主控司机室端标志灯为红色、装饰灯点亮（红色）
3.2	当 旋转开关选择"后"时，主控司机室端标志灯显示红色、装饰灯点亮（红色），非主控司机室端标志灯为白色
3.3	当 旋转开关选择"零"时，主控司机室端标志灯显示白色，非主控司机室端标志灯为红色、装饰灯点亮（红色）

注意：

（1）建议在无特殊情况下， 旋转开关旋转至"自动"位运行。

（2）建议在白天运行期间也保持信号灯启用状态。

七、风笛检查

警告：非紧急情况下，在驶向/停靠在站台/车间区域时不要操作喇叭。可发生严重的听力损坏。

右边所示的部件分别位于司机操作台的上面和下边。

通过将开关"风笛"（=71‐S09）调至上端（高音）或下端（低音）来启动喇叭。此外，通过操作位于司机台下方风笛脚踏，可同时激活两个喇叭。

第三节　整备模式

"整备模式"用于下列条件：
（1）车辆需等待较长时间，需保持车内环境适合旅客乘坐；
（2）有执行空气调节或供暖的需要；
（3）动车组停车较长时间并防止人员通过手动操作外门进入列车；
（4）通过车辆自动控制系统执行常规试验和转换动作，从而提高可用性。

表 4-18　整备模式操作步骤

序号	操作步骤及说明
1	通过操作"停放施加"按钮来施加停放制动
2	操作"方向开关"转换至"0"位置
3	操作"左关门"按钮和"右关门"按钮关闭外门
4	在司机HMI处的显示页面"设备控制"确认升弓、合主断以及辅助变流器正常工作
5	在左侧司机HMI处的显示页面"维护界面"进入"整备模式"开始界面 整备模式开始界面

续表

序号	操作步骤及说明
6	输入整备模式进行的时间（3 h 至 24 h 之间）
7	操作"开始整备"来启动整备模式
8	观察 HMI 测试结果提示，确认在"CCU 主从转换"测试结束后，主断自动闭合，辅助变流器正常工作
9	操作司机室"主控钥匙"至"0"位置，拔下主控钥匙
10	操作外门内侧的按钮"开启本地外门"并下车，操作外门外侧的按钮"开启本地外门"（整备模式时该按钮为关门按钮）关闭车门并离开列车
11	在整备模式结束前上车，需要通过外紧急解锁开门；在整备模式结束后上车，操作"开启本地外门"按钮开门
12	观察 HMI 测试结果提示，如有测试结果不正常项点，则需要进行对应检查

注意：
（1）列车静止时方可进行整备模式操作，列车行驶时严禁操作；
（2）整备模式结束前约 1 h 内空调将进行调温控制；
（3）整备模式结束后主断将断开，如需保持车内环境适合旅客乘坐，应在整备模式结束后不久就返回列车。

第四节　发车准备与发车

表 4-19　发车准备与发车步骤

序号	操作步骤及说明
1	确认动车组型号正确，检查司机室左侧断路器面板 1 内所有开关均在闭合位
2	司机室内各仪表、显示器（地震预警、CIR、网络、ATP）外观良好，刮雨器开关"停止"位，司控器主手柄"0"位、方向开关"0"位、紧急断电按钮（CIR 显示器右侧）左旋确认位置正确，紧急制动按钮（ATP 显示屏左上方）拔出位置正确。检查 EOAS 车载设备插入 EOAS 转储卡。司机台上左侧停放制动"停放施加"指示灯长亮
3	检查第二操作区：打开第二操作区盖板，检查蓄电池开关 0 位，火灾报警指示灯不亮，音量调节器作用良好
4	检查司机室右侧转换开关面板和第二操作区面板上各开关位置正确（ATP 隔离开关在"运行"位、GFX-3 A 开关在"开"位、DMI 转换开关在"DMI1 开"位、ATP 冗余开关在"ATP1"位或者"ATP2"位（默认"ATP1"位）、接地钥匙开关在"开"位、ATP 专用供电开关在"开"位、其余各开关均在竖直位）

续表

序号	操作步骤及说明
5	进入 HMI 屏-设备控制-界面，确认无高压牵引设备切除
6	在司机室激活端确认全部车辆制动试验通过，如不通过，需重新进行制动试验
7	输入 CIR、列控车载设备的相关数据
8	检查"列车无线电通信"
9	进行牵引测试：司控器主手柄放置常用制动"B7"级，方向开关至"前"位，在司机显示屏-牵引界面-操作"测试开始"按键，然后并在该界面下查看每个动车牵引力柱状条是否达到5%，全列牵引变流器状态是否为绿色 OK
10	做好开车准备

第五章 CR400AF 动车组重联及解编、救援

中国标准动车组可与同型动车组重联运行，两列动车组（8 编组）的联挂与解编可以在司机室操作自动进行，紧急情况下也可以手动操作。联挂与解编作业要求司机与随车机师共同进行，司机负责操纵动车组，随车机师负责检查连接装置和显示信号。

第一节 联挂操作

中国标准动车组重联可以 1 号车与 8 号车之间联挂，也可以 1 号车与 1 号车或 8 号车与 8 号车之间联挂。两列动车组重联运行时，运行前进方向第一列动车组负责操纵，第二列动车组不必安排司机。

重联运行时第二列动车组换端模式，司机室门锁闭，如图 5-1 所示。

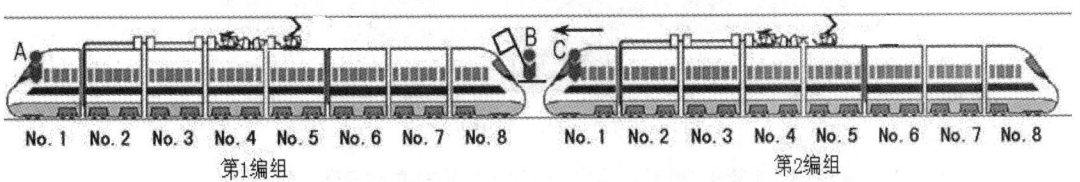

图 5-1 联挂操作

图中：A 为第 1 编组司机负责联挂后的驾驶（联挂时无特别操作）；B 为第 1 编组随车机师进行联挂时的辅助操作；C 为第 2 编组司机负责联挂时的驾驶。

一、准备工作

（1）动车组机械师确认两列重联动车组处于正常运用状态，确认动车组联挂端状态良好，具备重联条件。

（2）动车组第 1 编组进入联挂线路停车，车辆施加停放制动，随车机师执行换端操作。动车组第 2 编组进入联挂线路，距离第 1 编组 10 m 左右停车。分别确认两重联动车组联挂端"MXRN 断路器（联解控制）"处于闭合位置。

（3）重联过程中，主控车 01 号车为联挂端，被控车 08 号车为联挂端，或主控车 08 号车为联挂端，被控车 01 号车为联挂端。

（4）联挂准备就绪前，两重联动车组司控器手柄可置于任意常用制动位。

二、联挂作业程序

（1）B进入第1编组8号车司机室，操作HMI屏【设备控制】、【联挂解联】进入"联挂解联"界面，如图5-2所示。点击HMI的【联挂解联】界面中的"开始联挂"按键，联挂动作开始。HMI自动进入"联挂信息"页面。点击【开始联挂】按键，HMI屏的联挂流程中"联挂准备－电钩退回到位－头罩锁打开－头罩打开－头罩锁关闭－机械钩解联－联挂准备就绪"依次自动显示绿色，动车组联挂端开闭机构处于打开到位并锁闭的状态，如图5-3所示。当联挂流程进行至"联挂准备就绪"时，显示【恒速2 km/h】按键。

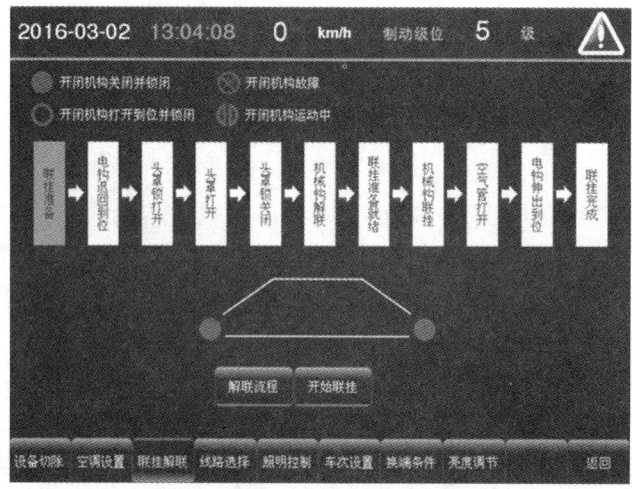

图 5-2　联挂界面

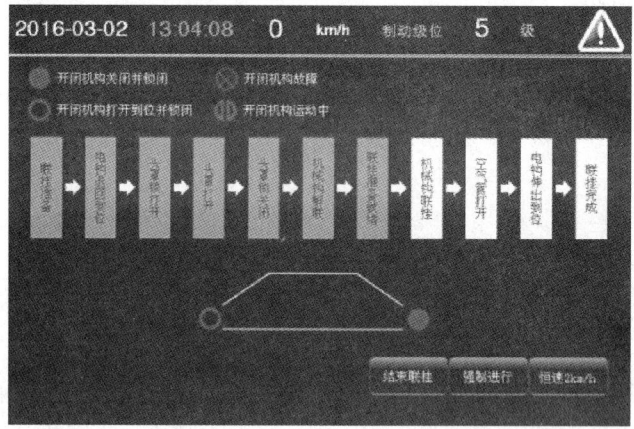

图 5-3　联挂准备就绪

（2）B下车确认第1编组头罩处于打开状态，安装机械钩导向杆，撤除空气管路防尘堵，检查并确认10号车钩处于待挂位（钩舌杆缩进凸锥内）、电气连接器状态后通知司机。A操作第1编组1号车的HMI，查看联挂信息，进入换端模式后，通知联挂动车组司机联挂就绪。

（3）C在第2编组1号车操作HMI屏【设备控制】、【联挂解联】进入"联挂解联"界面，如图5-2所示。HMI的【联挂解联】界面中的"开始联挂"按键，联挂动作开始。HMI自动进入"联挂信息"页面。点击【开始联挂】按键，HMI 屏的联挂流程中"联挂准备 – 电钩退回到位 – 头罩锁打开 – 头罩打开 – 头罩锁关闭 – 机械钩解联 – 联挂准备就绪"依次自动显示绿色，动车组联挂端开闭机构处于打开到位并锁闭的状态，当联挂流程进行至"联挂准备就绪"时，显示【恒速 2 km/h】按键。

（4）B 下车安装机械钩导向杆，撤除空气管路防护堵，确认两列动车组联挂准备工作完成，具备联挂条件后，向第 2 列编组显示联挂信号。

（5）C 确认"联挂准备就绪"键变为黄色，点击【恒速 2 km/h】，将动车组最高车速设定为 2 km/h（即动车组限速至 2 km/h）连接被联挂动车组。

（6）B、C 通过重联端 HMI 屏确认，联挂流程中"机械钩联挂-空气管打开-电钩伸出到位-联挂完成"依次显示绿色，开闭机构的状态显示数量由 2 变为 4，且两动车组重联端开闭机构处于打开到位并锁闭的状态，如图 5-4 所示。联挂完成后，联挂流程项点均恢复为初始状态，如图 5-5 所示，重联动车组自动施加紧急制动，并自动断开主断路器、降下受电弓。

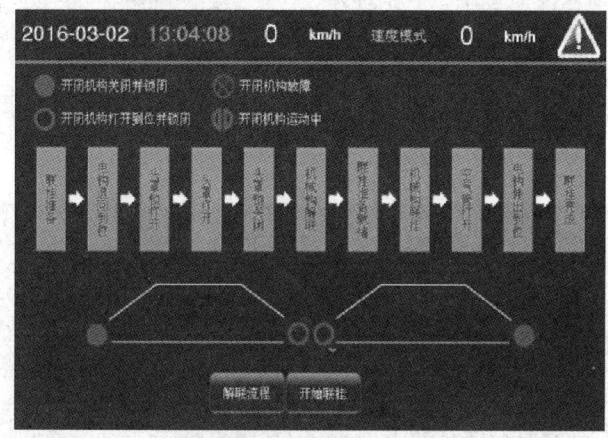

图 5-4　联挂完成 1

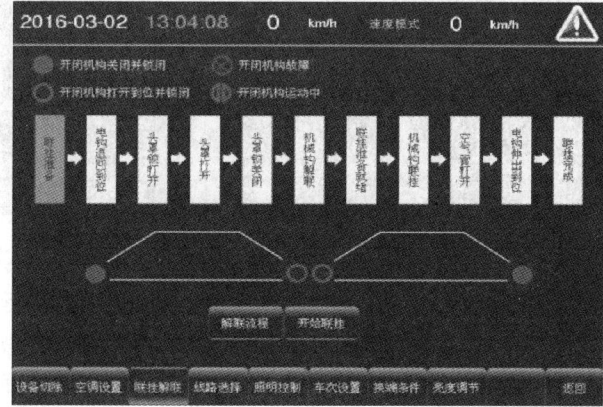

图 5-5　联挂完成 2

（7）C 将司控器手柄置"0"位，将主控钥匙置"0"位退出占用。

（8）B 确认联挂端机械车钩、电气连接器连接正常，通知司机。返回第 1 列编组。

（9）A 进行司机室重新占用后确认 HMI 屏显示两列编组信息。升起受电弓，闭合主断路器，查看 HMI 屏牵引主界面、制动主界面，如图 5-6、图 5-7 所示，确认整个 16 辆编组网络通信正常，复位紧急制动。

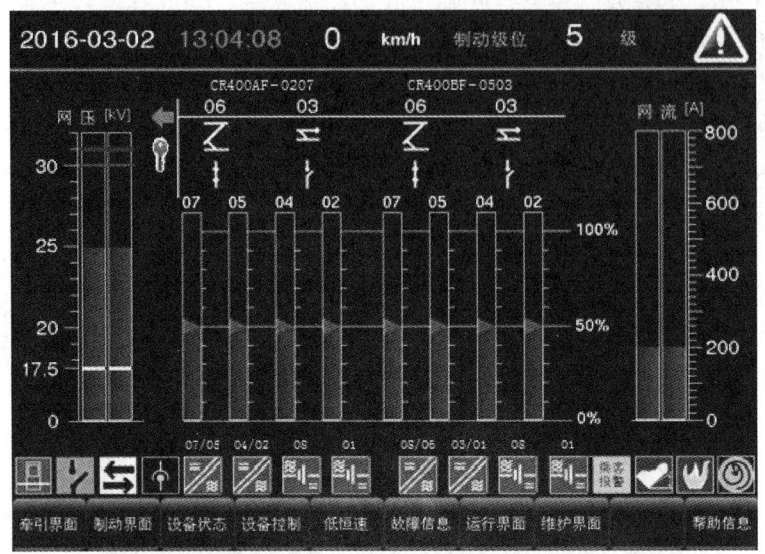

图 5-6 牵引主界面

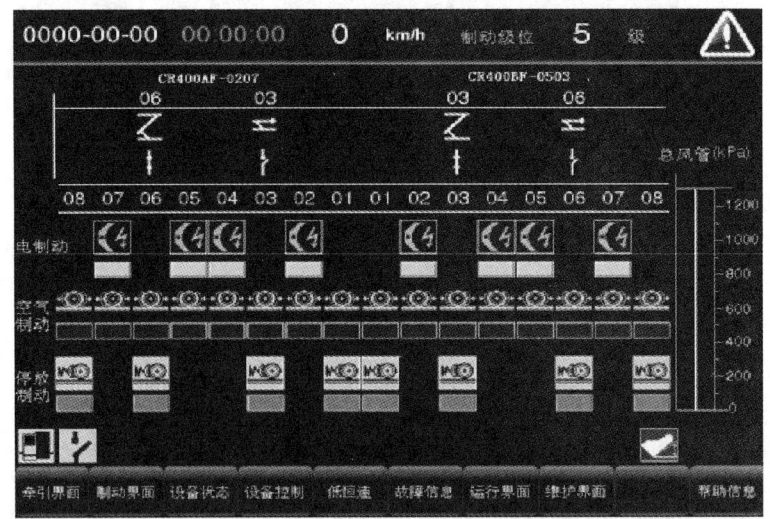

图 5-7 制动主界面

（10）在 HMI 显示屏做制动试验，待空气制动有效性出现后，进行试拉试验。

（11）试拉试验成功后（两车重联可以正常低速走车和正常施加制动停车），断开两列重联动车组联挂端"MXRN 断路器（联解控制）"，联挂完成。

注意：

（1）联挂完成后，两列动车组 VCB 自动断开、受电弓自动降下；

（2）联挂完成后，应进行制动系统试验。

第二节 自动解编操作

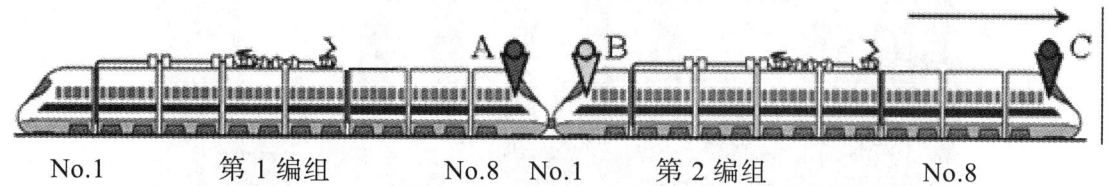

图 5-8 自动解编操作

图中：A 为第 1 编组司机负责解编后的驾驶（解编时辅助操作）；B 为第 2 编组随车机师进行解编时主操作；C 为第 2 编组司机负责解编时的驾驶。

一、准备工作

两列动车组重联状态进入解编线路后停车，动车组施加停放制动。

（1）C 操作重联动车组进入解编线路后停车，施加停放制动。

（2）机械师进入重联端司机室，分别确认两重联动车组联挂端司机室右后边柜"MXRN 断路器（联解控制）"断路器处于闭合位置。

（3）确认解联准备完毕后通知司机。

（4）C 断开主断路器，降下受电弓，退出主控钥匙。

二、解编作业程序

（1）C 操作动车组停车后，将司控器手柄置于 EB 位，并将方向开关置于"0"位置，施加停放制动，断开主断路器，降下受电弓，退出主控钥匙。

（2）C 进入与第 2 编组相连接侧的司机室，投入主控钥匙，点击 HMI 屏的"联挂解联"界面中的【联挂解联】进入解联界面，如图 5-9 所示。点击【开始解联】按键，HMI 屏的解联流程中"解联准备 – 电钩退回到位 – 空气管关闭 – 机械钩解联 – 解联准备就绪"依次自动显示绿色，开闭机构的状态显示数量由 4 变为 2，且重联端开闭机构处于打开到位并锁闭的状态，两编组紧急制动动作，如图 5-10 所示。当解联流程进行至"解联准备就绪"时，显示【关闭头罩】和【确认】按键。

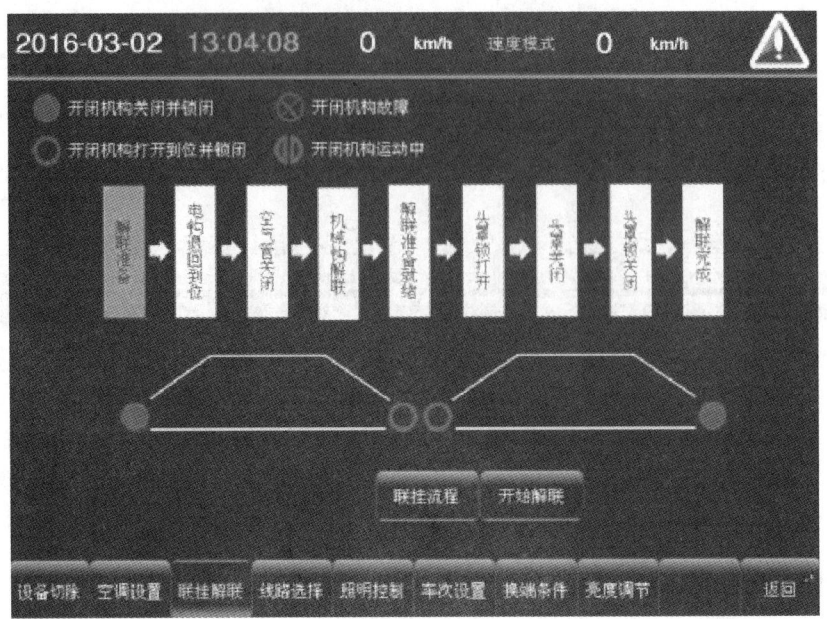

图 5-9 解联界面

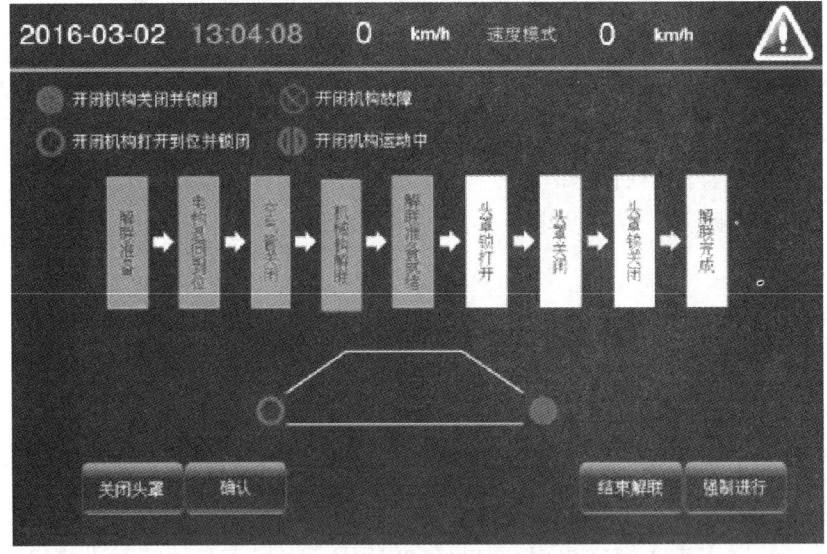

图 5-10 开始解联

（3）第 2 编组随车机师 B 车下确认电气连接器分离，机械钩处于待解状态，确认后通知 C 司机。

（4）C 在非重联端占用司机室，升起受电弓，闭合主断路器，施加停放制动，复位紧急制动，缓解停放制动，牵引动车组离开 5 m 以上后停车，施加停放制动，进入换端模式，通知机械师。

（5）撤除两动车组机械钩导向杆，安装空气管路防尘堵后通知 C 司机。

（6）C 在解编动车组（第 2 编组）解联端重新占用司机室，在 HMI 屏上点击【关闭关罩】并【确认】，HMI 屏的解联流程中"头罩锁打开 – 头罩关闭 – 头罩锁关闭 - 解联完成"依次显示绿色，解联端开闭机构处于关闭并锁闭的状态，如图 5-11 所示。解联完成后，解联流程项点均恢复为初始状态，如图 5-12 所示。

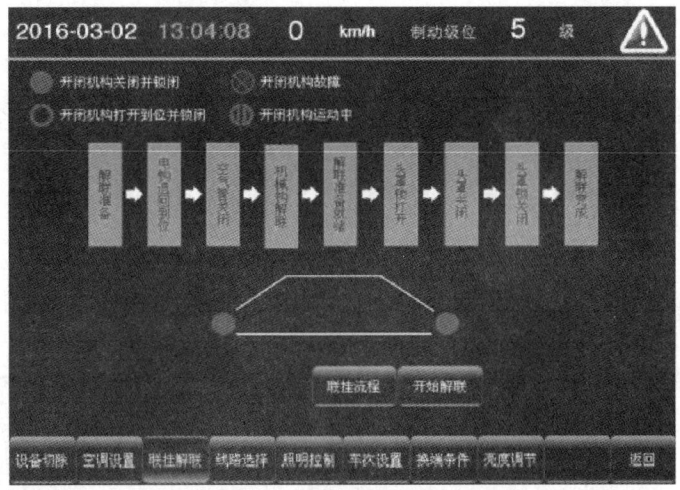

图 5-11　解联完成 1

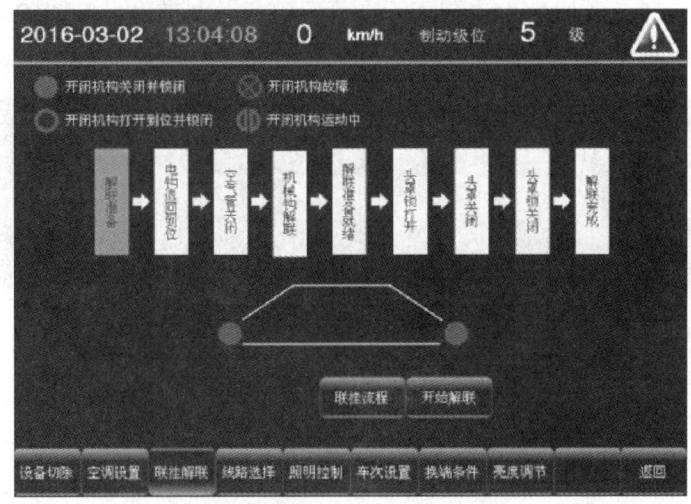

图 5-12　解联完成 2

（7）A 在被解编动车组解联端占用司机室，点击 HMI 屏的"联挂解联"界面中的【解联流程】进入解联界面。点击【开始解联】按键，HMI 屏的解联流程中"解联准备－电钩退回到位－空气管关闭－机械钩解联－解联准备就绪"依次显示绿色，点击【关闭关罩】并【确认】，HMI 屏的解联流程中"头罩锁打开－头罩关闭－头罩锁关闭-解联完成"依次显示绿色，解联端开闭机构处于关闭并锁闭的状态，如图 5-11 所示。解联完成后，解联流程项点均恢复为初始状态，如图 5-12 所示。

（8）B 确认两列动车组头罩关闭，断开两列重联动车组"MXRN 断路器（联解控制）"，解编作业完成。

注意：

（1）解联后先将导向杆取出，方可执行头罩关闭操作；

（2）解编完成后需重新做制动试验，确认空气制动有效性出现；

（3）解开电钩后，在前编组未离开之前，不要占用司机室，避免电钩误动作再次联挂导致钥匙冲突。

第三节　CR400AF 解编手动操作程序

（1）动车组机械师确认重联动车组已施加停放制动。

（2）断开重联动车组主断路器，降下受电弓，并将"方向开关"操作至"0"位。

（3）动车组机械师将司机室右侧边柜转换开关盘中的"闭锁解除""电连接器解"依次闭合，确认电钩缩回后，将"电连接器解"断开，再将"闭锁解除"断开。

（4）机械师将司机室头舱"空气管开闭器手柄"置"关"位，断开两编组之间的空气管连通。

（5）取下车钩上的解钩手柄，两名动车组机械师同时向外拉拽，直至车钩锁打开，两机械车钩解编。

（6）确认钩锁是否处于解钩位置后将手柄挂入手柄架中。

（7）主控车司机将"方向开关"置于"前进"位，升起受电弓并闭合主断路器，缓解停放制动，牵引动车组离开 5 m 以上后停车，施加停放制动，解编作业结束。

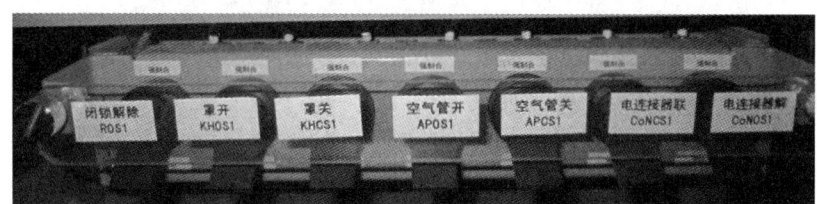

图 5-13　右侧边柜转换开关盘联解手动操作面板

第四节　动车组相互救援

一、救援动车组操作步骤

（1）救援动车组司机操作动车组进入连挂线路，距离被救援动车组大于 10 m 停车；

（2）打开联挂端车头的前端罩盖，确认电钩处于缩回状态；

（3）头罩打开后，须将司机室配电盘 2 内【联解控制】断路器断开，同时将联挂端头车司机室转换开关盘 2 "司机警惕旁路"开关右旋至隔离位；（如果头罩盖无法正常打开，可以使用列车分合控制盘内的开关来打开头车罩盖）

（4）被救援车辆准备为 BP 救援状态，确认被救援车辆 10 号车钩状态，车钩处于准备联挂位置且基本处于轨道的中心位置，并安装上车钩导向杆；

（5）确认被救援动车组连挂准备就绪；

（6）动车组以 2 km/h 以下的速度与被救援车辆联挂，联挂后确认联挂车钩状态，联挂牢

固,动车组断电,拔取主控钥匙;

(7)合上联挂端司机室配电盘 2 内【救援装置】断路器,司机室配电盘 3 内 BP 救援转换开关置"救援"位置;

(8)在非联挂端投入主控钥匙,施加停放制动,司机手柄置制动位(B4 或 B4 以上制动位),按压"紧急复位"按钮,确认紧急制动缓解;

(9)救援动车组司控器手柄置"0"位,通过 BP 管给被救援车辆 BP 管充风,当 HMI 显示屏显示 BP 管压力达到(600±20)kPa 时,确认被救援车辆缓解,10 号车钩连接部位无漏风现象;

(10)救援动车组操作动车组司机制动控制器手柄依次从"0"到 EB、EB 到"0"位置的制动试验,动车组应分别产生 1 至 7 级、EB 位相应的制动,通过 TCMS 监控屏确认动车组监控 BP 压力;

(11)缓解停放制动,动车组司控器手柄置"0"位置,确认被救援车辆缓解;

(12)动车组以不高于 2 km/h 的速度牵引,然后施加常用制动,确认被救援车辆产生制动作用停车。

二、被救援动车组操作步骤

(1)施加停放制动。

(2)确认动车组 MR 压力须在 600 kPa 以上。

(3)打开联挂端车头的前端头罩,确认电钩处于缩回状态,并安装上车钩导向杆。

(4)头罩打开后,须将司机室配电盘 2 内【联解控制】断路器断开,同时将联挂端头车司机室转换开关盘 2"司机警惕旁路"开关右旋至隔离位。

(5)确认动车组的两个受电弓处于降下的状态。

(6)救援动车组操作动车组司机制动控制器手柄依次从"0"到 EB、EB 到"0"位置的制动试验,被救援动车组应分别产生 1 至 7 级、EB 位相应的制动,通过 HMI 显示屏确认动车组监控 BP 压力。

(7)救援动车组司控器手柄置"0"位置,确认被救援车辆缓解。

(8)救援动车组准备动车前,被救援动车组缓解停放制动。

(9)救援动车组以不高于 2 km/h 的速度牵引,被救援动车组能够正常动车;救援动车组施加常用制动,确认被救援车辆产生制动停车。

第六章　动车组回送作业

一、动车组与回送过渡车联挂准备

（1）动车组停车，制动手柄移至"B7"位，保持动车组制动状态。

（2）确认连挂端司机室处于"占用"状态，确认动车组总风缸压力在 800 kPa 以上，蓄电池电压 98 V 以上，施加停放制动；断开真空断路器，降下受电弓。

（3）闭合司机室配电盘 2 内【联解控制】断路器，打开联挂端开闭机构。确认联挂端头罩打开后，断开【联解控制】断路器。

（4）将【司机室转换开关盘 1】内【司机警惕装置旁路】开关右旋至"红点"位，将【司机室配电盘 3】内【预充电接触器开关】旋至"红点"位，操纵台上【方向开关】旋至"前"位；闭合【司机室配电盘 1】内【救援装置】空开，并将【司机室转换开关盘 2】内【救援开关】旋至"被救援"位，准备工作完毕。

（5）目视确认动车组所有受电弓均处于降下状态；确认联挂端开闭机构打开，检查机械车钩、电气连接器状态良好，确认电钩处于缩回位置。

（6）动车组安装过渡车钩，确认状态良好。

（7）打开连挂端车下裙板内的"BP 救援转换装置"塞门，确认"BP 救援"塞门在开通位置（手柄与管路平行为开通）。

（8）点击 HMI 屏进入【维护界面】，点击【回送发电】按键，确认画面中 2、4、5、7 车的【预充电接触器控制空开】【预充电接触器】【预充电空开】为绿色，点击【进入回送救援发电】按键，然后点击【确认】按键。

（9）机车停在距离动车组前约 3 m 的位置，确认机车车钩置于全开位。

二、连挂作业

（1）机车以不超过 5 km/h 的速度连挂，连挂后试拉，确认车钩连接良好。

（2）确认机车车钩、过渡车钩、动车组密接钩连挂状态。

（3）连接机车与动车组之间的制动管软管，打开列车管折角塞门。

（4）打开动车组司机室头舱内"救援"塞门（手柄与管路平行为开通）。

三、制动试验

（1）确认动车组紧急制动缓解。
（2）机车向动车组充风，确认动车组司机操纵台上 BP 压力表风压达到 600 kPa。
（3）确认动车组全列制动缓解。
（4）列车管减压 50 kPa，缓解停放制动。
（5）确认动车组全列空气制动施加，停放制动缓解。

四、运行监控

（1）运行中监控总风压力不低于 530 kPa，蓄电池电压不低于 96 V。电压降至 96 V 时，申请就近站停车，检查 DC110 V 供电线路，供电恢复后，动车组方可继续回送。
（2）监视动车组的制动和缓解情况，确认途中无异常声响和振动。
（3）运行中应尽量避免紧急制动，发生紧急制动后须检查过渡车钩状态。
（4）动车组运行速度大于 60 km/h 时，在 HMI 屏的【设备控制】界面确认辅助变流器处于工作状态，动车组辅助供电系统工作正常（2 个辅助变流器工作即可满足全列供电需求）；动车组运行速度低于 35 km/h 时，动车组自动退出发电状态。

五、机车摘解

（1）列车停车。
（2）施加停放制动。
（3）关闭机车与动车组连挂端制动管折角塞门，将制动管与动车组过渡车钩软管分离。
（4）操纵机车与动车组分离，摘解车钩。
（5）动车组拆卸过渡车钩，关闭头罩。
（6）关闭连挂端车下裙板内的"BP 救援转换装置"塞门，关闭司机室头舱内"救援"塞门（手柄与管路平行为开通）。
（7）点击 HMI 屏进入【维护界面】，点击【回送发电】按键，点击【退出回送救援发电】按键，然后点击【确认】按键，将【司机室配电盘 3】内【预充电接触器开关】旋至"非红点"位，操纵台上的【方向开关】旋至"0"位。
（8）断开【司机室配电盘 1】内【救援装置】空开，将【司机室转换开关盘 2】内【救援开关】旋至"0"位，将【司机室转换开关盘 1】内【司机警惕装置旁路】开关右旋至"非红点"位。

第七章　CR400AF 动车组简介

第一节　车辆配置

CR400 AF 型动车组为动力分散式电动车组，最高运营速度为 350 km/h。动车组全列 8 辆编组，4 动 4 拖，其编组配置为 TC01-M02-TP03-MH04-MB05-TP06-M07-TC08。车辆类型包括一等/商务座车、二等/商务座车、二等座车（1 辆设有残疾人设施、1 辆为餐座合造车）。8 辆编组全列定员共 576 席（其中商务座席 10 席、一等座席 28 席、二等座席 538 席）。CR400 AF 型动车组可以在 350 km/h 速度等级的客运专线上运营，也可以在 200 km/h 速度等级及以上客运专线上以 200 km/h ~ 250 km/h 速度级正常运行。

CR400 AF 型动车组制动系统采用微机控制的直通式电空制动系统，具备常用制动、紧急制动 EB、紧急制动 UB、坡起制动、停放制动、清洁制动等制动模式。

CR400 AF 型动车组网络系统采用 TCN+以太网（环形）拓扑架构，分为列车级 WTB 总线和车辆级多功能 MVB 总线两级总线式拓扑结构。

车辆配置图如图 7-1 所示。

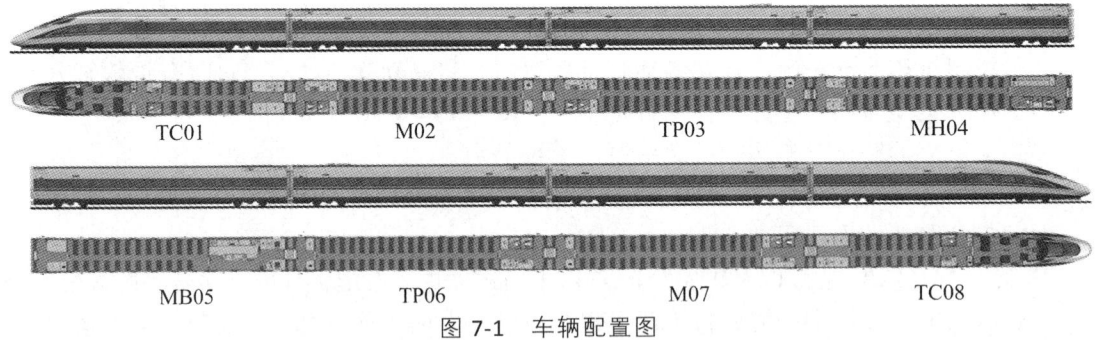

图 7-1　车辆配置图

CR400AF 型动车组牵引系统包括 TC01+M02+TP03+MH04 和 MB05+TP06+M07+TC08 组成的两个独立的牵引动力单元，每个动力单元由 1 台牵引变压器向 2 台牵引变流器供电，每台牵引变流器含有 2 个逆变单元，架控驱动 4 台牵引电机。

第二节　技术参数

表 7-1　CR400AF 型动车组技术参数

项目	参数
列车长度	约 208.95 m
编组	8 辆一组的动车组
轴式	2'2'+ Bo'Bo'+ 2'2'+ Bo'Bo'+ Bo'Bo'+2'2'+ Bo'Bo'+2'2'
定员	576 人
轨距	1 435 mm
限界	GB 146.1-83《高速铁路机车车辆限界暂行规定》(科技装函〔2003〕62 号)
车辆长度	中间车 25 650 mm 头车 27 525 mm
车辆定距	17 800 mm
转向架固定轴距	2 500 mm
车体宽度	3 360 mm
车顶距轨面高度	4 050 mm
地板布面高	1 260 mm
供电电压	AC 25 kV / 50 Hz
轮周牵引功率（持续制）	9 750 kW
网压适应性能	a）网压在 22.5 kV～29 kV 间发挥额定牵引功率。 b）网压在 22.5 kV～19 kV 间轮周功率可线性下降至额定牵引功率的 84%。 c）网压在 19 kV～17.5 kV 间轮周功率线性下降至零，辅助系统应正常工作。 d）网压在 29 kV～31 kV 间轮周牵引功率线性下降至零，辅助系统应正常工作。 e）再生制动工况，网压 29 kV～30 kV 间从额定牵引功率下降到零。
最低运用时间	330 天/年
每年运行能力	1 000 000 km
短时最大踏面再生功率	13 360 kW
持续运行速度	350 km/h，剩余加速度 $\not< 0.05$ m/s^2
最高运行速度	350 km/h
运行站台高度	距轨面高度：1 250 mm 轨道中心距站台边缘距离：1 750 mm
头车自动车钩高	1 000 mm
中间车钩高	935 mm
0 到 200 km/h 平均加速度	$\not< 0.4$ m/s^2
最大轴重	≤17 t
最小轨道半径 S 形曲线	连挂运行时：250 m；单车调车时：150 m 曲线 180 m ＋过渡 10 m ＋曲线 180 m
与机车连挂能力，机车采用中国铁路 15 号自动车钩，钩高为 880 mm	救援时，采用过渡机械车钩
最大坡度	正线上最大坡度 12‰；困难条件下 20‰； 站段联络线不大于 30‰
单洞双线隧道的有效面积	100 m^2
单线隧道的有效面积	75 m^2

第三节 设备布置

一、设备布置明细

各车车内、车下、车顶设备配置如表 7-2 所示。

表 7-2 CR400AF 型动车组车辆主要设备配置

车号	1号车（TC01）	2号车（M02）	3号车（TP03）	4号车（MH04）
车型	一等/商务座车、拖车	二等座车、动车	二等座车、拖车	带残疾人设施二等座车、动车
定员	28/5人	90人	90人	75人
车内设施	司机室：单司机座椅+辅助座椅 VIP 客室：5个座席，座椅 1+1 和 1+2 布置一等客室：28个一等座席，座椅 2+2 布置服务设施：服务操作台、坐式卫生间、盥洗室、大件行李间、电开水炉、垃圾箱、配电柜、储藏柜、工具柜、乘务员专座等	二等客室：90个二等座席，座椅 2+3 布置服务设施：坐式卫生间、蹲式卫生间、盥洗室、大件行李间、电开水炉、垃圾箱、配电柜、带拖把池洁具柜等	二等客室：90个二等座席，座椅 2+3 布置服务设施：坐式卫生间、蹲式卫生间、盥洗室、大件行李间、电开水炉、垃圾箱、配电柜、洁具柜等	二等客室：75个二等座席，座椅 2+3 布置，客室端部设残疾人座椅存放及扶手等设施，服务设施：残疾人坐式卫生间、蹲式卫生间、盥洗室、大件行李间、电开水炉、垃圾箱、配电柜、工具柜、客运备品柜等
车外设施	STM 轨道信号接收装置（2个）、ATP 天线、TMIS 天线、充电机（2个）、蓄电池（2个）、制动控制装置、BP 救援转换装置、阀板组成、风缸模块、废排装置、污物箱、水箱、司机室空调室外机、辅助回路接线箱、控制电路接线箱、逆变电源、撒砂装置、过分相装置等	牵引变流器、牵引电机、牵引电机冷却风机、制动控制装置、阀板组成、风缸模块、废排装置、污物箱、水箱、控制电路接线箱（2个）、辅助回路接线箱、接地电阻器、逆变电源等	牵引变压器、高压设备箱、主供风单元、辅助供风单元、制动控制装置、阀板组成、风缸模块、废排装置、污物箱、水箱、控制电路接线箱（2个）、辅助回路接线箱、接地电阻器、逆变电源等	牵引变流器、牵引电机、牵引电机冷却风机、制动控制装置、阀板组成、风缸模块、废排装置、污物箱、水箱、控制电路接线箱（2个）、接地电阻器、逆变电源、接触器箱、外部电源连接器、安全联锁盒、撒砂装置等

续表

车顶设施	地震 GSM-R/GPS 天线 2、地震 GSM-R/GPS 天线 1、WTD 天线、CIR GSM-R 语/GPS 天线、CIR 450/800/900 天线、CIR GSM-R 数/GPS 天线、ATPGSM-R2 天线、ATPGSM-R1 天线、空调装置	空调装置	空调装置、受电弓、高压接头箱、高压接头及跳线	空调装置、高压接头箱、高压接头及跳线
车号	5号车（MB05）	6号车（TP06）	7号车（M07）	8号车（TC08）
车型	餐座合造车、动车	二等座车、动车	二等座车、拖车	二等/商务座车、拖车
定员	63人	90人	90人	40/5人
车内设施	二等客室：63个二等座席，座椅2+3布置，客室端部设1组3人座椅 服务设施：厨房、小卖部、乘务员室、机械师室、大件行李间、垃圾箱、配电柜、工具柜、客运备品柜、储藏柜、乘务员专座等	二等客室：90个二等座席，座椅2+3布置 服务设施：坐式卫生间、蹲式卫生间、盥洗室、大件行李间、电开水炉、垃圾箱、配电柜、洁具柜等	二等客室：90个二等座席，座椅2+3布置 服务设施：坐式卫生间、蹲式卫生间、盥洗室、大件行李间、电开水炉、垃圾箱、配电柜、带拖把池洁具柜等	司机室：单司机座椅+辅助座椅 VIP客室：5个座席，座椅1+1和1+2布置 二等客室：40个二等座席，座椅2+3布置 服务设施：服务操作台、坐式卫生间、盥洗室、大件行李间、电开水炉、垃圾箱、配电柜、储藏柜、工具柜、乘务员座
车外设施	牵引变流器、牵引电机、牵引电机冷却风机、制动控制装置、阀板组成、风缸模块、废排装置、污物箱、水箱、控制电路接线箱（2个）、接地电阻器、逆变电源、辅助回路接线箱、外部电源连接器、撒砂装置等	牵引变压器、高压设备箱、主供风单元、辅助供风单元、制动控制装置、阀板组成、风缸模块、废排装置、污物箱、水箱、控制电路接线箱（2个）、辅助回路接线箱、接地电阻器、逆变电源等	牵引变流器、牵引电机、牵引电机冷却风机、制动控制装置、阀板组成、风缸模块、废排装置、污物箱、水箱、控制电路接线箱（2个）、辅助回路接线箱、接地电阻器、逆变电源等	STM轨道信号接收装置(2个)、ATP天线、TMIS天线、充电机（2个）、蓄电池（2个）、制动控制装置、BP救援转换装置、阀板组成、风缸模块、废排装置、污物箱、水箱、司机室空调室外机、辅助回路接线箱、控制电路接线箱、逆变电源、撒砂装置、过分相装置等
车顶设施	空调装置、高压接头箱、高压接头及跳线、GPS天线、EM天线	空调装置、受电弓、高压接头箱、高压接头及跳线	空调装置、WIFI天线	地震 GSM-R/GPS 天线 2、地震 GSM-R/GPS 天线 1、WTD 天线、CIRGSM-R 语/GPS 天线、CIR 450/800/900 天线、CIR GSM-R 数/GPS 天线、ATPGSM-R2 天线、ATPGSM-R1 天线、空调装置

二、设备布置平面图

（一）车内设备布置（如图 7-2～图 7-7 所示）

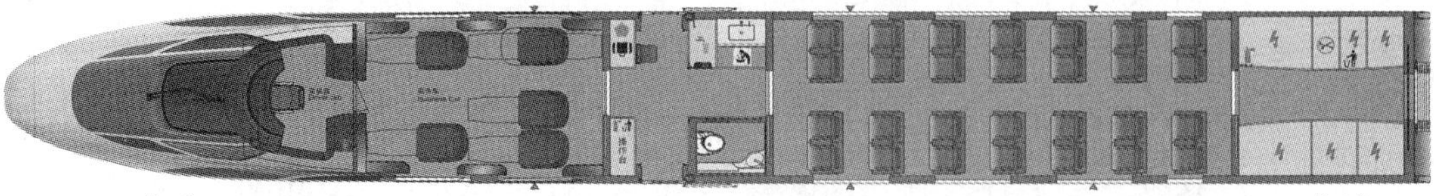

一位端　　二位端

图 7-2　TC01 平面布置图

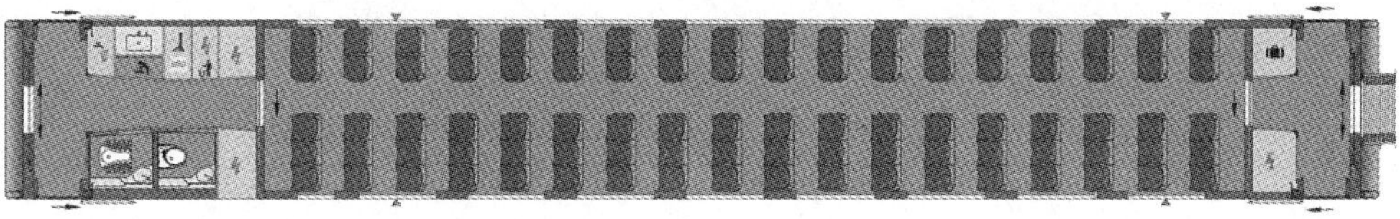

一位端　　二位端

图 7-3　M02（M07）平面布置图

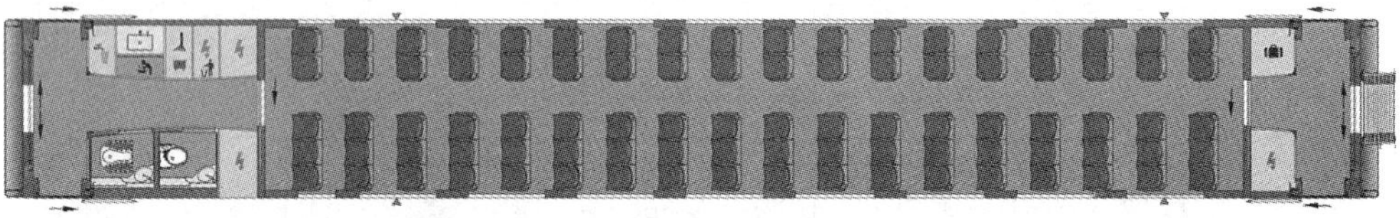

一位端　　二位端

图 7-4　TP03（TP06）平面布置图

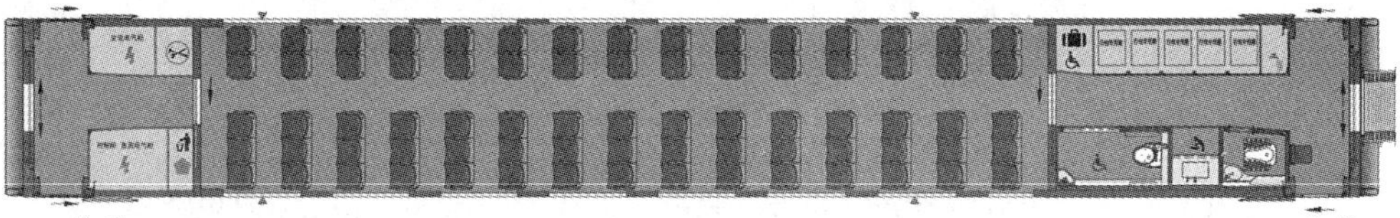

一位端　　二位端

图 7-5　MH04 平面布置图

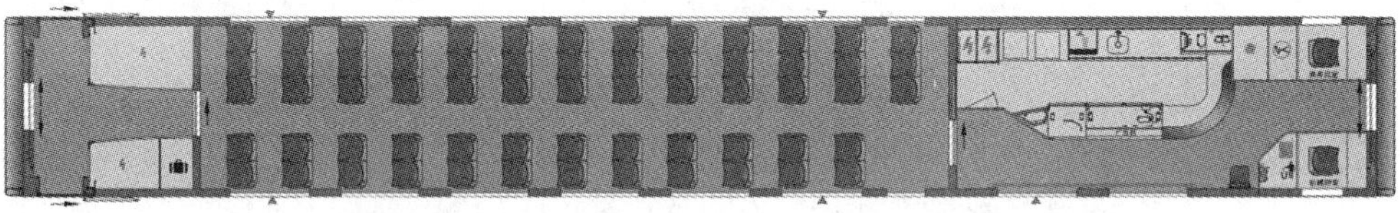

二位端　　一位端

图 7-6　MB05 平面布置图

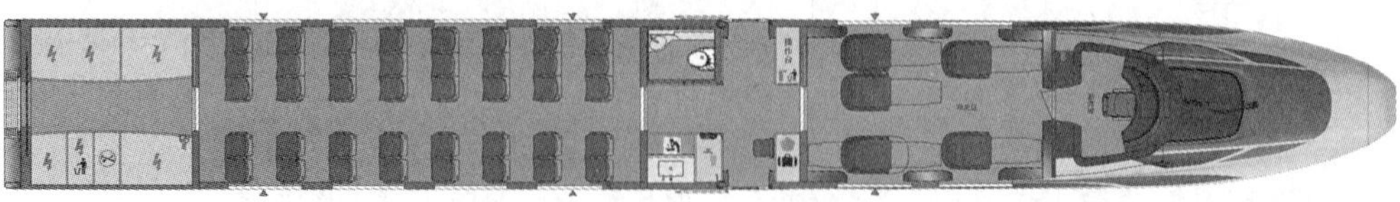

二位端　　一位端

图 7-7　TC08 平面布置图

（二）车顶设备布置（如图 7-8 所示）

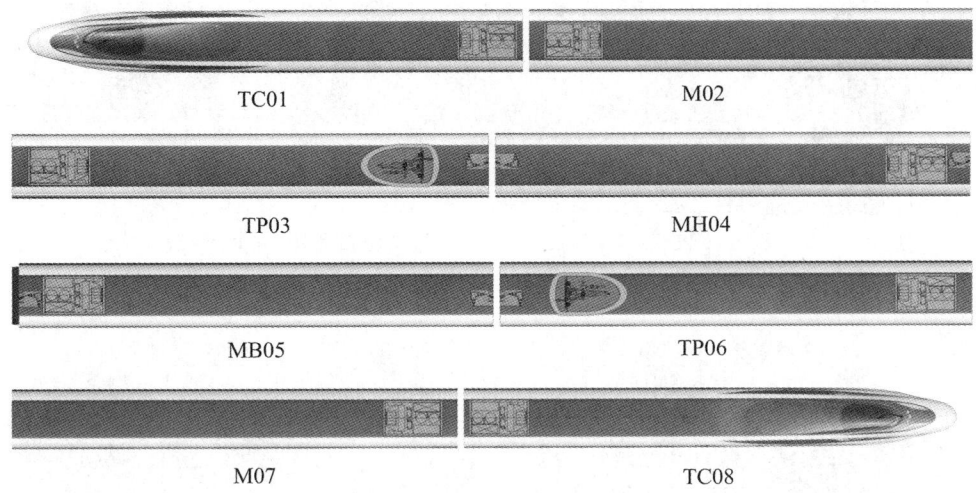

图 7-8　车顶设备布置

TC01、TC08 车设有 ATP、CIR、WTD 及地震预警天线，TP03、TP06 车设受电弓，各车均设有车顶空调装置。首列车（CR400 AF-2001）的 7 号车车顶预留卫星天线安装接口。

（三）车下设备布置（如图 7-9～图 7-14 所示）

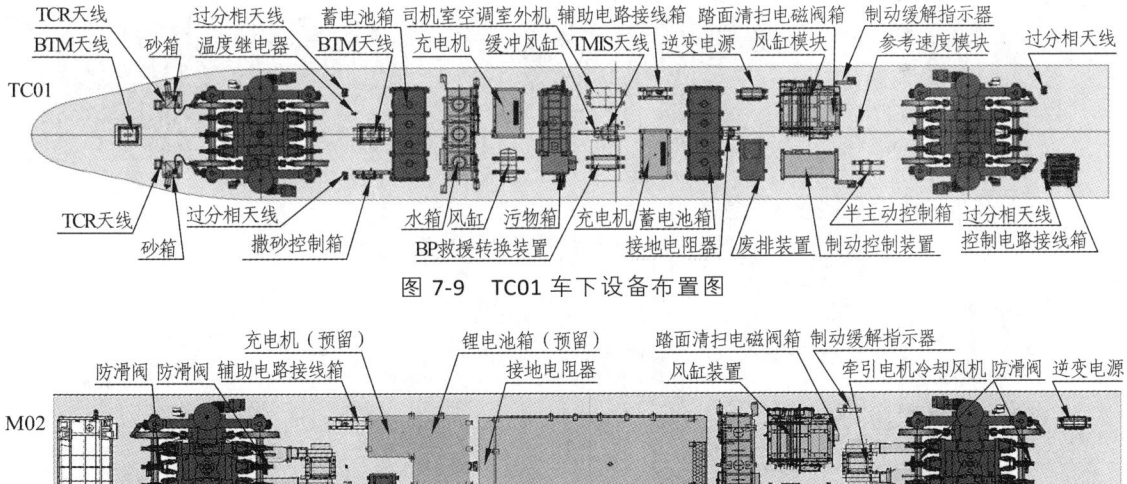

图 7-9　TC01 车下设备布置图

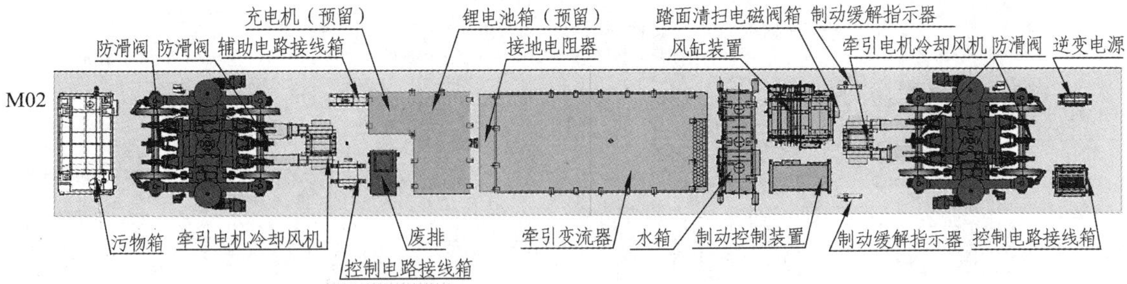

图 7-10　M02/M07 车下设备布置图

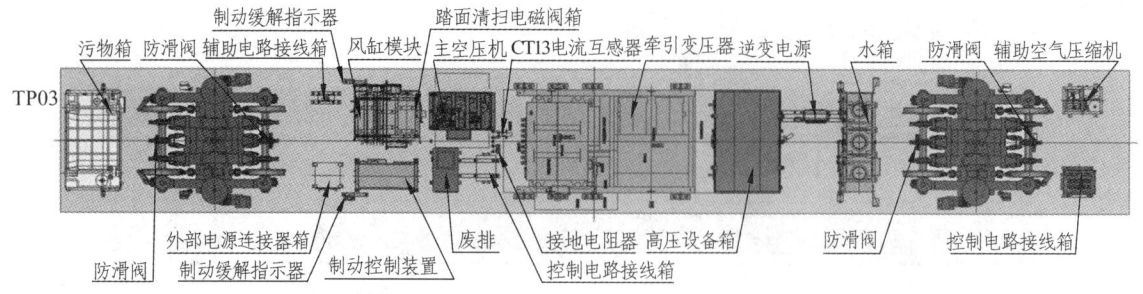

图 7-11　TP03/TP06 车下设备布置图

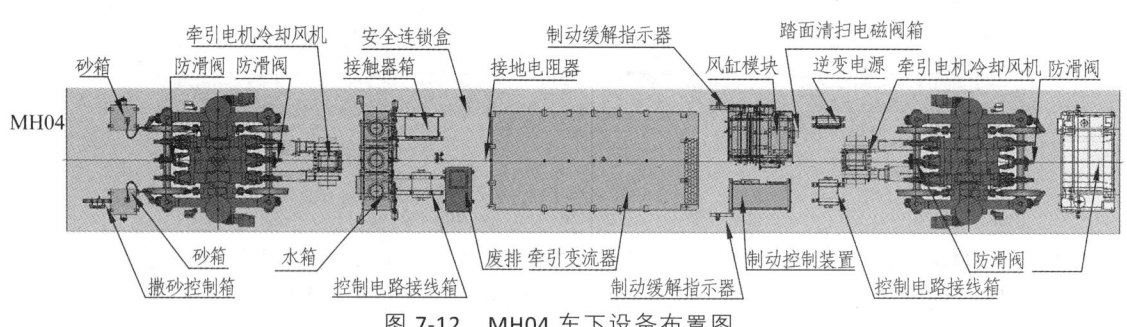

图 7-12　MH04 车下设备布置图

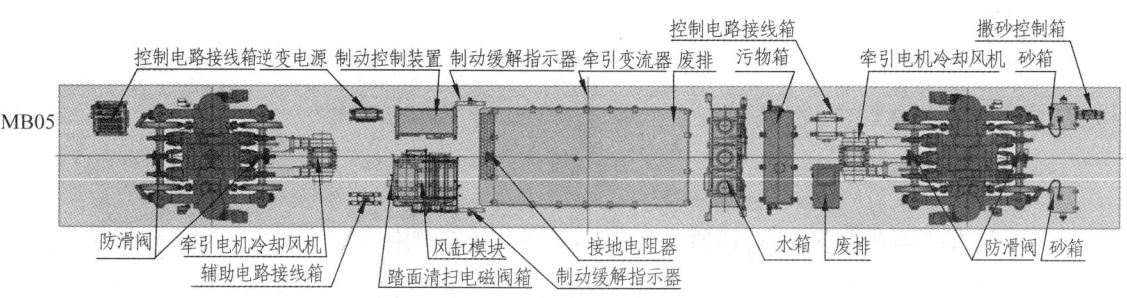

图 7-13　MB05 车下设备布置图

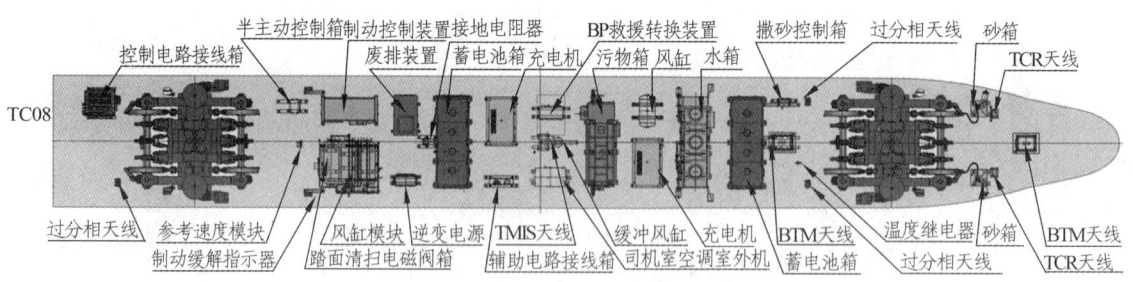

图 7-14　TC08 车下设备布置图

第四节 车体定位

CR400AF动车组1~4车定位原则为站在1车前面向01车左侧为1位侧,相应轴端为1、3、5、7位,右侧为2位端,相应轴端为2、4、6、8位。5~8车与1~4车为旋转180°关系,具体位数如图7-15所示。

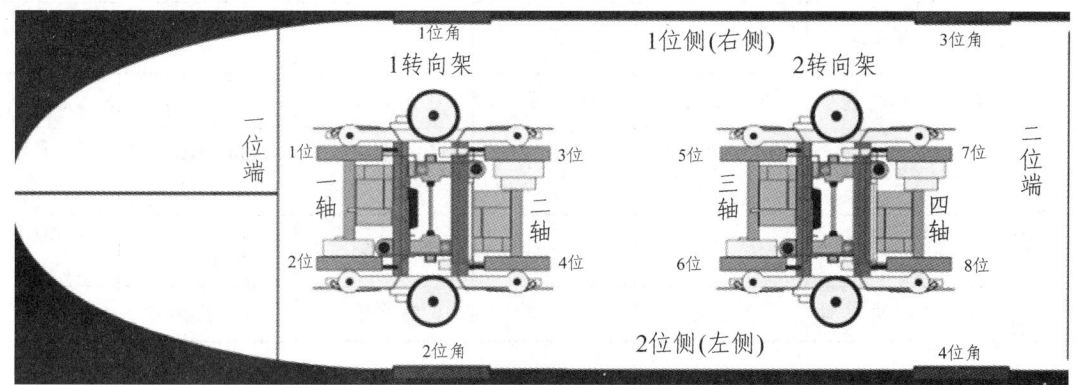

图7-15 01车定位

第五节 转向架

转向架分为动车转向架和拖车转向架。其中动车转向架型号为 SWM-400E1,拖车转向架型号为 SWT-400E1。该转向架满足 350 km/h 运营速度要求,设计最高线路试验速度385 km/h。适用于中国标准轨距、60 kg/m 轨、1:40 轨底坡的客运专线运行。满足科技装〔2003〕62号《客运专线机车车辆限界暂行规定》及 GB146.1—1983《标准轨距铁路机车车辆限界》要求。可满足 -40~+40 ℃ 的使用环境温度。构架、轮轴、轴箱体主要承载部件满足最大 17 t 轴重下的结构强度要求。

采用两轴无摇枕轻量化结构,模块化设计制造理论。采用 LMA 踏面,沿用 H 型焊接构架、单牵引拉杆、盘型制动等成熟结构。采用两级悬挂,一系悬挂采用圆柱螺旋弹簧+垂向减振器,轮对轴箱采用转臂式定位;二系悬挂采用空气弹簧,设高度调整阀及差压阀,安装横向减振器、抗蛇行减振器及抗侧滚扭杆装置。动车转向架牵引电机采用刚性架悬结构,每个构架上反对称地布置两台牵引电机,传动装置采用一级平行轴斜齿轮传动齿轮箱+鼓形齿联轴节。动、拖车转向架采用三点吊挂式制动夹钳。转向架设置能够使轮对与构架、构架与车体整体起吊的装置。动车转向架和拖车转向架的主体结构和部件一致,动车转向架构架可以互换,拖车转向架构架可以互换。不同转向架主要区别具体见表7-3,转向架主要参数详见表7-4。

表 7-3 转向架的区别

	设备	TC01/TC08 车 一位转向架	TC01/TC08 车 二位转向架	TP03/TP06 车 一位转向架	TP03/TP06 车 二位转向架	备注
拖车转向架	排障装置	1 位轴	无	无	无	构架安装
	轴端接地装置	1 位轴端	7 位轴端	1、3 位轴端	5、7 位轴端	相同
	ATP 速度传感器	4 位轴端	6、8 位轴端	无	无	相同
	撒砂装置+排障	1 位轴	无	无	无	CR400AF 型批量车
	踏面清扫进气口	2 位端	1 位端	2 位端	1 位端	相同
	设备	M02/M07 车 一位转向架	M02/M07 车 二位转向架	MH04/MB05 车 一位转向架	MH04/MB05 车 二位转向架	
动车转向架	撒砂装置	无	无	1 位轴	无	CR400AF 型批量车
	踏面清扫进气口	2 位端	1 位端	2 位端	1 位端	相同

表 7-4 转向架主要参数

转向架形式 项目	动车转向架 SWM-400E1	拖车转向架 SWT-400E1
转向架重量	带排障器或撒砂装置：8.86 t	带排障器或撒砂装置：6.78 t
固定轴距	2500 mm	
车轮直径	新轮 ϕ 920 mm（最小使用直径 ϕ 850 mm）	
轴承中心间距	2 000 mm	
转向架最大长度	一般转向架：3 476 mm	一般转向架：3 476 mm
	带撒砂装置：3 640 mm	带撒砂排障装置：3 781 mm
转向架最大宽度	3 002 mm（两空气弹簧最大横向距离）	
空气弹簧左右间隔	2 360 mm	
空气弹簧有效直径	ϕ 534 mm	
驱动方式	平行挠性齿轮连轴节， 1 级减速齿轮方式	————
齿轮比	2.517	————
轴箱轴承	ϕ 130 自密封圆锥滚珠轴承	
制动方式	空气制动，轮盘方式	空气制动，轴盘方式
闸片	浮动式粉末冶金闸片，UIC541-3 接口	
轴箱定位方式	转臂式（轴梁式）轮对轴箱定位	

CR400AF 型批量车动、拖车转向架如图 7-16 所示。

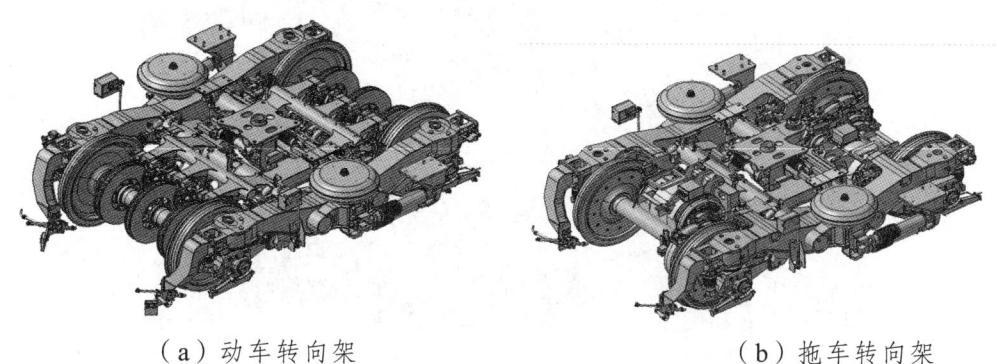

（a）动车转向架　　　　　　　　（b）拖车转向架

图 7-16　动、拖车转向架的组成

一、转向架构架

构架为钢板焊接结构，主体框架呈 H 形，由两侧梁、横梁、纵向连接梁、空气弹簧支承梁及其他焊接附件构成。两侧为对称的箱型侧梁，中间通过两无缝钢管横梁连接组成，横梁中部设有两箱型纵向辅助梁，外侧为空气弹簧支撑梁。在横梁上焊接有各功能吊座结构。构架材料主要为耐候钢板或钢管。

CR400AF 型批量车为适应撒砂（排障）安装，构架侧梁端部改为箱型结构。构架组成如图 7-17 所示。

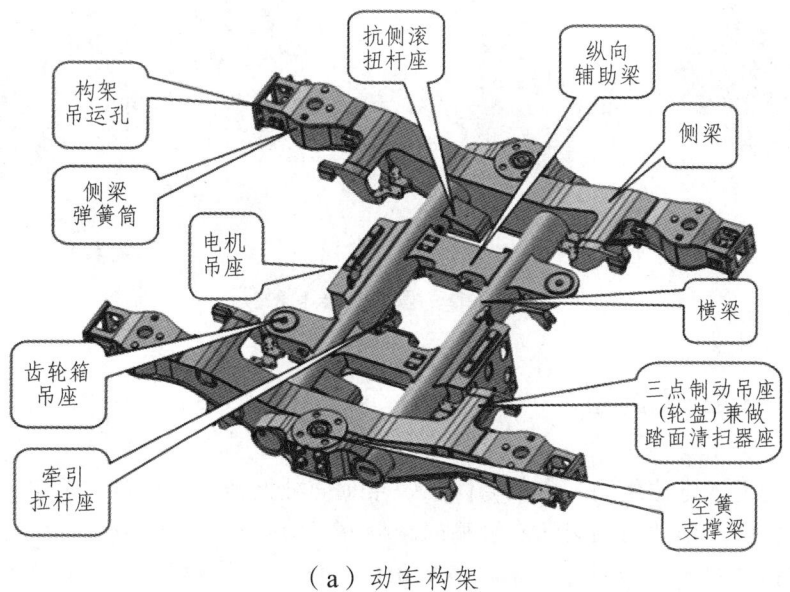

（a）动车构架

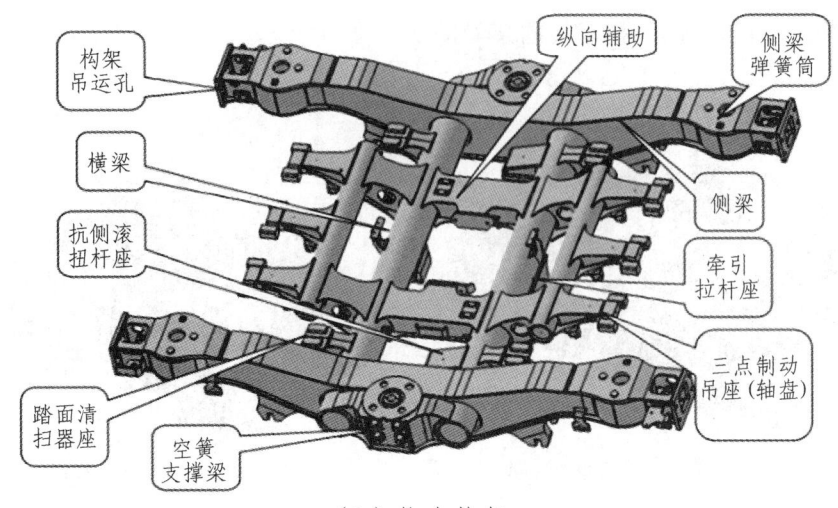

(b）拖车构架

图 7-17 动、拖车构架（CR400 AF 型批量车）

二、轮对组成

轮轴组成包括车轮、车轴、制动盘、齿轮箱（仅 M 车）等。动车车轴中部安装齿轮箱，拖车车轴上安装有 3 个轴装制动盘。动车车轮为直腹板结构，并通过螺栓两侧安装轮装制动盘。拖车车轮为直腹板结构，并安装有降噪板或降噪块以减少轮轨噪声。动、拖车轮对如图 7-18 所示。

（a）动车轮对　　　　　　　　　（b）拖车轮对

图 7-18 动、拖车轮对

三、轴箱定位装置

采用轴箱转臂式定位结构，由轴箱体、一系垂向减振器、定位节点等组成。轴箱体上部为双圈螺旋钢弹簧，前端与构架间设置垂向减振器以吸收车辆振动能量，后部通过橡胶定位节点与构架连接，如图 7-19 所示。轴箱体采用铸钢材质，轴箱轴承采用自密封轴承。轴箱端部设置有速度传感器、接地装置等，不同轴位安装的部件不同。

垂向减振器　钢弹簧　轴箱体　定位节点

图 7-19　一系悬挂及轴箱组成

四、二系悬挂及牵引装置

主要起到支撑车体、传递牵引力、提供转向架回转力矩和抑制车体侧滚等作用。主要部件有：非线性空气弹簧、牵引装置、横向挡、横向减振器安装组成（包括横向减振器和横向减振器座）、抗蛇行减振器安装组成（包括抗蛇行减振器、转向架侧抗蛇行减振器座和车体侧抗蛇行减振器座）、抗侧滚扭杆装置、自动高度调整装置（包括高度阀、保温箱、高度阀调整杆和调整杆座）等。

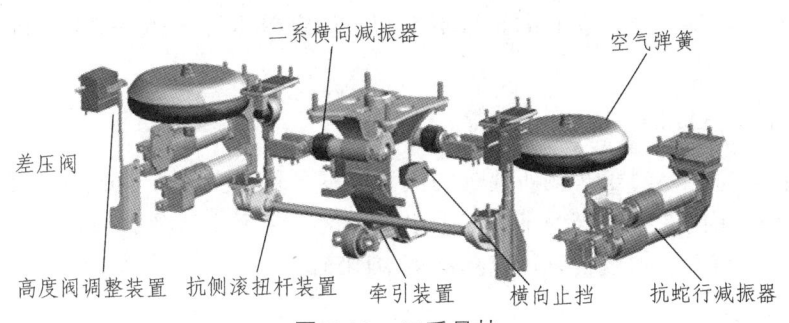

图 7-20　二系悬挂

1. 空气弹簧

空气弹簧能在列车直线通过时柔和调节，并且在列车曲线通过时缓和因超速离心力导致的撞击，是一种协调式"非线性空气弹簧"。

2. 牵引装置

牵引装置主要包括中心销组成、整体起吊吊耳和牵引拉杆组成。牵引拉杆安装在车体上的中心销和转向架构架上的牵引拉杆座上，牵引拉杆组成两端带有橡胶节点，是传递牵引力的装置。

3. 横向止挡

为了限制车体的横向移动量，在构架的纵向辅助梁内侧安装横向止挡，正常状态下，横向止挡内侧面（靠近车体纵向中心线）与中心销的自由间隙为（40+20）mm。

4. 二系横向减振器

为了改善动车组的横向振动性能，提高乘坐舒适度，在每辆车车体和转向架之间安装了横向减振器，横向减振器两端安装有橡胶节点，安装位置在中心销和转向架构架的纵向辅助梁之间。

5. 抗蛇行减振器

抗蛇行减振器是为了得到稳定的转向架回转力矩和抑制蛇行的装置，作用在转向架的回转方向（摇头方向）上，装备在车体与转向架构架之间。

6. 高度阀调整装置

自动高度调整装置是根据载重的变化自动调整空气弹簧的内压，保持车体高度一定的装置。由空气弹簧储风缸经过高度阀向空气弹簧的供气，自动高度调整阀通过阀座和保温箱安装在车体上。为了保持自动高度调整阀的耐寒、耐雪性能，将高度阀安装在带有加热器的保温箱内。另外，为了强化车体与转向架之间的绝缘，在与调整杆球铰相连的杠杆上插入硬质尼龙的绝缘板。

7. 差压阀

当左右的空气弹簧产生设定值以上的压力差时，使高压侧的空气向低压侧流动，差压阀可防止车体的异常倾斜及降低左右的轮重不平衡，设定差压为（150±20）kPa，目前使用的差压阀型号为 DP5 型。

8. 抗侧滚扭杆装置

抗侧滚扭杆装置就是对于车辆所要求的侧滚刚度，仅靠空气弹簧的垂向刚度依然不能满足其要求时发挥作用的装置。当为了提高乘坐舒适度而降低空气弹簧的垂向刚度时，则侧滚刚度也随之降低，而有了本装置就可以提高侧滚刚度。

五、驱动装置

动车转向架上设置有驱动装置，由牵引电机、齿轮箱和联轴节组成，采用架悬式安装，斜对称布置。牵引电机通过螺栓安装在构架上，前端在车轴上方设有止落结构。齿轮箱采用整体式铝合金箱体，为单级传动，一侧通过轴承安装在车轴上，另一侧通过垂直吊杆安装在构架上。牵引电机与齿轮箱间通过挠鼓形齿联轴节连接，由两个半联轴节组成，分别与电机输出轴和齿轮箱输入轴联接。驱动装置如图 7-21 所示，齿轮箱结构如图 7-22 所示。

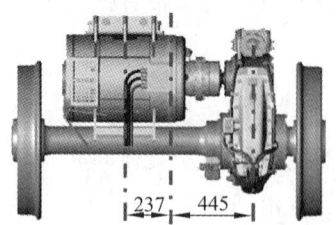

图 7-21 驱动装置

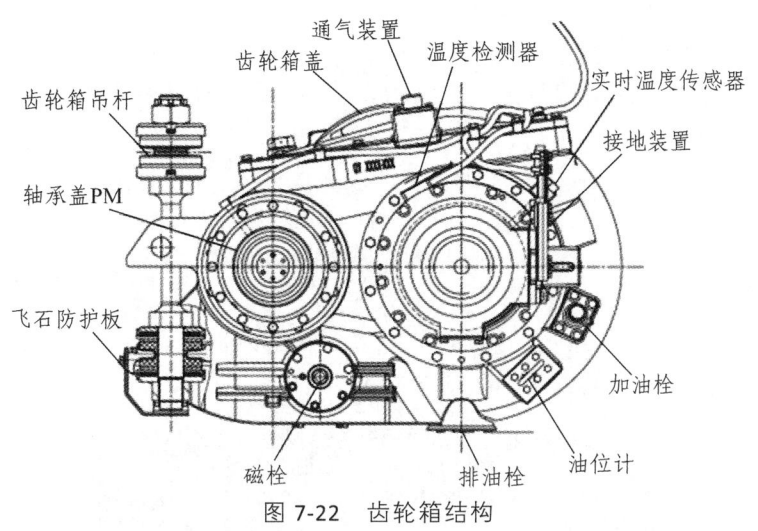

图 7-22 齿轮箱结构

六、基础制动装置

采用盘形制动，粉末冶金闸片。动车每转向架设 4 套轮盘制动装置，制动夹钳为气动式，闸片与制动盘间隙可调整。拖车每转向架设 6 套轴盘制动装置。除 TC01/TC08 车 1 位转向架外，其他拖车转向架中间制动盘处设停放制动装置，即制动夹钳带停放制动功能，总计共 12 套。当需要手动缓解停放功能时，可通过设置于转向架两侧的手制动缓解装置进行缓解，每个制动夹钳在转向架两侧均有缓解装置以便于操作。

在转向架上设置有踏面清扫装置，其端部的研磨子与车轮踏面摩擦，从而起到稳定轮轨黏着的作用。

1. 制动夹钳

制动夹钳单元均为三点吊挂制动夹钳单元，如图 7-23 所示。制动夹钳单元分为常用制动夹钳和带停放制动夹钳，均带自动间隙调整机构。

图 7-23 三点吊挂式制动夹钳

2. 踏面清扫装置

每个车轮配置 1 个踏面清扫装置，类型为直动式，研磨子采用的型号为 V2。

七、转向架辅助部件

1. 辅助排障装置

辅助排障装置安装于构架侧梁端部，在 TC01、TC08 车转向架 1 轴两侧构架侧梁端部。车轮磨耗后，可调整排障装置高度，如图 7-24 所示。

图 7-24　辅助排障器

2. 撒砂装置

在 TC01、MH04、MB05、TC08 车转向架 1 轴两侧构架侧梁端部设有撒砂装置，总计 4 套。相应转向架安装有撒砂口，安装在转向架上的撒砂口包括撒砂喷嘴和电加热装置。通过撒砂管及线缆与车体上的撒砂装置连接。按列车指令向钢轨上撒砂以达到增加轮轨黏着的目的，如图 7-24 所示。

3. 接地装置

为避免电流通过齿轮箱或轴箱轴承而造成电蚀，在动车转向架及拖车转向架上均设置接地装置。为减少轴端接地装置的配置数量，降低拆装轴端接地装置带来可靠性降低的风险，同时为降低空心轴探伤工作量，提高可维护性，动车采用齿轮箱接地，拖车采用轴端端部接地，如图 7-26 所示。

图 7-25　撒砂装置　　　　图 7-26　接地装置

4. 安全检测装置

转向架设置了安全检测装置,主要包括轴承温度传感器和转向架失稳检测装置。

(1)轴承温度传感器。

在轴箱轴承、齿轮箱轴承、牵引电机轴承上均设有温度传感器,列车运行中可实时检测轴承温度,当温度超过限制值时列车可自动报警或采取停车措施。

CR400AF 型动车组批量车取消熔断式温度继电器,采用双路冗余实时温度传感器,同时牵引电机变更采用双路冗余实时温度传感器。

(2)转向架失稳检测装置。

在转向架构架对应 1、4 轴位处,设置有转向架失稳检测装置,可检测转向架横向振动加速度。通过车辆上的控制单元可对加速度进行分析,当判断转向架有失稳迹象时,系统将发出警告,并采取减速措施。

第六节　高压及牵引系统

(一)高压系统

高压系统由受电弓、真空断路器+接地保护开关、避雷器、高压隔离开关、电压互感器、电流互感器、高压接头、高压电缆等组成,高压设备连接采用高压设备箱整体密封结构,除受电弓和网侧避雷器外的其他高压设备均安装在车下高压设备箱内,车顶高压电缆采用内绝缘直接电缆跨接。

真空断路器置于受电弓后级,受电弓故障时可通过真空断路器隔离。真空断路器可控制两个高压单元,工作时仅需一个真空断路器动作,受电弓侧故障可通过断路器隔离,主干路故障可通过真空断路器保护,某一个高压单元故障可通过隔离开关切除。

1. 设备布置

3 号车和 6 号车车顶各设受电弓、网侧避雷器,如图 7-27 所示,其他高压设备均安装在车下高压设备箱内,具体见表 7-5。

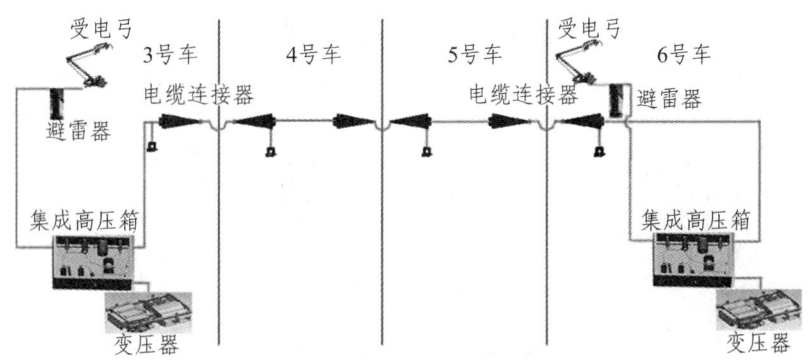

图 7-27　主供电设备布置图

表 7-5 高压连接设备构成

高压设备位置	设备名称	3号车	4号车	5号车	6号车
车顶设备	受电弓	1架			1架
	避雷器	1个			1个
	支撑绝缘子	3个			3个
	电缆接头	1个	2个	2个	1个
高压箱内设备	高压隔离开关	1个			1个
	高压互感器	1个			1个
	接地开关	1个			1个
	电缆接头	3个			3个
	避雷器	1个			1个
	真空断路器	1个			1个
	电流互感器	2个			2个

2. 高压系统

TP03 车和 TP06 车各设置 1 个基本高压单元，每个高压单元的设置相同；隔离开关可隔离对应的高压单元；通过真空断路器可对故障受电弓、电压互感器、电流互感器等进行隔离；每个高压单元通过电流、电压互感器进行检测，实施过压、过流保护；每个高压单元设置 2 个避雷器，实现高压回路过电压两级保护。高压系统原理图如图 7-28 所示。

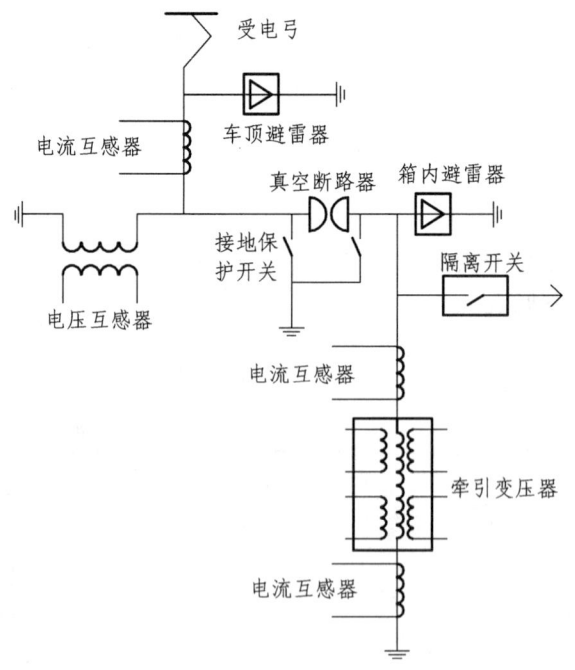

图 7-28 高压系统原理图

（二）牵引系统

全列车分为 2 个动力单元：M02+TP03+MH04，MB05+TP06+M07，每 3 节车厢作为一个单元。25 kV/50 Hz 单相交流电源从接触网经受电弓处受电、通过 VCB 与牵引变压器 1 次侧绕组连接。每个动力单元车中各设一台牵引变压器、两台牵引变流器（牵引变流器包括整流器、逆变器和辅助逆变器）及八台牵引电机。牵引变流器牵引运行时向牵引电动机供电，制动时将制动再生电能反馈回电网。以 M02+TP03+MH04 单元为例：牵引变流器 02 车、04 车各设置 1 组牵引变流器（CI）牵引主回路配置如图 7-29 所示。

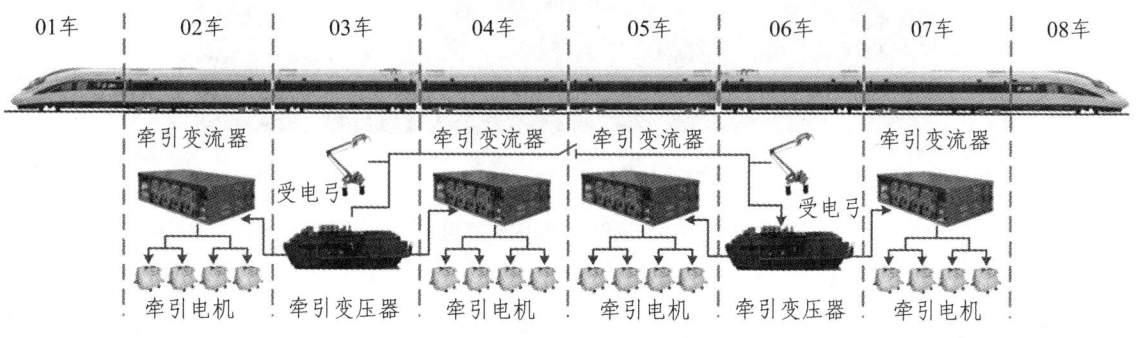

图 7-29　主回路设备配置图

1. 设备布置

主电路的基本单元由受电弓（1 台）、VCB（主断路器）（1 台）、牵引变压器（1 台）、牵引变流器（2 台）、牵引电机（8 台）构成。1 台牵引变流器驱动 4 台牵引电机。上述主电路设备安装在 M02 和 MH04 车、MB05 和 M07 车上，每 2 辆构成 1 个牵引单元。

2. 牵引电机冷却系统

牵引电机冷却系统用来为牵引电机提供冷却用风。每节动车配置 2 套牵引电机冷却系统。

牵引电机冷却系统采用一台双吸离心式冷却风机，通过两个单独的主电动机风道分为一台转向架上的两台牵引电机供风。冷却风机采用 2/4 双绕组、双速电机。牵引电机冷却风机通过橡胶减振器悬挂在车体横梁上。主电动机风道经过底架、枕下面直到牵引电机上方。牵引电机与主电动机风道间采用伸缩管、牵引电机冷却风机和电动机风道间采用软风道连接，如图 7-30 所示。

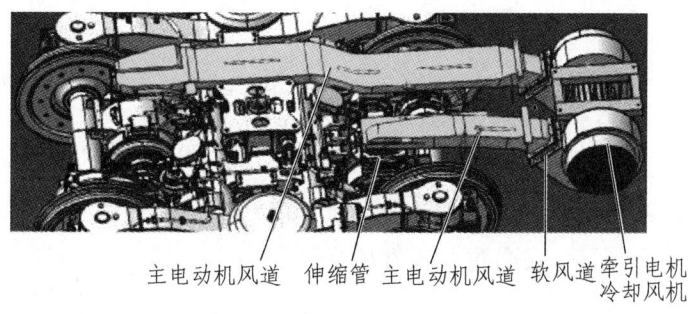

图 7-30　牵引电机冷却系统的构成

（1）牵引电机冷却风机。

牵引电机冷却风机采用单电机驱动的两侧双进风、双出风离心式风机。风机型号为：HST-FANMM2-07、TLTF4.4B、TJL425-3、CS6-27-2No.4.5。主要由支架、驱动电机、蜗壳、叶轮、网罩、电气连接器等构成，如图7-31所示。

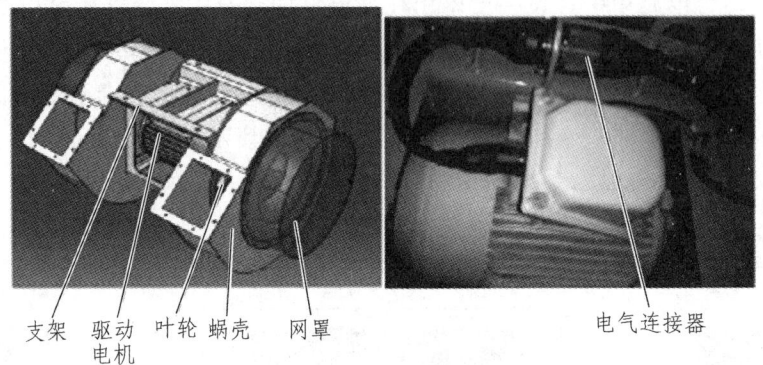

图 7-31　牵引电机冷却风机

（2）伸缩管和软风道。

伸缩管和软风道主体采用尼龙基布、内外挂橡胶层形式，密封性良好，同时具有较强的弹性及恢复能力，如图7-32所示。

 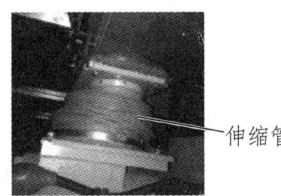

图 7-32　伸缩管及软风道

第七节　供风及制动系统

动车组在3、6车各设置1台主供风单元和辅助供风单元。

主供风单元为动车组车辆制动系统及其他用风设备提供干燥洁净的压缩空气。

（一）主供风单元

1．构　成

（1）螺杆空气压缩机组（电机、压缩机、冷却器、空滤器、油过滤器等）；

（2）空气净化处理单元（双塔干燥器、微油过滤器）；

（3）管路组件（单向阀、安全阀、压力控制器等）；

（4）电控单元；

（5）托架。

2. 工作原理

（1）气路原理。

电机通过联轴器直接驱动压缩机，将空气通过空滤器 F1 吸入压缩机 C 产生压缩空气。压缩空气在压力升高后，通过打开油气筒顶部的最小压力阀后进入冷却器。经冷却后的压缩空气通过电磁阀 E 控制进入干燥塔进行干燥，L/R 干燥塔交替工作。经过干燥后压缩空气最后经微油过滤器，进一步去除压缩空气中的气态油，最后进入主风缸，如图 7-33 所示。

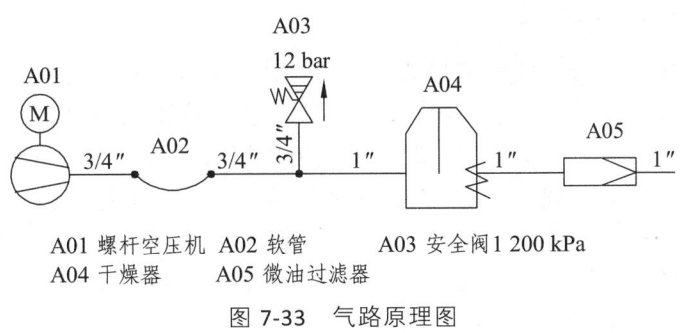

A01 螺杆空压机　A02 软管　　A03 安全阀 1 200 kPa
A04 干燥器　　　A05 微油过滤器

图 7-33　气路原理图

（2）电气原理。

正常模式下，由 BCU 控制模块对空压机进行主辅选择以及启停控制管理，当总风压力降到 800 ± 20 kPa 时，控制空压机启动；当总风压力到达 950 ± 20 kPa 时，控制空压机停机。当总风压力降到 750 ± 20 kPa 时，控制另一台空压机启动；当总风压力到达 950 ± 20 kPa 时，控制空压机停机。

（3）机组状态输出。

润滑油温度监控信号，干燥器故障信号（样机此信号为虚拟信号）。

（4）供风单元加热功能。

当环境温度低于 7 ± 3 ℃ 时，干燥器中的加热器开始加热，环境温度高于 22 ± 3 ℃ 时停止加热。

（二）制动系统对压缩机控制

制动系统具有主空压机控制的功能，协调并控制列车中的各空压机为动车组提供压缩空气，各台空压机起动时采用错开启动，避免同时起动造成瞬间电流过大。

空压机车辆的 EBCU 将本车检测的 MR 压力通过列车网络传送到头车主控 EBCU，由头车主控 EBCU 通过列车网络统一控制主空压机的启停，保证总风压力保持在 800 ~ 950 kPa。

（1）压力控制范围：

MR 压力值 ≤ 800 kPa 时，单列时主控端牵引单元内的空压机为首选空压机启动；重联时主控车的主控端及从控车的重联端牵引单元内的空压机为首选空压机启动。

MR 压力值 ≥ 950 kPa 时，所有空压机关闭；

MR 压力值 ≤ 780 kPa 时，单列时两台空压机同时激活错时启动；重联时四台空压机同时激活错时启动。

(2) EBCU 故障时，空压机可通过制动控制装置内压力开关控制启动，保证系统安全。

MR 压力值≤750 kPa 时，直接控制本车主空压机启动；

MR 压力值≥950 kPa 时，压力开关控制空压机停止。

(3) 诊断信号：油温高报警信号开关量直接输出给本车 EBCU；干燥器故障信号由供风单元直接输出给本车网络用于故障显示。

(4) 空压机切除：司机室监控屏可手动切除每个供风单元。

(三) 辅助空压机控制

辅助空压机采用无油活塞式压缩机装置，由车载蓄电池供电。在总风压力不足时，通过启动辅助空压机为受电弓、VCB、EGS、高压隔离开关动作提供风源。

操作司机操纵台"升弓按钮"的同时，若辅助风压低于 640 kPa 时，辅助空压机自动启动打风，当辅助风压压力达到 750 kPa 时，辅助空压机自动停止打风。

辅助供风单元集成包括辅助供风单元和电气控制系统两部分，安装在 Tp03 和 Tp06 车车下。

(1) 辅助供风单元是压缩机空气的产生和处理装置，由电动空气压缩机、空气过滤器、干燥器等组成，主要功能提供干燥清洁的压缩空气。

(2) 电气控制系统是辅助供风单元集成的电气控制和检测装置，由压力调节器、电磁阀、按钮开关、钥匙箱、截断塞门、风缸等部件组成，主要功能是系统压力检测和电气逻辑控制、接地保护投入与切除控制、高压设备联锁控制以及受电弓和 VCB 动作气源供给控制等。

(四) 安全联锁设备

安全联锁设备主要包含钥匙箱、安全联锁盒、锁装置、外接电源门锁等，安全联锁系统原理如图 7-34 所示。

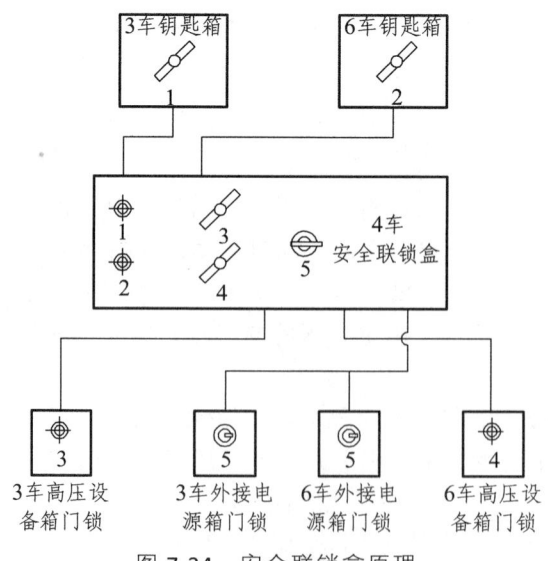

图 7-34 安全联锁盒原理

钥匙箱安装在辅助供风单元集成的电气控制箱中，安全联锁盒安装在MH04车下，锁装置安装在高压设备箱上，外接电源门锁安装在外接电源连接器箱上。

1. 钥匙箱

钥匙箱的作用是为安全联锁盒钥匙取出设置条件，钥匙箱中钥匙的取出是先降下受电弓和投入EGS保护接地后，再通过钥匙箱内部的机械和电气双重保护后才可能完成的。其中，双重保护为：通过操作钥匙箱上的截止阀关闭受电弓升起和EGS断开空气气路，同时，通过钥匙箱上的微动开关断开控制受电弓上升和EGS断开用的电气回路，从而实现双重保护，即使司机室操作受电弓上升或EGS断开，由于受电弓升起、EGS断开的气路和电路均被切断，受电弓将不能升起，EGS将不能断开，从而保护高压设备箱检修人员的安全。

图 7-35　钥匙箱

2. 安全联锁盒

安全联锁盒的作用是为高压设备箱锁装置和外接电源箱门锁的钥匙取出设置条件，只有同时得到3车、6车钥匙箱内的钥匙，才能取出高压设备箱锁装置和外接电源箱门锁的钥匙，进行维护作业，如图7-36所示。

3. 锁装置

高压设备箱锁装置和外接电源连接器箱门锁的作用是通过由安全联锁盒取出相应钥匙才能打开进行维护作业，从而保证维护人员进入高压设备箱的安全。

4. 安全联锁盒及锁装置的工作原理

（1）车辆运行时。

根据安全联锁盒原理，安全联锁盒的1（存在3车钥匙箱内）、2位（存在6车钥匙箱内）无钥匙，3、4、5号钥匙均应被锁定（无法转动及取出），故3、6车高压设备箱不能打开，3、6车外接电源箱不能开启。

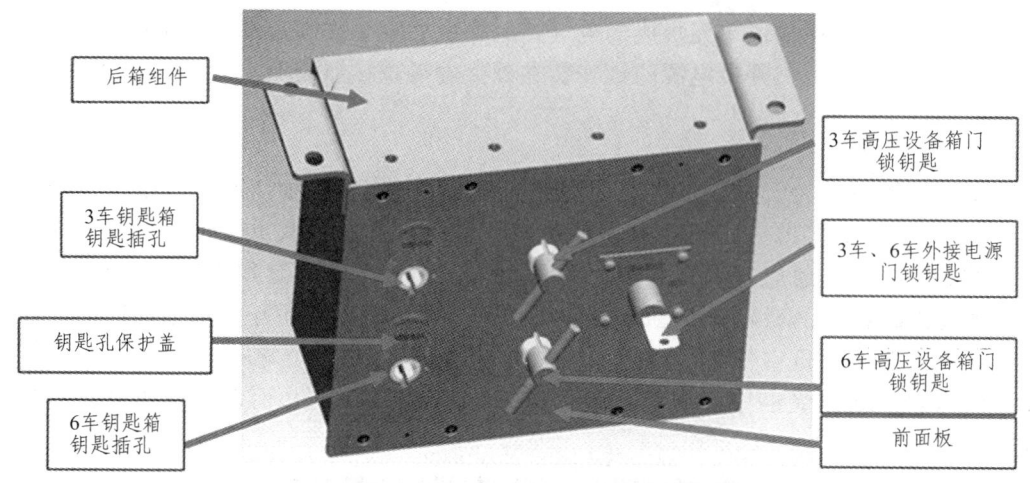

图 7-36　安全联锁盒结构图

（2）车辆维护时。

① 取安全联锁盒 3、4、5 号钥匙：插入 1（3 车钥匙箱内钥匙）、2 号（6 车钥匙箱内钥匙）钥匙并全部转动到位（逆时针转动约 60°）后，此时 3、4、5 号钥匙被解锁，转动到位后可取出；若只插入 1 号或 2 号钥匙并转动到位（逆时针转动约 60°），3、4、5 号钥匙应不能转动及取出；当 3、4、5 号钥匙任意取出（1~3）把后，1、2 号钥匙均应被锁定无法转动及取出。

② 取安全联锁盒 1、2 号钥匙：只有将 3、4、5 号钥匙全部插入并转动至车辆运行时状态，方能取出 1、2 号钥匙；若 3、4、5 号钥匙缺少任意一把，1、2 号钥匙均应被锁定无法转动及取出。

（五）司机室中的制动设备

司机室中制动相关设备主要包括：司机操纵台上设置的司控器主控手柄，HMI 控制屏，单针、双针压力表，停放制动施加、缓解按钮，紧急制动、保持制动、清洁制动、乘客紧急旁路、比例制动等按钮，撒砂控制、风笛控制等拨键开关，刮雨器控制开关，以及司机室边柜内的旁路开关、控制空开等，如图 7-37 所示。

图 7-37　司机室操纵台布置

司机室制动系统设备使用具体如表 7-6 所示。

表 7-6　司机室制动系统设备

制动控制元件	描　述	使　用
	司控器主控手柄	制动牵引共用一个手柄，以"0"为分界，向前推为牵引扇区，向后拉为制动扇区，制动级位定义如下： "0"——缓解位； "1，2，3，4，5，6，7"-常用制动； "7"——最大常用制动位； "EB"——紧急制动 EB 位。
	司机 HMI 屏	司机 MMI 屏可提供以下界面显示制动系统相关控制和监控信息： 1）制动试验； 2）制动信息； 3）ATP 状态； 4）警惕装置； 5）辅助控制； 6）空转滑行； 7）撒砂控制； 8）帮助
	"紧急制动按钮"，红色	紧急制动按钮通过电气触点断开紧急制动 UB 环路，列车施加紧急制动 UB
	双针压力表	显示总风管（红色指针）和本车制动缸（BP，黑色指针）的压力
	列车管压力表	显示列车管（BP 压力）压力
	停放制动施加按钮	自复位带黄灯按钮开关。 按下施加停放制动，停放制动施加后黄灯点亮
	停放制动缓解按钮	自复位带白灯按钮开关。 按下缓解停放制动，停放制动缓解后白灯点亮
	清洁制动施加按钮	白色自复位按钮，按下保持有效，施加清洁制动，抬起复位，停止施加清洁制动
	保持制动缓解按钮	自复位形式带绿色指示灯 按压"保持制动缓解"按钮开关，缓解保持制动
	比例制动按钮	自复位形式带黄色指示灯 按压"比例制动"按钮开关，进入比例制动模式

续表

	撒砂开关	黑色球型拨键开关（自复位三档）置"前"位置（运行的方向）开始前轮对的撒砂；置"后"位置，开始整车前进方向撒砂
	风笛开关	黑色拨键开关（自复位三档）置"前"位置（运行的方向）风笛发出高音；置"后"位置，风笛发出低音
	紧急复位按钮	紧急制动 EB 或 UB 施加后，紧急制动（EB 和 UB 安全环路）复位用

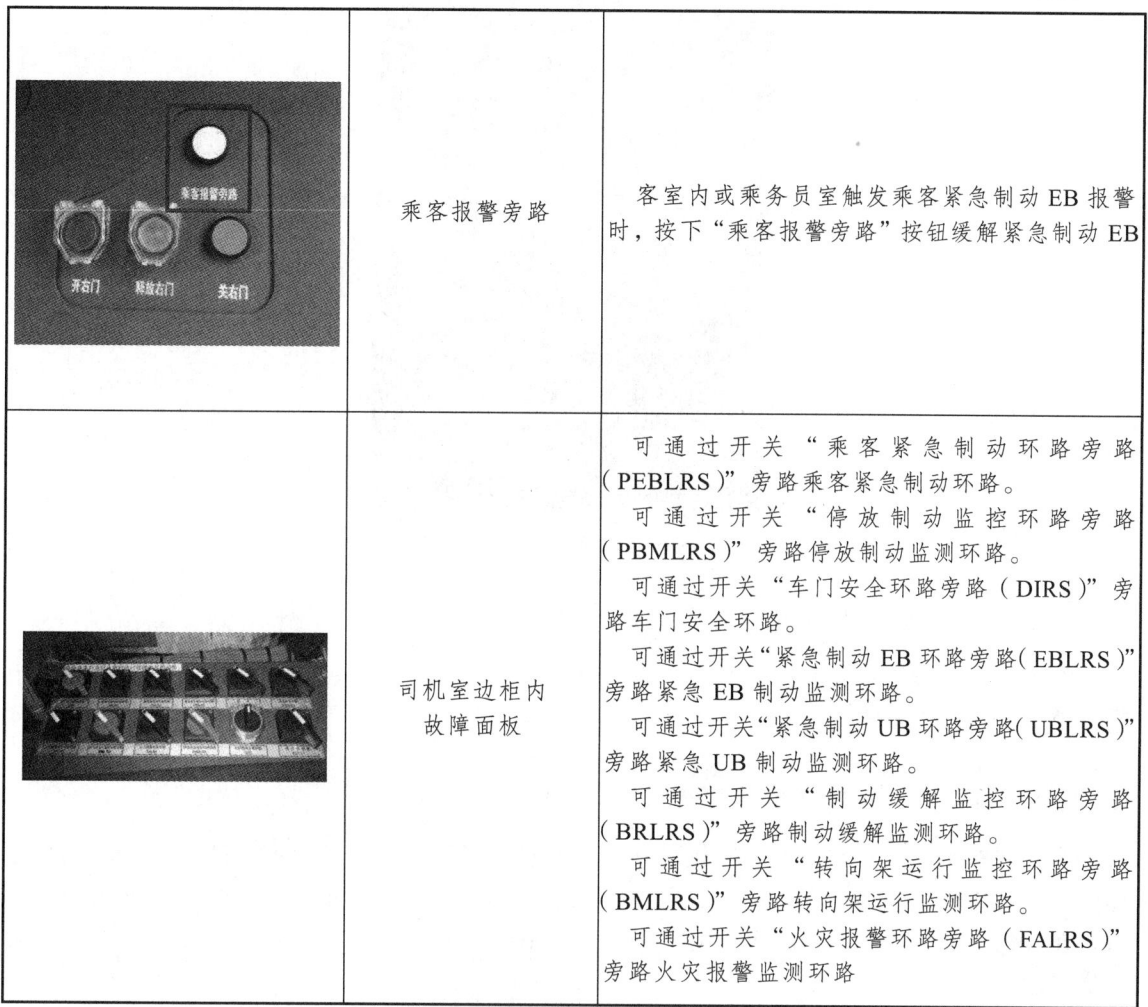

	乘客报警旁路	客室内或乘务员室触发乘客紧急制动 EB 报警时，按下"乘客报警旁路"按钮缓解紧急制动 EB
	司机室边柜内故障面板	可通过开关"乘客紧急制动环路旁路（PEBLRS）"旁路乘客紧急制动环路。 可通过开关"停放制动监控环路旁路（PBMLRS）"旁路停放制动监测环路。 可通过开关"车门安全环路旁路（DIRS）"旁路车门安全环路。 可通过开关"紧急制动 EB 环路旁路（EBLRS）"旁路紧急 EB 制动监测环路。 可通过开关"紧急制动 UB 环路旁路（UBLRS）"旁路紧急 UB 制动监测环路。 可通过开关"制动缓解监控环路旁路（BRLRS）"旁路制动缓解监测环路。 可通过开关"转向架运行监控环路旁路（BMLRS）"旁路转向架运行监测环路。 可通过开关"火灾报警环路旁路（FALRS）"旁路火灾报警监测环路

（六）客室中的制动设备

在 TC01 和 TC08 车的观光区设置乘客紧急制动拉闸，在所有车客室两端设置乘客紧急制动拉闸，拉闸被拉下后立即触发紧急制动 EB，且拉闸不能复位，需采用四角钥匙复位。通过客室内拉闸触发的紧急制动 EB，需将拉闸复位后，司机操作"乘客报警旁路"按钮，可以缓解乘客触发的紧急制动 EB。

表 7-7 客室紧急制动拉闸布置

车辆	TC01	M02	TP03	MH04	MB05	TP06	M07	TC08
数量	3	2	2	2	2	2	2	3

客室内乘客紧急制动拉闸如图 7-38 所示。

图 7-38 观光区和客室乘客紧急制动拉手

(七) 乘务员室和机械师室中的制动设备

在 MB05 车乘务员室和机械师室设置乘客紧急制动拉手,功能与客室内紧急制动拉闸相同,拉下后触发紧急制动 EB。

(八) 客室配电柜中的制动设备

为方便在车上切除本车制动缸供风和停放制动缸供风,在 T01\TP03\TP06\TC08 车配电柜中设有"停放缸隔离"和"制动缸隔离"截断塞门,用于切除本车停放缸供风和制动缸供风;在 M02\MH04\MB05\M07 车配电柜中设有"制动缸隔离"截断塞门,用于切除本车制动缸供风。

"停放缸隔离"截断塞门手柄为黑色,"制动缸隔离"截断塞门手柄为红色。

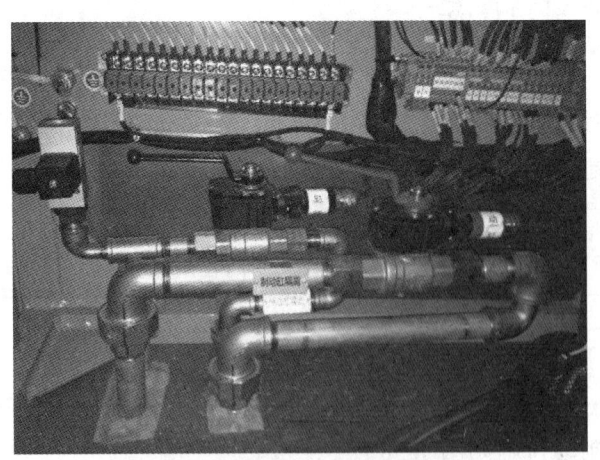

图 7-39 配电柜内隔离塞门

在各车客室配电柜中设有 BCU 服务接口，开展维护工作时将使用该接口，布置如图 7-40 所示。

图 7-40　配电柜内 BCU 服务接口

（九）外部制动缓解显示器

在车辆的两侧都布置有制动缓解显示器，如图 7-41 所示。其中在 T01\TP03\TP06\TC08 车两侧设有制动缸制动/缓解显示、停放缸制动/缓解显示的双窗显示器；在 M02\MH04\MB05\M07 车辆车设有制动缸制动/缓解显示的单窗显示器。

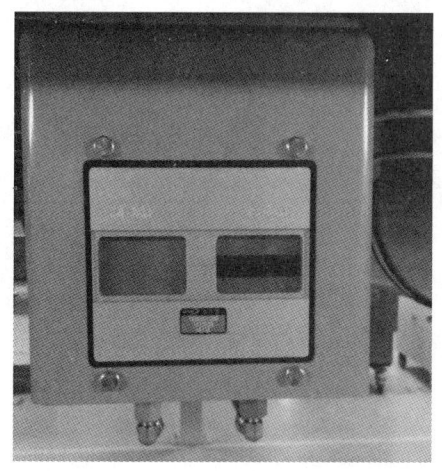 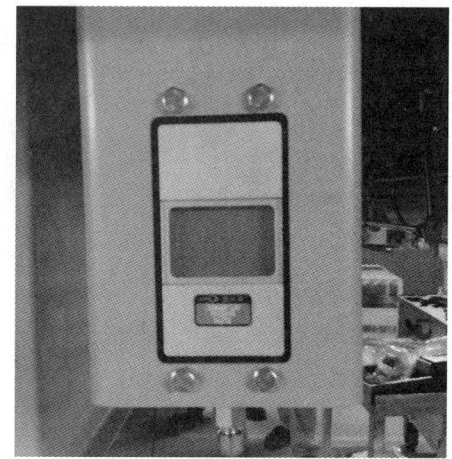

图 7-41　制动缓解显示器

制动缓解显示器颜色含义见表 7-8。

表 7-8 制动缓解显示器说明

指示器	说明	含义
空气制动状态显示器（各车）		显示空气制动缓解/施加的状态
	指示区绿色	空气制动已缓解
	指示区红色，带黑色圆点	空气制动已施加
停放制动状态显示器，位于T01、TP03、TP06、TC08车		显示停放制动缓解/施加的状态
	指示区绿色	停放制动已缓解
	指示区红色，带黑色横线	停放制动已施加

注意：

（1）空气制动施加时，施加停放制动，停放制动力被部分缓解，停放制动状态显示器显示一半绿色一半红色。

（2）停放制动隔离后，停放制动状态显示器显示红色。此时，不能代表停放制动实际施加状态。

第八章 CR400BF 动车组简介

第一节 列车概况

一、车辆配置

CR400BF 型动车组用于在中国的 350 km/h 速度等级客运专线（如京沪客运专线）上运营，并能在 200 km/h 速度等级及以上的客运专线上以 200 km/h 速度级正常运行。
车辆配置图如图 8-1 所示。

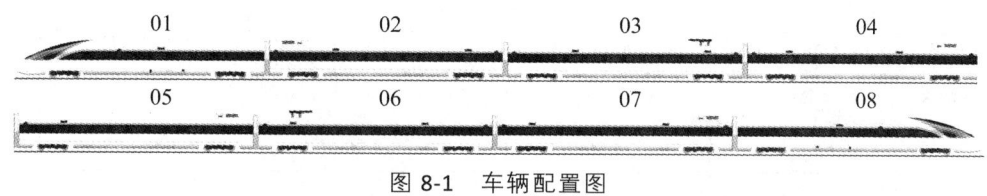

图 8-1 车辆配置图

动车组的动力及辅助供电配置如图 8-2 所示。

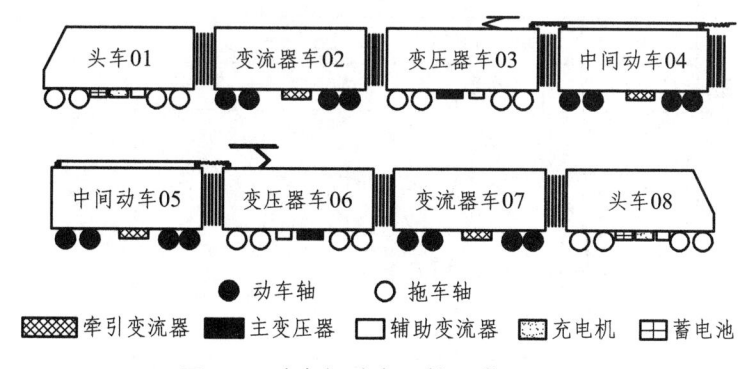

图 8-2 动车组动力及辅助供电配置

TC01/M02/TP03/MH04、TC08/M07/TP06/MB05 车各组成一个牵引单元。

二、技术参数

CR400BF 型动车组主要技术参数见表 8-1。

表 8-1　CR400BF 型动车组主要技术参数

列车长度	约 210 m
编组	8 辆一组的动车组
轴式	$2'2'+ B_o'B_o'+ 2'2'+ B_o'B_o'+ B_o'B_o'+2'2'+ B_o'B_o'+2'2'$
定员	576 人
轨距	1 435 mm
限界	GB 146.1—83 《高速铁路机车车辆限界暂行规定》（科技装函〔2003〕62 号）
车辆长度	中间车 25 000 mm 头车 26 764 mm
车辆定距	17 800 mm
转向架固定轴距	2 500 mm
车体宽度	3 360 mm
车顶距轨面高度	4 050 mm
地板布面距轨面高	1 260 mm
供电电压	AC 25 kV / 50 Hz
海拔 1500 m 以下时轮周最大许可输出功率（如海拔增高，则输出功率降低）	10 140 kW
从 17.5 kV 到 25 kV 和 29 kV 到 31 kV	降低
从 29 kV 到 31 kV	5 min 后切断
低于 17.5 kV 和超过 31 kV	自动切断
网压与轮周牵引功率的关系图	
最低运用时间	330 天/年
每年运行能力	1 000 000 km
再生制动的轮周最大功率	10 140 kW
持续运行速度	350 km/h，剩余加速度 $\not< 0.05$ m/s

续表

最高运行速度	350 km/h
运行站台高度	距轨面高度：1 250 mm 轨道中心距站台边缘距离：1 750 mm
头车自动车钩高	1 000 mm
中间车钩高	935 mm
0 到 200 km/h 平均加速度	≮0.4 m/s²
最大轴重	≤17 t
最小轨道半径 S 形曲线	连挂运行时：250 m；单车调车时：150 m 曲线 180 m + 过渡 10 m + 曲线 180 m
与机车连挂能力，机车采用中国铁路 15 号自动车钩，钩高为 880 mm	救援时，采用过渡机械车钩
最大坡度	正线上最大坡度 12‰；困难条件下 20‰； 站段联络线不大于 30‰
单洞双线隧道的有效面积 单线隧道的有效面积	100 m² 75 m²

第二节 设备布置

一、车　内

动车组设商务/一等车 1 辆（1 号车）、商务/二等车（8 号车）1 辆、二等车（2/3/6/7 号车）4 辆、带残疾人设施二等车（4 号车）1 辆、餐座合造车（5 号车）1 辆。

两端车前部各设一个休闲观光区，观光区内设商务座椅。一等车座席采用 2 + 2 布置。二等车座席采用 2 + 3 布置。餐座合造车设二等座区，采用 2 + 3 布置。

车内布置如图 8-3 所示。

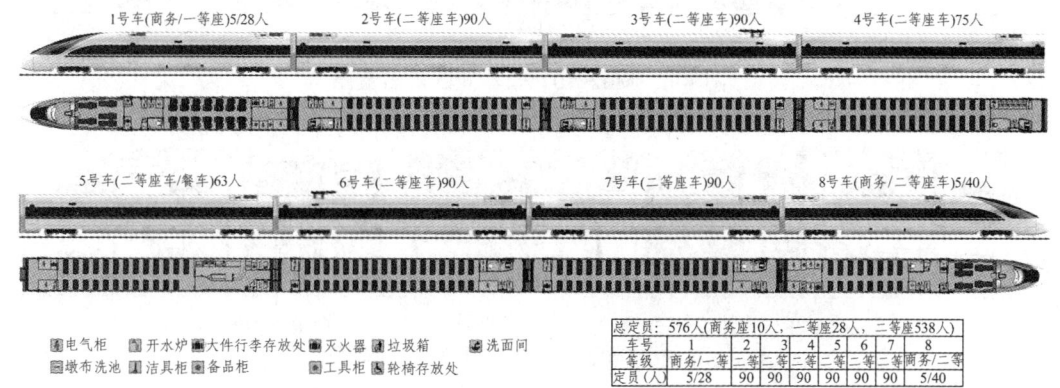

图 8-3　车内布置

二、车　顶

车顶高压设备主要分布在 TP03/06 车上，车顶设备布置如图 8-4 所示。

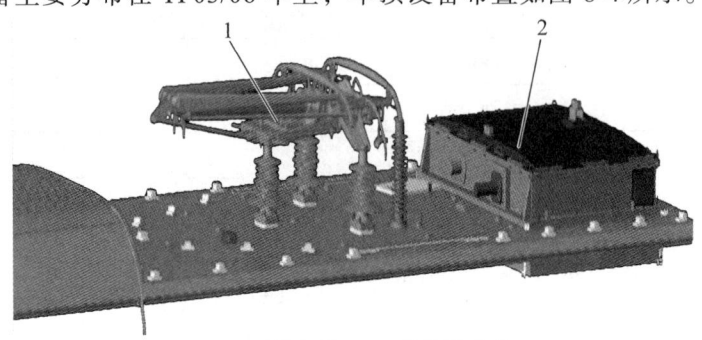

1—受电弓；2—高压设备箱

图 8-4　车顶布置

三、车　下

车下设备布置如图 8-5～图 8-9 所示。

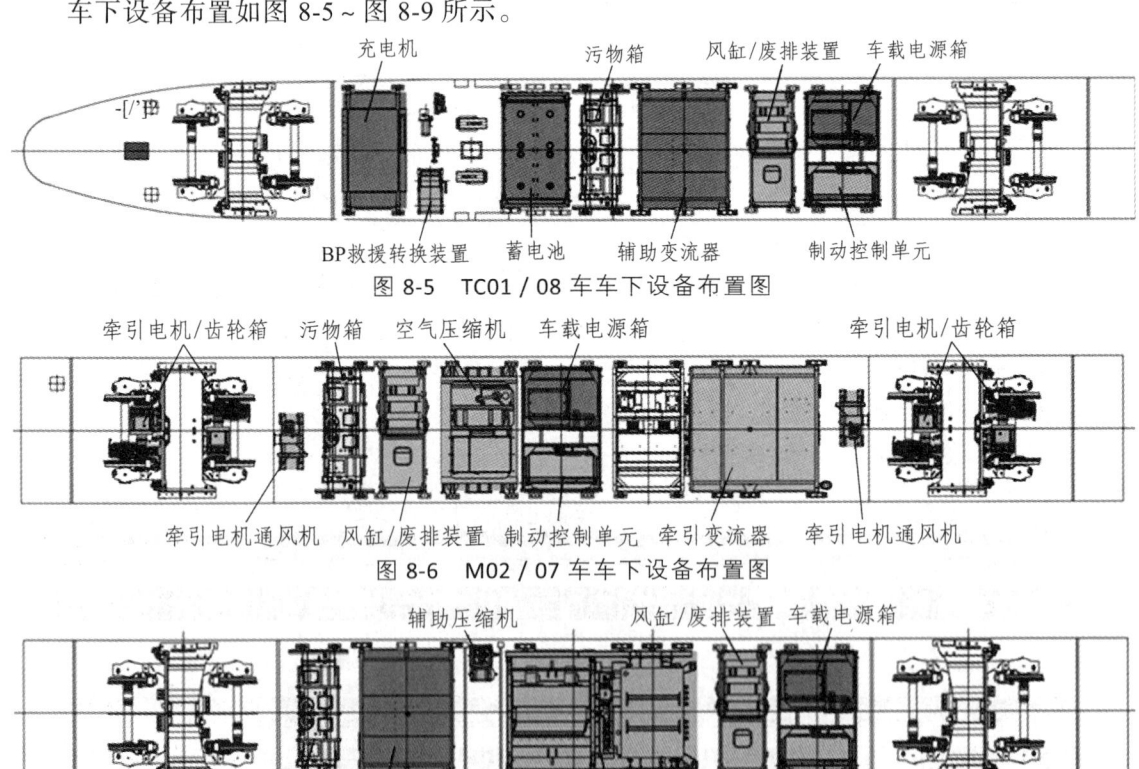

图 8-5　TC01/08 车车下设备布置图

图 8-6　M02/07 车车下设备布置图

图 8-7　TP03/06 车车下设备布置图

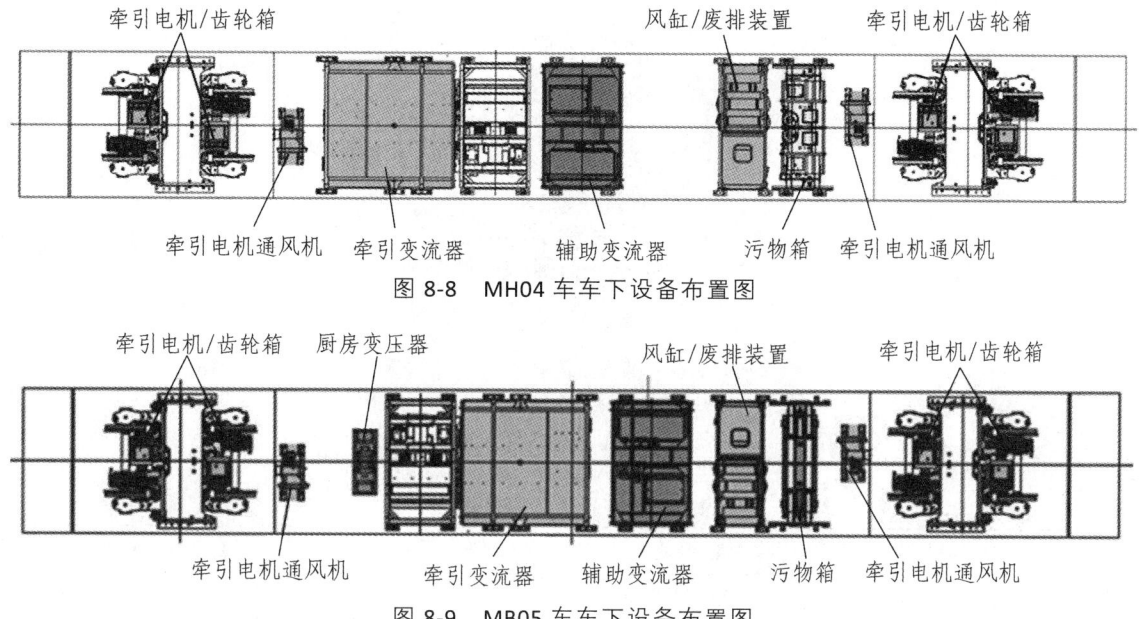

图 8-8 MH04 车车下设备布置图

图 8-9 MB05 车车下设备布置图

第三节 转向架及其辅助

动车转向架型号为 CW350D，拖车转向架型号为 CW350。转向架为两轴无摇枕、有联系枕梁转向架，所有转向架的主模块都基本相同。采用 H 型焊接构架、转臂式轴箱定位、双圈螺旋式钢弹簧和垂向减振器的一系悬挂，大柔度空气弹簧、横向减振器、横向止挡、抗蛇行减振器（每侧两个）和 Z 型牵引装置的二系悬挂，盘式基础制动单元，架悬式交流电机、联轴节和齿轮传动系统。非动力转向架采用与动力转向架基本相同的结构形式。

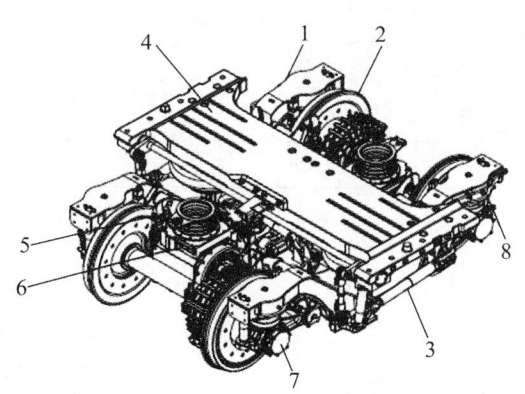

1—动车构架；2—轮对轴箱定位装置；3—二系悬挂装置；4—牵引装置；
5—基础制动装置；6—驱动装置；7—轴端装置；8—辅助装置

图 8-10 动车转向架 CW350D

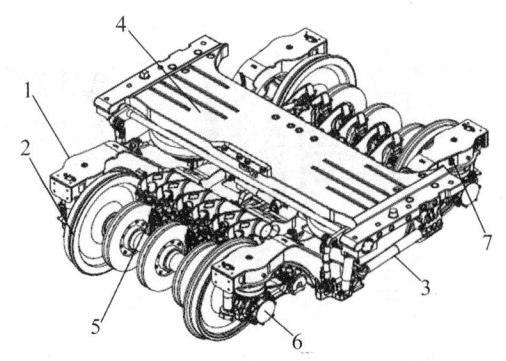

1—拖车构架；2—轮对轴箱定位装置；3—二系悬挂装置；4—牵引装置；
5—基础制动装置；6—轴端设备；7—辅助装置

图 8-11　拖车转向架 CW350

表 8-2　转向架主要技术参数表

序号	主要参数	数值
1	最高运营速度/（km/h）	350
2	轨距/mm	1 435
3	静态轴重/t	17
4	固定轴距/mm	2 500
5	车轮直径（新轮/全磨耗）/mm	920/850
6	空气弹簧横向间距/mm	1 900
7	轴承中心间距/mm	2 000
8	轴箱定位方式	转臂定位
9	二系减振方式	空气弹簧+减振器
10	基础制动方式	动车轮盘 拖车轴盘
11	转向架与车体连接形式	枕梁连接
12	动车转向架质量/kg	约 9 600
13	拖车转向架质量/kg	约 7 600

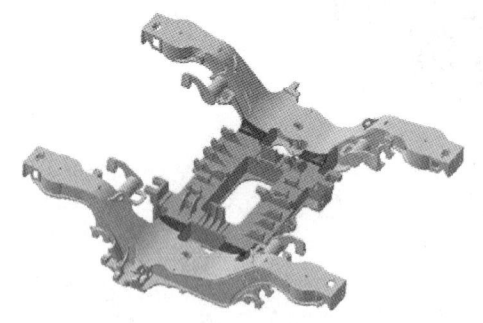

图 8-12　动车构架子

图 8-13　拖车构架

一、轮对轴箱装置

轮对轴箱装置主要由车轮、车轴、轴箱、一系定位装置等组成。轴承采用整体自密封圆锥滚子或圆柱轴承。轴箱为分体式统型结构，接口统一，可同时满足不同型号不同供应商的轴承接口安装。齿轮箱采用一级斜齿传动，鼓形齿大变位联轴器，铝合金分体式箱体，与构架连接采用吊杆饼装吊挂方式。

图 8-14　动车轮对

图 8-15　拖车轮对

动车组轮对采用转臂式轴箱定位结构。一系悬挂装置由一组螺旋钢弹簧、叠层橡胶弹簧及一系垂向减振器和轮对定位装置组成。

图 8-16　一系悬挂装置

轴箱弹簧为双层螺旋钢弹簧，置于轴箱顶部，弹簧组上半部伸到构架侧梁的弹簧座里面，在弹簧顶部与构架弹簧座之间设有一块橡胶垫，用以吸收来自钢轨的冲击和高频振动。

双层螺旋钢弹簧用于减少列车行驶时产生的振动、冲击和其他运动。双层螺旋钢弹簧加叠层橡胶弹簧的设计可以保障悬挂性能最佳。叠层橡胶弹簧同钢制螺旋压缩弹簧串联一同运转。橡胶弹簧的主要用途是确保结构噪声最佳绝缘性能。橡胶弹簧进行垂直静态预载并吸收垂直方向上的相对运动以及水平方向上倾斜运动。

一系悬挂配有垂直固定的止挡，为获得更好地调节弹簧间距，装配了不同厚度的调整垫圈。

二系悬挂采用有过渡枕梁的高柔性空气弹簧承载方式；牵引装置为对中性能良好Z型牵拉引杆。每个转向架设1个高度调整阀和1个防过冲安全阀；2个横向减振器，4个抗蛇行减振器，2个垂向减振器，1套抗侧滚扭杆装置。转向架与车体间设有联系枕梁。空气弹簧横向跨距为1 900 mm，带有应急弹簧，提供适宜的各向刚度以保证空簧失气状态下能保证一定的运行性能。横向缓冲橡胶止挡具有非线性特性，自由间隙为20 mm。中心销、中心销座为高强度低合金钢铸造结构，牵引拉杆为锻造结构。

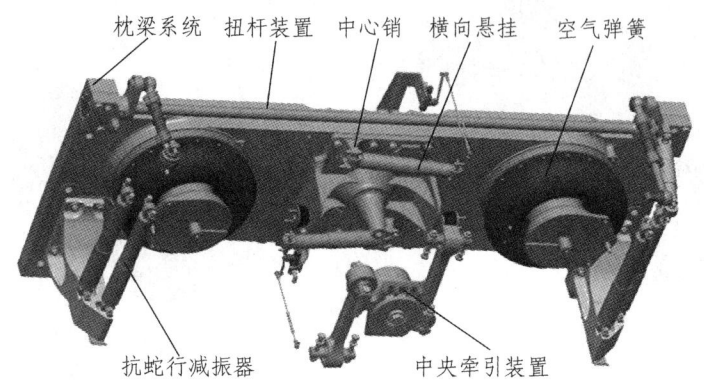

图 8-17　二系悬挂装置

二、驱动装置

驱动装置采用弹性架悬交流牵引电机，采用鼓形齿大变位联轴器，铝合金齿轮箱。电机和齿轮箱结构紧凑，为轻量化设计。每个转向架安装两台牵引电机，每台牵引电机通过4个弹性节点安装在转向架构架上，电机与构架间装有电机减振器和电机止挡。从齿轮到牵引电机的扭矩传递是通过联轴器实现的，联轴器用于补偿轮对与构架之间的全部可能的相对运动。

图 8-18　驱动装置

三、基础制动装置

动力转向架采用轮盘制动，制动夹钳采用三点悬挂。拖车采用轴盘制动，制动单元可带有停放功能，制动夹钳采用三点悬挂。

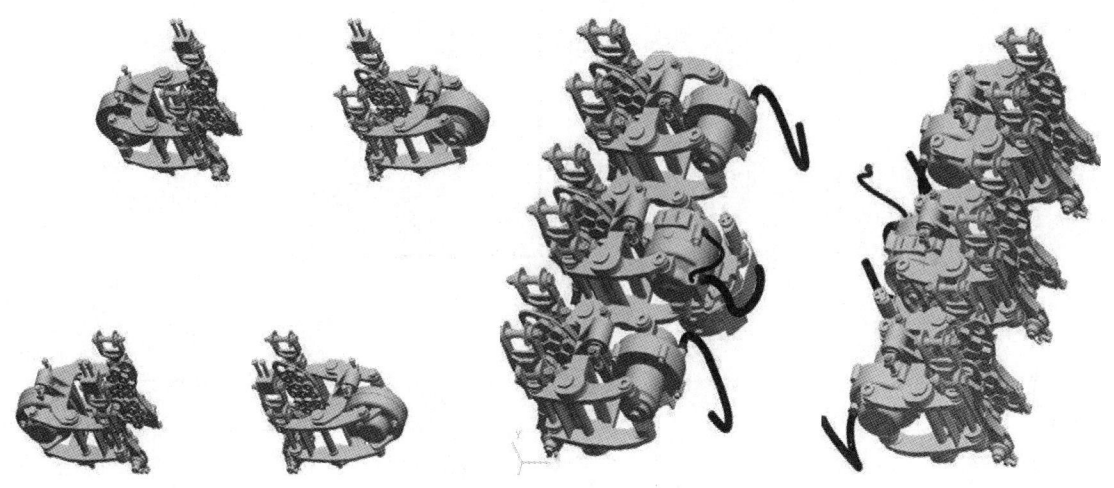

图 8-19　基础制动装置

四、辅助装置

转向架辅助装置主要包括回流/保护接地、制动防滑传感器、轨道扫石器、撒砂装置、轮缘润滑、列车控制系统的拖轴速度传感器、ATP 控制系统传感器、感应接收器、TC-2 上的溢流电磁阀、轴温监控系统、构架横向失稳检测系统。

第四节　主供电

一、高压系统

高压系统的组成及原理如图 8-20 所示，每列动车组都由两个对称的牵引单元（01 至 04 车和 05 至 08 车）组成，它们通过车顶高压电缆相互连接。

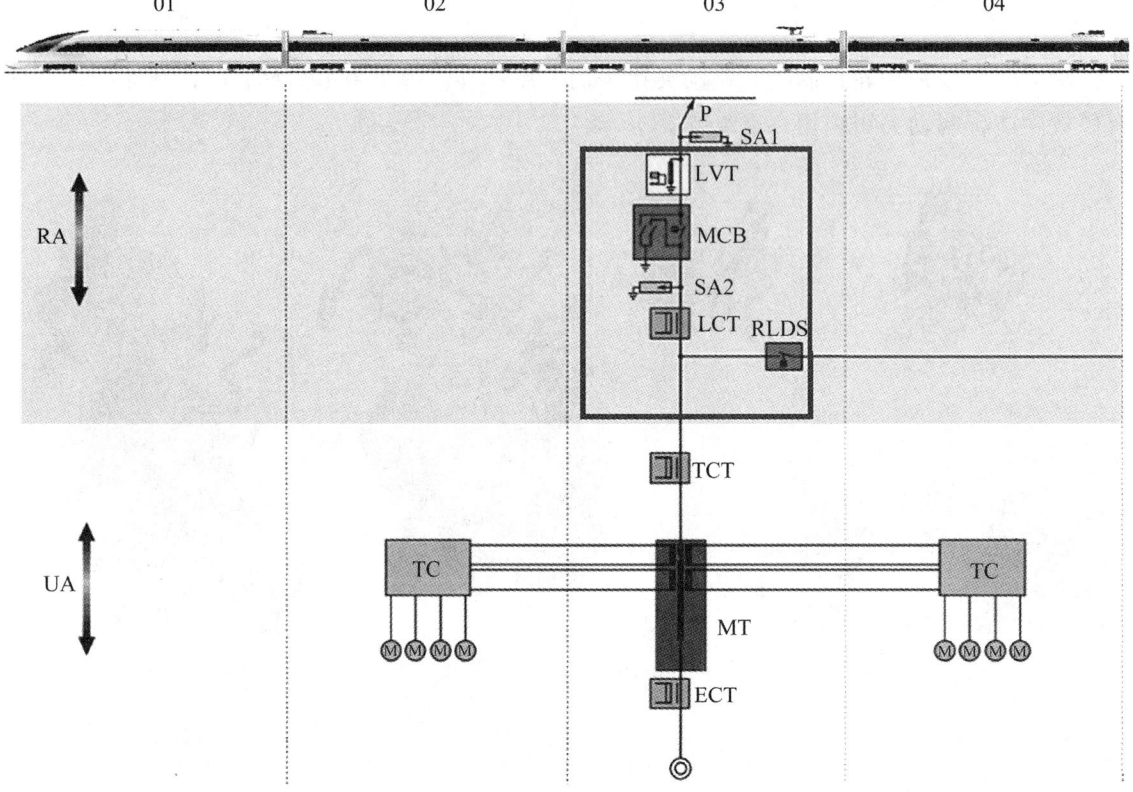

ECT—接地回流互感器；RA—车顶区域；M—牵引电机；RLDS—隔离开关；LCT—线电流互感器；
SA1，SA2—避雷器；LVT—线电压互感器；TC—牵引变流器；MCB—主断路器/接地开关；
TCT—牵引单元电流互感器；MT—牵引变压器；UA—地板下区域；P—受电弓

图 8-20　高压系统框图（所示为一个牵引单元）

二、设备布置

高压系统位于车辆顶部。除车顶高压电缆和高压跨接电缆外，下列高压系统的所有组件都位于 03 和 06 车的车顶：

（1）受电弓（P）；

（2）避雷器（SA1）；

（3）线电压互感器（LVT）；

（4）主断路器（带接地开关）（MCB）；

（5）避雷器（SA2）；

（6）线电流互感器（LCT）；

（7）高压隔离开关（RLDS）。

图 8-21　高压系统布置

三、主要部件

受电弓从接触网导线上受取电流，由压缩空气来驱动。此外，碳滑板自动降落装置（ADD）可确保在碳滑板磨损或断裂时通过断开 EMERGENCY OFF（紧急关闭）环路使受电弓降落。

避雷器（SA1）安装在受电弓（P）后面，用来保护电气设备不受接触网过压（例如：闪电）损坏。位于避雷器后方的线电压互感器（LVT）用来监测接触网的电压。

主断路器（MCB）由压缩空气驱动，用来控制牵引单元的工作电流的通断，在发生严重干扰（过流、互感器故障或线路短路）时安全断开主电路，同时断开列车的两个互感器（LCT/TCT）。避雷器（SA2）安装在互感器（LCT/TCT）前方，用于防止在主断路器断开时出现的过压损坏设备。

与线电压互感器（LVT）相对应，线电流互感器（LCT）用作监测列车主电路的电流。还有两个电流互感器监控每个牵引变压器的输入和输出电流。根据两个电流之间的差值，列车控制系统可以检测车辆出现的接地故障。

车顶高压线路可由高压隔离开关（RLDS）断开。如果一个牵引单元的主电路系统出现故障，列车控制系统可隔离车顶高压线路，从而使另一个牵引单元可操作。高压隔离开关由压缩空气操作。

四、牵　引

1. 组成及原理

CR400BF 型动车组牵引系统由两个牵引单元组成，每个牵引单元由两个动车和两个拖车构成，两个牵引单元采用对称式设计。单个牵引单元的主电路结构如图 8-22 所示。

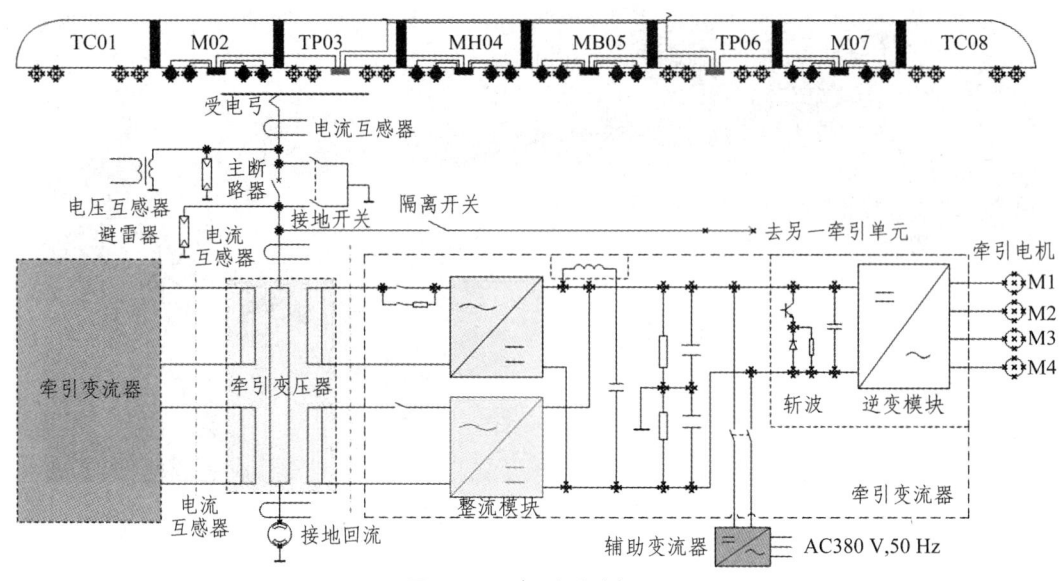

图 8-22 牵引系统框图

2. 设备布置

CR400BF 型动车组牵引系统一个牵引单元包括 1 台牵引变压器及冷却单元、2 台牵引变流器及其冷却单元、8 台牵引电机和 4 台牵引电机冷却风机。

动车组共设置两台牵引变压器,分别安装在 03/06 号车,为相邻两个动力车的两台牵引变流器分别提供单相交流电源。每个动力车包含一台牵引变流器,牵引变流器采用交-直-交变换,可供本车 4 台牵引电机正常运行,并可实现牵引电机的变频调速。此外,牵引变流器通过中间直流环节为辅助变流器提供电源。牵引电机采用三相鼠笼式异步电动机,在驱动模式下可将电能转换成机械能,制动时将机械能转换成电能。

牵引系统部件(牵引变压器及冷却系统、牵引变流器及冷却系统、牵引电机及冷却风机)布置及数量如表 8-3 所示。

表 8-3 牵引设备布置及数量

车型及车号	牵引部件的布置	数 量
头车 01	—	—
动力车 02	牵引变流器及冷却系统、牵引电机及冷却风机	一台变流器及一套冷却系统,四台牵引电机及两台冷却风机
变压器车 03	牵引变压器及冷却系统	一台牵引变压器及一套冷却系统
动力车 04	牵引变流器及冷却系统、牵引电机及冷却风机	一台变流器及一套冷却系统,四台牵引电机及两台冷却风机
动力车 05	牵引变流器及冷却系统、牵引电机及冷却风机	一台变流器及一套冷却系统,四台牵引电机及两台冷却风机
变压器车 06	牵引变压器及冷却系统	一台牵引变压器及一套冷却系统
动力车 07	牵引变流器及冷却系统、牵引电机及冷却风机	一台变流器及一套冷却系统,四台牵引电机及两台冷却风机
头车 08	—	—

牵引设备均布置在车下,车下布置如图 8-23~图 8-26 所示:

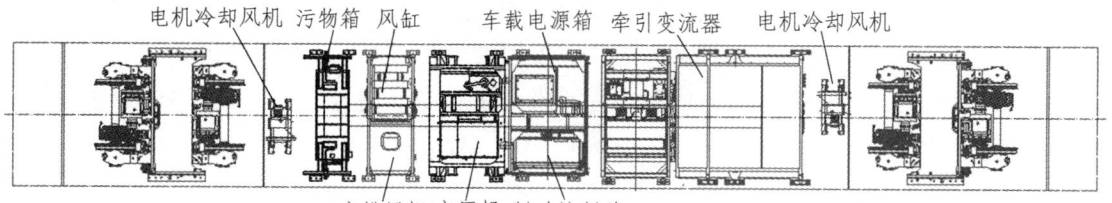

图 8-23　2/7 车车下设备布置

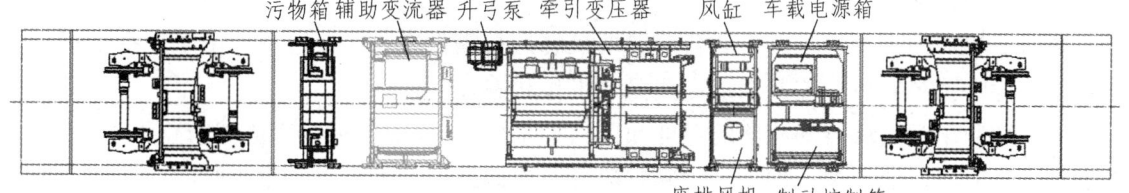

图 8-24　3/6 车车下设备布置

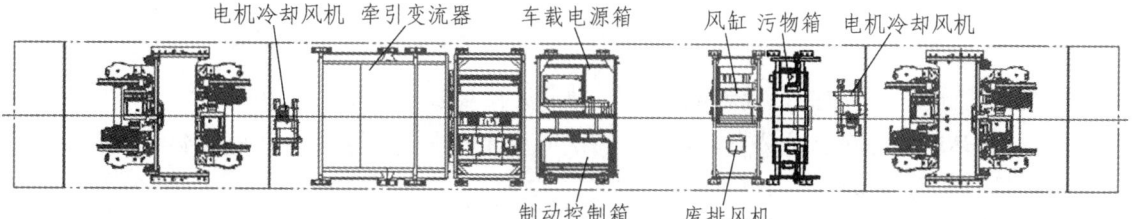

图 8-25　4 车车下设备布置

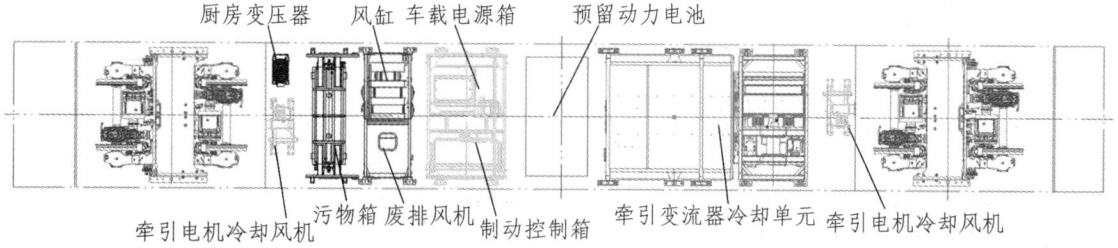

图 8-26　5 车车下设备布置

(1)牵引变压器。

牵引变压器分别位于动车组的 03 和 06 车车下,为单相心式变压器,额定工作电源为 25 kV 50 Hz AC 供电,该电源电压用于产生整车牵引力。牵引变压器将一次绕组上的输入电压降压为 4 个二次绕组输出电压(1 900 V 50 Hz AC)。

牵引变压器容量为 6 433 kVA,主油箱及储油柜为一体化结构,降低变压器整体高度。

牵引变压器上采取了多种保护措施,以防止变压器过载,包括冷却回路中的温度监控防止油温过热、流量监控及接地回流传感器实现差动保护。

牵引变压器系统配有膨胀油箱,集成在牵引变压器内,补偿因温度变化而产生的冷却剂量的变化。

牵引变压器冷却单元位于牵引变压器上，冷却功率为 300 kW，油流量 1 200 L/min，油阻力 0.65 bar。采用两个离心式风机推动空气侧流体流动，冷却空气流动方式为侧进底出的方式。冷却单元采用两台风机进行散热，采用 F 绝缘等级，允许温升 180 ℃。风机通过变极方式调整速度，其高速功率为 8.2 kW，低速为 2.2 kW，额定工作电源为 380 V 50 Hz AC 供电，IP 等级为 IP65。

（2）牵引变流器。

牵引变流器位于 02、07、04、05 车车下的设备舱内，牵引变流器冷却装置独立于牵引变流器，并安装在每个牵引变流器箱体旁边。

牵引变流器的主要功能是为 4 台牵引电机的运行提供三相交流电源，由集成在牵引变流器箱体内的牵引控制单元控制牵引变流器的工作状态。

牵引控制单元读取冷却回路的温度和进出口水压，从而保护牵引变流器防止出现热过载。牵引变流器具有过流和过压保护，中间直流环节设有过压抑制电阻，用于缓解中间直流电路的过压。牵引变流器中间直流环节设有接地电压传感器，检测牵引变流器的接地故障。若牵引变流器发生重大故障，将自动切除对应故障牵引变流器。

注意：

在这种情况下，如果主断路器断开且牵引变流器被禁止使用，司机必须首先将故障的牵引变流器从 HMI 上切除或已被自动切除，再次闭合主断路器。这样可以确保本单元另一牵引变流器及另一个牵引单元可以继续使用。

（3）牵引控制单元（TCU）。

牵引控制单元（TCU）用于控制牵引变流器的工作，是牵引变流器的重要组成部分。TCU 至少包含以下主要功能：

① 调节牵引或电制动力，调节牵引变流器直流环节电压，为牵引变流器生成控制信号；
② 控制如预充电接触器和辅助输出接触器开通/关断；
③ 监控和保护牵引部件；
④ 车轮空转保护。

（4）牵引电机。

动车组配有 16 台三相异步牵引电机，位于 02、07、04、05 车动车转向架构架上。

牵引电机由牵引变流器供电，采用强迫通风的冷却方式，定子绕组采用 200 级绝缘。电机在定子铁芯、两端轴承部位均设有温度传感器，可实时监控牵引电机的运行状态。该牵引电机具有功率大、体积小、重量轻、功率密度高等特点。

驱动端、非驱动端设有温度传感器，用于监控/保护牵引电机，以防出现热过载情况。机械力通过齿轮箱等传动部件将转动力矩从牵引电机传递到轮对。

一台牵引电机通风机为一台转向架上的两个牵引电机提供所需的冷却空气，牵引电机通风机位于动车组车下设备舱内（靠近转向架附近）。

第五节　辅助电气

辅助供电系统采用母线并联供电方式，辅助变流器电源由牵引变流器的中间直流环节提供。辅助变流器将来自牵引变流器中间直流电转换成三相交流电为辅助系统供电。在过分相区的情况下可以通过牵引变流器中间电路将牵引电机发出的电转换成三相交流电继续供给辅助系统。动车组在无火回送速度满足 70 km/h 的情况下，也能够向辅助系统供电。当速度低于 50 km/h 时退出供电状态。

辅助供电低压系统电源由三相 AC 380 V 50 Hz 供电母线提供，通过充电机将三相交流电转换为 DC110 V 电，实现母线并网供电；为蓄电池组充电，同时也为低压设备提供电源。

辅助供电系统由辅助变流器、充电机和蓄电池、应急逆变器等组成。

辅助变流器通过供电母线向整列动车组输出同相位 3 AC380 V 50 Hz 电源，整列车供电母线分为 3 段，在正常情况下，供电母线贯穿整列车，当某段供电母线发生故障，可以通过打开位于中间车辅助变流器箱中的接触器隔离故障区间的供电，确保每个区间的供电母线都能提供最大载荷。

8 辆编组的动车组设 4 台辅助变流器，分别设在 TC01、TC08 车（为 ACU-A 型）和 TP03、TP06 车（为 ACU-B 型）上，每台辅助变流器的输出功率为 200 kVA，全列车共 800 kVA。正常情况下，所有的辅助变流器同时向母线输出同相位 3 AC 380 V 50 Hz 电源，实现并网供电。地面三相 AC380 V/50 Hz 电源也可以为车上辅助负载供电，动车组的外接电源插座与受电弓设联锁机构，动车组由外部电源插头供电时，受电弓不能升弓。

在 TC01、TC08 车分别配置了两台充电机和两组蓄电池组，充电机通过 3 AC380 V 50 Hz 母线获得供电，经整流变换后为蓄电池和与 DC110 V 系统相连的负载供电。DC110 V 母线贯穿整列动车组。每个充电机输出功率为 30 kW，全列车为 120 kW。

负载包括蓄电池启动设备，蓄电池电压监控设备，停放制动安全环路，列车无线电（设有开关）、信号灯、应急照明、应急通风等重要负载。

在每节车上设一台逆变器，由 DC110 V 系统逆变获得电能，输出 AC220 V 50 Hz 电源提供给旅客插座，该电源仅供单车使用，不贯穿整列车。

每车设一台由 3 AC380 V 50 Hz 3 AC 母线获得的 AC220 V 50 Hz 变压器，供单车低功率加热设备使用。

第六节　蓄电池组及充电机

一、蓄电池组

采用钛酸锂蓄电池系统，设置 4 组蓄电池，每组蓄电池的容量 190 Ah，电池组额定电压 110 V。蓄电池组分布在 01 车和 08 车车下。

钛酸锂离子电池系统，包括电池组、电池管理系统以及电池保护接触器等组成。与镍镉蓄电池组相比，锂离子电池系统增加了电池管理系统（BMS）、极限保护接触器以及 RS485 通信总线，主要实现对电池组的数据监控以及严重过充过放电条件下的保护，在保证系统供电的同时确保电池的安全使用。

1. 蓄电池箱

蓄电池箱用于安装蓄电池组，蓄电池组与外接的电气连接均通过蓄电池箱的接口实现。蓄电池箱主要组成部件有：箱体组成（见图 8-27）、台车组成（见图 8-28）。

图 8-27 蓄电池箱体

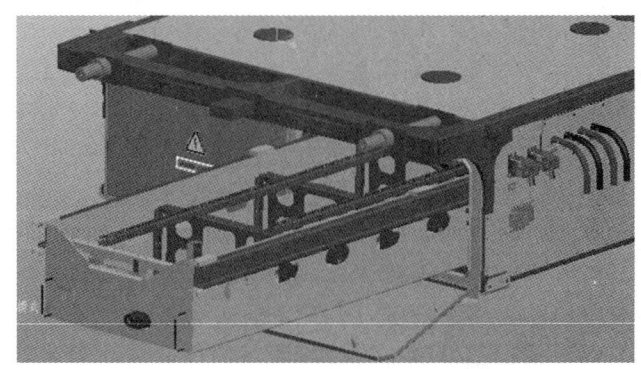

图 8-28 蓄电池台车

2. 蓄电池

电池组由 2 个台车组成，每个台车上装有 10 并 45 串的单体电池，单体电压为 2.3 V，容量为 20 Ah。

每组蓄电池的主要技术参数如下：

电池类型：钛酸锂电池；

单体电压：2.3 V；

电池成组方式：45 串（190 Ah/110 V）；

电池组恒压控制电压：117 V；

电池组最大充电电流：320 A（单组 190 Ah）；

电池组欠压保护值：67.5 V（单体 1.2 V）（电池组内点接触器动作）；

电池组过压保护值：130 V（单体 2.9 V）（电池组内点接触器动作）；

车上低压保护继电器动作电压：90 V；

电池工作温度范围：− 40 ~ 60 ℃。

3. BMS 管理系统

110 V 锂电池组电池管理系统（BMS）采用一体化设计，负责对各单体电池电压信息采集、电池温度采集。电池管理系统通过 RS485 总线与车载充电机数字交换和充电控制，并对其数据进行诊断和处理，通过控制主回路的接触器，保护电池组过充、过放和过温，延缓其使用寿命。

BMS 的主要功能如下：
（1）电池系统剩余电量（SOC）估算；
（2）电池系统 SOH 估算；
（3）电池系统功率预测和控制；
（4）故障报警及故障分级管理；
（5）单体电池电压检测；
（6）电池系统温度检测；
（7）电池一致性评价和均衡控制；
（8）电池系统总电压检测；
（9）电池系统电流检测；
（10）历史/故障数据存储。

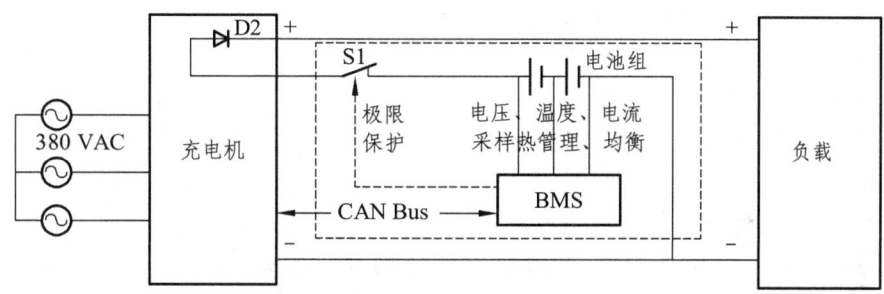

图 8-29　系统拓扑结构图

4. 线缆及端子

线缆及端子用于蓄电池与外部其他部件进行电气连接。

5. 蓄电池安装配套组件

蓄电池安装配套组件包含阀塞、PP 板、埋头锁、RIBS 板、连接器、熔丝链等。

二、充电机组件

充电机的功能是将 3 AC380 V 的交流电转化为 DC110 V 直流电，供动车组上的设备使用，并按照一定的特性曲线为车下电池充电。其主要功能如下：

按照一定的特性曲线对蓄电池组进行充电：恒定电流直至充电完成，然后按照电池组研究进行恒定电压充电；向与其并联的低压负载供电，并保证不超过最大负载能力；保证中压和低压电路之间的电气隔离。

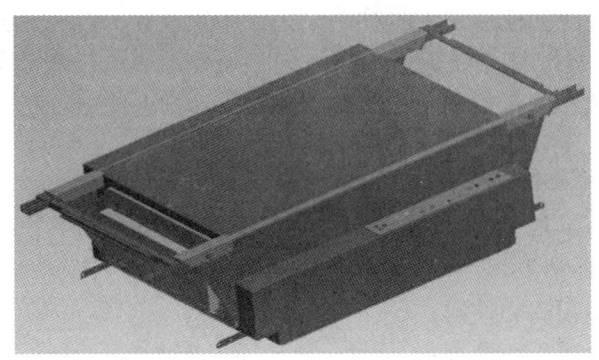

图 8-30 充电机模型

标准动车组每 8 辆编组设置 2×2 台充电机，分别安装在 1、8 车充电机箱内，每个箱体内安装 2 台充电机，每台充电的容量 30 kW。因充电机数量的增加与原来 CRH380 系列动车组相比，在充电机箱体变化较小的情况下，提高了冗余性。

充电机技术参数如下：

标称输入电压　　　　3 AC 380 V　　50 Hz

输出电压　　　　　　DC110 V $^{+25\%}_{-30\%}$

输出功率　　　　　　2 × 30 kW

电池电压控制精度　　± 1.5%

电池电流控制精度　　± 5%

电池特性曲线控制方式

根据电池管理系统需求进行动态电压和电流控制

充电机内部由三级构成：第一级为输入滤波部分，包括对地电容、高频磁环及三相电抗器等，实现对三相交流输入的滤波；第二级为功率模块部分，充电机由两个完全独立的变流模块组成，每组功率模块由模块内的控制板单独控制，实现蓄电池组的独立充电及最大负载管理；第三级为输出部分，两个功率模块输出通过二极管并联后，给 DC 110 V 低压负载供电。